高等院校"十三五"应用型规划教材

U0661134

管理决策模拟综合教程

主　编　饶　超

副主编　郭　玮　韩超俊

微信扫码
申请课件等相关资源

南京大学出版社

前　言

　　企业的发展是一个综合发展的过程。在现在的市场环境下,企业面临激烈的竞争,市场急剧变化,竞争对手伺机而动,企业随时面临新的挑战。企业管理决策模拟把数据、模型、决策融合,通过决策模拟的形式把管理难以解决的问题化为数据摸型,并运用计算机进行科学决策。经过决策模拟,发现模拟决策过程中存在的问题:决策模拟初期对市场及决策的模拟规则把握不到位,不能及时了解环境的变化,整个模拟决策没有形成整体战略。在现实工作中进行科学管理决策时要关注内外部信息,关注市场需求,关注环境的变化,正确制定企业的决策,实现企业的战略目标。所以,提高管理者的决策能力成为我国管理学界目前面临的最严峻、最重大的问题。

　　同时,为了贯彻落实教育部、财政部关于实施高等学校本科教学质量与教学改革工程,大力推动高校经管类实验教学改革,强化实践教学环节,促进学生的能力培养,使学生在实践中深入掌握和运用企业经营管理及决策知识,剖析企业运营过程,提高创业与就业的实践能力,促进高校经济管理实验教学的改革与发展,进一步提升各院校的实验教学水平和创新型人才培养的质量,自 20 世纪 90 年代以来,我国开始翻译、编写关于管理决策方面的论文、教材、专著、资料等,又吸取西方先进的管理决策方面的经验,同时结合我国实际情况进行了改革的尝试,效果显著。受此影响,管理决策被教育部列为管理学科的核心课程之一。

　　本书以管理决策工作流程和任务为主线进行教材内容的编排,通过对职业教育教学规律的深入研究,融入了我们多年的教学经验和成果,坚持以提高读者的实践技能为主要编写目的,按照管理决策的相关内容划分章节,并统一规范编写格式,力争做到既方便教师教学,又方便学生自学。此外,本书具有以下特点:

　　(1)以管理决策工作中的实际任务统领教学过程。本书包括基础理论、决策环境、决策主体、团队分析、决策方法、商业计划书、决策软件等几个相对独立的工作任务板块,使学生对管理决策的工作性质和内容能够有一个清晰完整的认识。

　　(2)在每一章内容的具体安排上,避免将理论、实例、实训等教学内容割裂开的传统方式,探索以管理决策工作任务为核心将上述内容统一编排。

　　(3)体现现代的教学方法和学习方式,充分体现"以教师为主导,以学生为主体,教学互动"的原则。教学实践中采用模块教学法、小组工作法、案例教学法和问题引导教学法,教材内容的编写上也力争体现这些教学方法的应用。

（4）体现理论与实践紧密结合的原则。编写教材培养学生自主分析和解决问题的能力，以及帮助学生完成如何对生产管理中所遇到的决策问题进行归纳概括、挖掘数据、建立数学模型、利用计算机软件求解、对结果进行可行性分析等一系列决策工作。

最后，向为本书提供研究成果和相关著作的专家学者和提供案例和材料的相关作者致以衷心的感谢！

编　者

2018 年 12 月

目　录

第一章 管理决策基础理论

学习目标

通过本章内容的学习,学生将了解和掌握以下内容:

1. 明确决策的定义以及其在管理中的地位;
2. 区别常规决策和非常规决策;
3. 识别不同层次面临的不同决策问题;
4. 区别确定性、风险性和不确定性决策情况;
5. 概述决策制度过程和步骤。

引入案例

海州建盐场

据《梦溪笔谈》记载:海州知府孙冕很有经济头脑,他听说发运司准备在海州设置三个盐场,便坚决反对,并提出了许多理由。后来,发运使亲自来海州谈盐场设置之事,还是被孙冕顶了回去。当地百姓拦住孙冕的轿子,向他诉说设置盐场的好处,孙冕解释说:"你们不懂得做长远打算。官家买盐虽然能够获得眼前利益,但如果盐太多,卖不出去,三十年后就会自识恶果了。"然而,孙冕的警告并没有引起人们的注意。

他离任之后,海州很快建起了三个盐场。几十年后,当地的刑事案件上升。由于运输、销售不通畅,囤积的食盐日益增多,盐场亏损,负债增多,很多人都破产了。这时百姓才认识到,在这里建盐场确实是个祸患。

决策的正确与失误关系到组织和事业的兴衰存亡,因此,每一个管理者都必须认真研究决策科学,掌握决策的定义、类型和过程,在千头万绪中找出关键所在,权衡利弊,及时做出正确、可行的决策。

第一节 决策的定义

在日常生活和工作中,人人都可能是决策者。无论个人还是组织,几乎每时每刻都在做出决策。从管理者的角度来说,决策是其管理工作的核心、基本的要素。有人曾对高层管理者做出一项调查,要他们回答三个问题:"你每天花时间最多的是在哪些方面?""你认为你每天最重要的事情是什么?""你在履行你的职责时感到最困难的工作是什么?"结果,绝大多数人的答案都是"决策"两个字。

决策如此重要,那究竟什么是决策? 中外学者从不同角度给了不同的说法。

著名社会科学家、管理学家西蒙认为"管理就是决策"。

管理学教授里基·格里芬在《管理学》中指出:"决策是从两个以上的备选方案中选择一个过程。"

美国学者亨利·艾伯斯认为:"决策有狭义和广义之分。狭义的决策是在几种行动方针中做出选择;广义的决策还包括在做出选择之前进行的一切活动。"

我国周三多教授的定义是:"所谓决策,是指组织或个人为了实现某种目标而对未来一定时期内有关活动的方向、内容及方式的选择或调整的过程。"

有关决策的定义,还有很多不同的描述。但是,随着科学技术的发展,人们对现代决策越来越趋于这样的共识:所谓决策,就是组织或个人为了解决某个问题或实现某种目标对未来一定时期内有关活动的方向、内容及方式进行选择或调整的一个分析判断的过程。

具体分析即为以下几点:① 决策的主体:组织和个人;② 决策的目的:为了解决某个问题或实现某种目标;③ 决策的期限:未来一定时期内;④ 选择调整的对象:方向、内容及方式;⑤ 决策核心:选择或调整;⑥ 决策形式:一个分析判断的过程。

如何从多种方案中选择一个最优方案,就是决策问题。

例如,某企业准备开发两种产品,据初步市场调查,这两种产品均有较好的市场前景,但企业目前只拥有开发一种产品的经济实力,那么,企业该决定开发哪种产品呢? 假如某企业生产的高科技产品,在两个国家销售,其中一个国家销售量大,获利丰厚,但该国政治不稳定,随时面临着被迫退出市场的局面;另一个国家销售量比前一个国家要小,但该国政治比前者稳定,那么,如何确定该企业的长期营销方针?

从上例可知,决策必须包括以下几个方面:① 决策的目标性。目标是组织在未来特定时期内完成任务程度的标志。没有目标或目标不明确,人们就难以拟定未来的活动方案,评价和比较这些方案就没有了标准,决策就没有了方向。② 决策的现实性。决策总要付诸行动,要能行得通,并且取得预期的效果。③ 决策的优选性。决策总是在若干个有价值的方案中进行选择,一个方案,就无从选择;没有选择,就无从优化。④ 决策的过程性。从决策目标的确定,到决策方案的拟订、评价和选择,再到决策方案执行结果的评价,这些诸多步骤才构成一项完整的决策,这是一个"全过程"的概念。

第二节 决策的类型

决策贯穿于整个组织活动的全过程,涉及各方面的内容。不同类型的决策,需要采用不同的决策方法,因此,根据不同的要求,从不同的角度对决策加以分类,将有助于决策者把握各类决策的特点,根据决策问题的特征采用相应的方法,进行有效的决策。根据不同的划分标准,可以将决策分为几种类型,如表 1-1 所示。

表 1-1　决策的分类

划分的根据	划分的类型
按决策所要解决的问题的重复性划分	程序化决策、非程序化决策
按决策涉及的范围划分	战略决策、战术决策、业务决策
按决策者的层次不同划分	高层管理者决策、中层管理者决策、基层执行者决策
按决策目标的数量划分	确定型决策、风险型决策、非确定型决策
按决策的主体不同划分	集体决策、个体决策
按决策需要解决的问题划分	初始决策、追踪决策
按决策影响的时间长短划分	长期决策、短期决策

一、程序化决策和非程序化决策

程序化决策和非程序化决策又称常规决策和非常规决策。这是按照决策重复程序来分的,但是这种分类方法并没有绝对的划分标准,正如赫伯特·西蒙所说:"它们并非真是截然不同的两类决策,而是像一个光谱一样的连续统一体。其一端为高度程序化的决策,而另一端却是高度非程序化的决策。"

(一)程序化决策

程序化决策是按照预先的程序、处理办法和标准来解决管理中经常重复出现的例行问题。正是由于问题重复出现,各种信息完整,故决策可以程序化到重复和例行的程度,管理者不必遵循复杂的决策过程进行决策,只需要按照事先制定好的系统化的程序、规则行事就可以了。例如,日常任务的安排、常用物资的采购等均属于此类。

(二)非程序化决策

非程序化决策是解决以往无先例可循的新问题,具有极大的偶然性、突发性和随机性,很少发生重复。这类问题的解决没有事先准备好的规则和政策可遵循,其解决步骤和方法难以程序化,不能重复使用,如新生产方法的采用、企业的合并重组等。非程序化决策需要考虑内外部条件变化以及其他不可量化的因素,这类决策正确与否,决策效果如何,往往取决于决策者的气魄、首创精神和决策方法的科学性。

在现实生活中极少的管理决策是完全程序化的或者非程序化的,这仅是两个极端,绝大多数决策介于两者之间。非程序化决策是可以成为程序化的决策的。例如,企业进行第一次对外投资时,进行的是非程序化决策,但由于还要不断地进行投资,就把投资决策程序化了,以后的投资决策就成为了程序化决策。

程序化决策与非程序化决策的比较如表 1-2 所示。

表 1－2　程序化决策与非程序化决策的比较

序　号	程序化决策的特点	非程序化决策的特点
1	例行问题,重复出现的日常管理问题	偶然发生的、性质不明的管理问题
2	结构化的问题	新问题、环境因素各异
3	有例可循、有政策法规可依	非结构化问题
4	标准化的例行做法	处理的方法需要创新
5	多由基层管理人员做出	多由高层管理人员做出

二、战略决策和战术(业务)决策

(一)战略决策

战略决策是所有问题中最重要的决策,一般是指具有全局性的、长期性的、作用大和影响深远的决策,主要解决的是"干什么"的问题,如企业的长、中型经营方向和目标的制定、新产品的开发、技术革新的方案、企业的联合和改组、新市场的开拓等。战略决策主要重视企业的外部环境,如国家的有关政策、法令、国家的长期规划、物质资源条件、销售条件和环境等。总体来说,战略决策的正确与否,直接决定经济活动系统的发展方向及成败。

(二)战术(业务)决策

战术决策又称为管理决策,是战略决策执行过程中的具体决策,解决的是"如何干"的问题,它指的是为了实现战略目标,而做出的带有局部性、较短时期内的具体活动方式的决策,如产品开发方案的制定、更新设备的选择等。

战术决策是战略决策的重要组成部分,是实现战略决策的重大步骤。战略决策与战术决策密切联系、互为补充。战略决策为战术决策规划了远景,战术决策是战略决策的具体化,是实现战略的保证。

业务决策,是日常工作中为提高生产效率和效益、合理组织业务活动而做出的决策。属于业务决策范畴的主要有:工作任务的日常分配和检查、岗位职责制定和执行、库存的控制以及材料的采购等。

三、高层管理者决策、中层管理者决策和基层执行者决策

高层决策,是指企业最高层领导者做出的重大决策。这类决策大多是有关全局以外与外界有密切关系的重大问题,如确定企业的生产规模、营销市场的扩大、技术革新、增加盈利、职工培训等经营目标问题。企业的中、长期经营计划的编制是企业高层决策的一项重要内容。

中层决策,是指企业中层管理者所做出的决策。

基层决策,是指组织中基层管理人员所做出的决策。这类决策一般解决日常工作中

的问题。它包括两方面的内容：一是经常性的作业安排；二是生产过程中如何解决非正常的偶发事件，如设备发生故障，原材料、配件供应不上等。

一般来说，越往高层的决策越具有战略的、非常规的、非确定性的特点，而越往低层的决策，就越具有战术性的、常规性的、确定性的、技术性的特点。

制定企业的战略决策或者经营决策主要是少数高层领导者的职责；而战术决策又可分为管理决策和业务决策，其中制定决策主要是中层领导者的职责；业务决策责是大多数基层领导者做出的。

四、确定型决策、风险型决策和非确定型决策

从环境因素的可控程度看，可把决策分为确定型决策、风险型决策与非确定型决策。

（一）确定型决策

在对决策问题的未来情况已有完整的信息、没有不确定因素时，这类问题的决策称为确定型决策。确定型决策指在稳定可控的条件下进行的决策。在确定决策中，决策者确切知道自然状态的发生，每个方案只有一个确定的结果，最终选择哪一个方案取决于各个方案结果的直接比较。例如，某个决策者有笔余款，他有几个备选方案：购买一年期国债，年利率为7％；存一年期银行存款，利率为4.5％；存银行活期存款，利率为1.5％。显然，决策者的目标是想多获得利息，在此情况下，他的决策是一种确定型决策。比较利率的结果，他应该选择购买国债。

确定型决策可以采用微分法、线性规划、非线性规划、排队论等数学方法，并借助计算机按照程序进行操作，对备选方案进行优化选择。

（二）风险型决策

风险型决策，是指影响决策的主要因素在客观上存在几种可能情况（一般为自然状态），这些可能情况事先虽可知道，但决策后出现什么样的结果，决策者事先却不能完全知道。所以，风险型决策又叫随机决策。例如，天气的好坏对企业界生产经营的影响。如果天气好，企业产品的销售量就大，而天气坏，产品的销售量很小，在这两种未来的可能性中（天气好或天气坏），如何进行分析判断，以选择最佳生产量，就属于一种风险型决策。对于这种决策，决策者应该在计量化基础上进行辨别和筛选。

（三）非确定型决策

非确定型决策，是指决策方案面临多种自然状态，而决策者难以确定其出现的概率，需要进行综合分析，做出决策。在不确定决策中，决策者可能不知道有多少种自然状态，即使知道，也不能知道每种自然状态发生的概率。实践上，大多数工商企业的决策，都属于不确定决策。例如，某公司欲发展海外业务，想选择下列其中一种适合的进入海外市场的方式：间接出口、直接出口或者直接投资。由于环境的高度不稳定性，目标国可能存在的政治风险（如国有化、政变、法律条件的改变等），国际金融市场货币汇率波动造成的外汇风险，当地文化习惯不同造成可能对产品的消费倾向不同等。

因此，每个备选方案都有成功的机会也有失败的可能，但都无从衡量其可能性到底有

多大。在不稳定的条件下决策,关键在于尽量掌握有关信息资料,根据决策者的直觉、经验和判断果断行事。

五、单目标决策与多目标决策

单目标决策,是指判断一项决策的优势,只考察一个重要目标就可得出结论的决策。例如,企业的广告决策,它只牵涉把企业产品介绍给用户,使用户产生购买动机这一问题。

多目标决策,就是指决策中包括两个或者两个以上的问题的决策。例如,销售决策,就包括如何确定商标、装潢,如何做广告,何时把产品推向市场,以什么样的价格出售等一系列问题。

六、个体决策与集体决策

从决策的主体看,可把决策分为个体决策与集体决策。

个体决策则是单个人做出决策。例如,总经理签署一项权限内的销售合同就是个体决策。

集体决策指的是多个人一起做出的决策。组织中的许多决策,尤其是那些对组织有重大影响的决策往往是由是集体来决定的。例如,股东大会、董事会等做出的决策就是集体决策。

相对于个体方案,集体决策有一些优点:① 能更大范围地汇总信息;② 能拟定更多的备选方案;③ 能得到更多的认同;④ 能更好的沟通;⑤ 能做出更好的决策。但集体决策也有一些缺点,如花费较多的时间、产生"从众现象"以及责任不明等。

总体来讲,集体决策与个体决策相比在决策的创造性、减少失误、提高质量、增加可接受性程度方面更具优越性;但在效率方面、成员责任感方面却逊色于个体决策。因此,只要决策效果的提高足以抵消效率的损失,就应更多地采用集体决策。

七、初始决策与追踪决策

初始决策是企业决策者对从事的活动或新的活动所进行的决策,主要是确定未从事的活动或新的活动的方向、目标、方针及方案。

追踪决策是企业决策者在初始决策的基础上对已从事的活动的方向、目标、方针及方案的重新调整。组织中的大部分决策属于追踪型决策。

八、长期决策与短期决策

长期决策是指关系组织今后发展的长远性、全局性的重大决策,又称为长期战略决策,如战略方向选择、业务重组、组织结构调整等问题的决策。

短期决策则是实现长期战略目标所采取的短期策略手段,又称短期战术决策,如企业的日常营销决策等。

第三节　决策的过程

决策的过程不能被简单地理解为管理者"拍板"做决定的片刻行为,因为决策是一个动态的过程,特别是在现代管理中,一些关系到组织存在与发展的重大决策活动往往表现为一个复杂的过程。关于决策的过程,国内外管理理论家、管理者、企业家有着不同的意见,但一般来说,决策过程应包含以下内容。

一、发现问题,确定根因——诊断理论,弄清问题的来龙去脉,对症下药

问题是决策的起点,任何管理组织的进步、管理活动的发展都是从发展问题开始,然后做出变革而实现的。为确保决策目标正确合理,需要深入分析存在问题为什么会产生,包括横向分析和纵向分析。横向分析,是从许多错综复杂的原因中找出主要原因;纵向分析,是从各层次原因中找到根本原因。比如,公司产品质量较差是主要目前存在的问题。产生这个问题的原因是多方面的,经过横向分析,发现员工业务素质不高和技术水平低下的根本原因在于缺乏系统的业务培训。这样,加强员工业务培训就可以明确为决策的目标。

二、确定明确具体的目标——目标理论,澄清问题的最后目的,以扫除含混不清之类的障碍

在明确问题以后,还要研究为解决这些问题将要采取的措施应符合哪些要求,必须达到哪些效果,也就是说要确立决策目标。目标是指管理者在特定的条件下所要达到一定的结果。能否正确地确定目标,是关系到决策成败的关键。确定决策目标,不仅为方案的制订和选择提供了标准,还应该估计是否有条件实现这个目标。为此,需要对实现决策目标的各方面做全面、细致的分析。

三、拟出备选方案——交替方案理论

为解决某一问题而设计出多个可行的供决策者抉择的方案,就称为备选方案。备选方案至少需要有两个或两个以上,决策者才可能从中进行比较,然后选出最理想的方案。一旦有机会或问题被正确的识别出来,管理者就要提出达到目标和解决问题的各种方案。然后,按照"相对性"与"有效性"原则淘汰那些现有条件很难做到的方案,剩下来的才是可行的方案,才能供备选之用。在制定备选方案时,要依靠专家或专门机构进行,广泛地运用智囊团技术,如"头脑风暴""对演法"等。

四、评估备选方案——建立各种方案的数学模型,将各备选方案优劣数字化或明朗化

为解决某一问题而设计出多个可行的供决策者决策的方案,就称为备选方案。对方

案进行综合评价和全面比较时,尽可能使用定量分析方法。

评价每个可选方案达到的满意程度可用下列符号表示:H 表示很满意,有很大的收益或没有风险;M 表示较满意,有一般收益或有风险;L 表示较不满意,没有收益或有大风险;N 表示不满意,没有收益或很大风险;X 表示排除方案,没有任何收益且可能亏损或有不正常的极大风险。

采用统一的客观量化标准衡量,提高评估过程的科学性,防止主观臆想。主要的评估技术包括数量模式、系统分析、决策矩阵、决策树。目前,越来越多的决策者采用定量分析权衡利弊得失,人们称之为"定量分析开路"。

五、选择最优或次优方案——最优或次优理论,从各有利弊的备选方案中,选定一个较能达到目标的对策

在决策过程中,管理者通常要做最后的选择。尽管选择一个方案看起来很简单——只需要考虑全部可行方案并从中挑出一个解决问题的最好方案,但实际上做出选择是很困难的。由于最好的选择往往建立在仔细判断的基础上,所以管理者要想做出一个好的决定,必须仔细考察全部实收,并确信自己获取足够的信息,从而选择最好的方案。

方案选择在充分考虑各种的限制因素和条件的同时还要特别重视各种方案可能带来的后果。所以,方案选择时必须做到以下几点:

(1) 任何方案都有风险;

(2) 不要一味追求最佳方案;

(3) 在最终选择时,允许不做任何选择。不选择也是一种方案。

为了防止和避免决策失误,在选择方案时必须遵守如下程序,如图 1-1 所示。

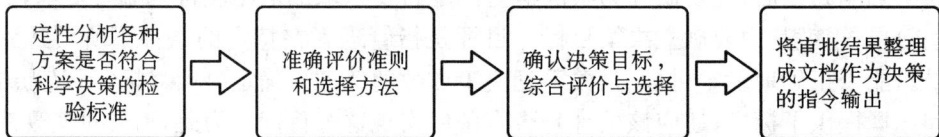

```
┌──────────────┐     ┌──────────────┐     ┌──────────────┐     ┌──────────────┐
│ 定性分析各种  │     │              │     │              │     │ 将审批结果整理│
│ 方案是否符合  │ ⇒  │ 准确评价准则  │ ⇒  │ 确认决策目标, │ ⇒  │ 成文档作为决策│
│ 科学决策的检  │     │ 和选择方法    │     │ 综合评价与选择│     │ 的指令输出    │
│ 验标准        │     │              │     │              │     │              │
└──────────────┘     └──────────────┘     └──────────────┘     └──────────────┘
```

图 1-1   方案选择的程序

六、执行方案前的鉴定和控制——在正式大规模执行决策前,先做小规模检定,对决策执行结果跟踪、控制,以观其效

这个是决策的最终阶段。在对选定方案的贯彻实施时,还需要考虑在实施过程中可能出现的问题,采取措施,加以控制。如果当主观条件发生重大变化,以致必须重新确定目标时,就必须进行"追踪决策"。所谓追踪决策,是指原有决策的实施出现将危及决策目标实现时,对目标或决策方案所进行的一种根本性的修订。

决策的正确与否及其效果如何,要以执行结果来验证。决策的执行结果,不仅取决于决策方案的选择,而且取决于执行过程中的工作质量。因此,方案的实施是决策过程中至关至关重要的一步。在方案选定以后,管理者就要制订实施方案的具体措施和步骤,如明

确责任、制定考核标准、建立有关机制等。

七、评估执行结果

决策实施以后,应检查和评价实施的结果,检查是否达到预期目的,并为今后的决策提供信息。这个步骤也就是西蒙所说的审查活动。完善执行的考评、监督机制,应该坚持以责任和效果论功过,采用科学方法对部门及其人员的执行力、执行结果以及综合素质进行全面监测、考核、分析和评价,并以此作为他们的薪酬等级、培训、奖惩、晋升的客观依据,激发他们的积极性、主动性和创造性。此外,应该不断研究和完善对执行力进行监督的渠道和手段,让自我监督和相互监督成为一种制度。

在实际工作中,由于决策种类性质不同,决策程序中的工作重点和时间安排以及具体过程也会有所不同。如果在信息情报提供、决策条件确定的情况下进行决策,就可以相对简化决策程序,如图 1－2 所示。

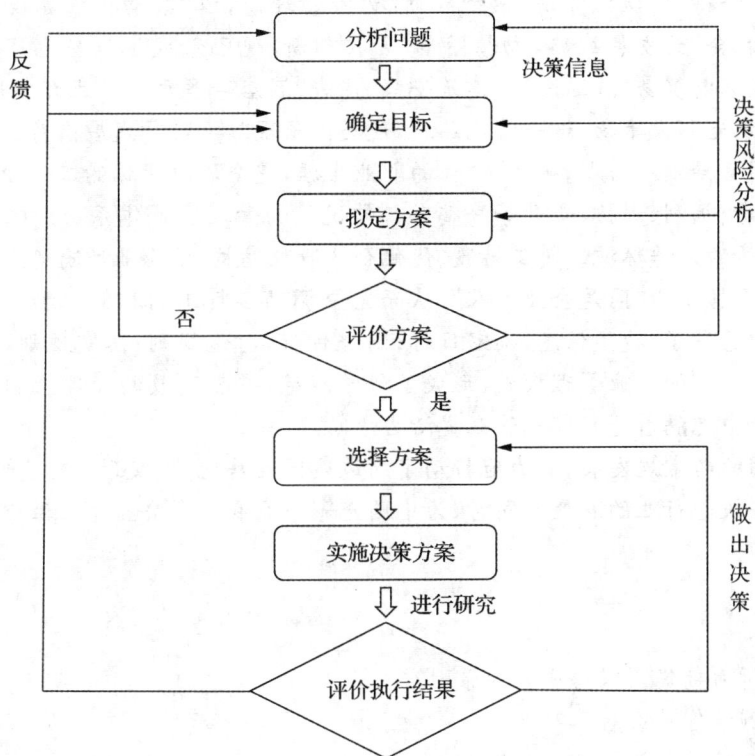

图 1－2　动态的决策过程图

课后案例

超常规发展中的安徽南翔集团

安徽南翔集团成立于 1999 年,其前身是始建于 1993 年 9 月的安庆市南翔贸易公司,后业务拓展到汽运、餐饮、广告、家电等领域,曾成功开发安庆光彩大市场。目前,该集团已发展成为拥有房地产、物管、汽运等5个全资子公司、3大控股公司和2大参股公司的大型民营企业,总资产逾10亿元,集团连续4年被列为"安徽省民营企业十强"。

南翔集团的迅猛发展,除得益于良好的外部环境外,还在于其本身不断创新经营谋略与管理模式。近几年来,为适应竞争需要,集团制定了以制度为核心、以逐级负责为主要内容的"层级负责制",并配套实施"轮岗制",让能者上、庸者下。为进一步落实民主管理,推行企业改制,南翔集团还将汽运、广告、建安等三个公司改造成为由员工持股的股份制企业。

南翔集团积极探索民企管理新模式,在制度面前人人平等,"规则第一,董事长第二"已成为该集团的追求与管理理念。"你的权力,是领导团队科学打造规则;你的权力,是带领团队严格执行规则;你的权力,必须在规则中量化;你的权力,不能凌驾于规则之上。"这是南翔集团董事长余渐富在对每个项目经理进行授权时写下的四句话。注重规则,强化管理,有力促进南翔集团的发展壮大。

南翔集团坚持以"诚信守法、聚德经商"为经营理念,以"滚动投资建设,滚动招商经营,滚动回报社会"为发展战略,励精图治,开拓创新,现已形成了以房地产开发、物业管理、糖酒贸易、家电贸易、汽运汽修、建筑安装、广告、酒店等多元化产业大格局,尤其,通过打造"中国安庆光彩大市场"这一特色品牌,使集团呈现"跨越式"发展态势。

南翔集团坚持以人为本,确立了"你的职业生涯,完全取决于你的工作业绩"的用人理念,形成了薪资、福利、考核、晋升等一整套科学规范的管理决策体系,为员工营造了合理公正、平等竞争的工作环境。员工持股、优化企业股权结构,使企业所有者之间由"雇用与被雇用"的关系转变为"同是企业主人",从而充分调动了员工的积极性和创造性。同时,集团在实践中总结了"搜集信息,确定目标;围绕目标,打造规则;落实规则,实现目标;实事求是,以人为本"的企业管理模式,形成了科学规范、灵敏高效的管理机制,使企业在激烈的市场竞争中充满着蓬勃朝气和旺盛活力。

南翔集团的超常规发展,有力地拉动了周边地区的房地产、交通运输、产品加工、建筑材料,通信、餐饮等行业的发展。同时,为中国光彩事业和社会公益事业做出了突出贡献。

思考题

1. 试分析南翔集团取得成功的原因?
2. 本案例给你什么启示?

第二章　管理决策环境与主体

学习目标

通过本章内容的学习,学生将了解和掌握以下内容:

1. 掌握组织环境的类型以及分析方法;
2. 了解组织内部环境分析的价值链分析法;
3. 区别一般环境和具体环境;
4. 了解环境如何约束组织行动;
5. 了解环境的不确定性;
6. 了解企业文化的内涵、特点及其对管理的影响;
7. 了解跨文化管理及其跨文化管理的有效策略。

引入案例

"不拉马的士兵"

一位年轻有为的炮兵军官上任伊始,到下属部队视察操练情况。他在几个部队发现相同的情况:在一个单位操练中,总有一名士兵自始至终站在大炮的炮管下面,纹丝不动。军官不解,询问原因,得到的答案是:操练条例就是这样要求的。军官回去后查阅军事文献,终于发现,长期以来,炮兵的操练条例仍因循非机械化时代的规则。过去,大炮是由马车运载到前线的,站在炮管下的士兵的任务是负责拉住马的缰绳,以便在大炮发射后调整因后坐力产生的距离偏差,减少再次瞄准所需的时间。现在,大炮的自动化和机械化程度很高,已经不再需要这样一个角色了,而马车拉炮也早就不存在了,但操练条例没有及时调整,因此,才出现了"不拉马的士兵"。军官的发现使他获得了国防部的嘉奖。

第一节　管理环境分析

所谓管理环境,就是指存在于一个组织内部和外部的影响组织生存和发展的各种力量和条件因素的总和。管理环境既包括组织外部环境,又包括组织内部环境。对于管理者来说,为了提高组织运行效率,实现组织的目标,不仅要了解诸如政治、法律、经济、社会文化、科技发展、市场需求和竞争等组织外部环境因素,也要掌握员工的价值观、组织自身所拥有的能力和资源等组织内部条件,以便在知己知彼的基础上可以做出正确的决策。

一、外部环境

外部环境是存在于组织系统之外,并对组织系统的建立、存在和发展产生影响的外界客观情况和条件。根据各种因素对组织业绩影响程度的不同,组织外部环境又可分为一般环境(宏观环境)因素和具体环境(微观环境)因素。

(一)宏观环境(PEST 分析)

一般而言,任何一个组织的宏观环境是指该组织所共同面对的政治、经济、社会、教育、文化、科技、法律等人文环境。这些因素将对区域内所有的组织均适用。不同行业和企业根据自身特点和经营需要,分析的具体内容会有差异,但一般在战略宏观环境分析时,应对企业所处地的 Politic(政治)、Economics(经济)、Social(社会)、Technology(科技)等因素分析从总体上把握宏观环境,来确定这些因素的变化对组织战略管理过程的影响。简单而言,称之为 PEST 分析法或 STEP 分析法,如图 2-1 所示。

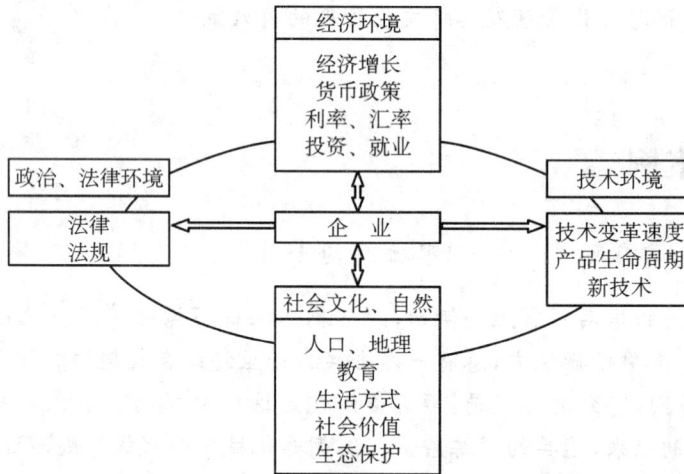

图 2-1　PEST 分析法

进行 PEST 分析时,首先考虑哪些环境因素的影响在过去对组织是很重要的,并且考虑这些影响在未来对组织和它的竞争者重要性的变化趋势。然后通过将有关在环境中发挥作用的关键影响因素的问题进行总结和列示,来对这些因素进行评价,从而确定企业所面临的机会和威胁。

PEST 分析是管理决策者和政策制定者的理想工具,帮助他们分析驱动工业的力量和这些因素如何影响他们的商业和整个工业。

1. 政治法律要素

政治法律要素(Political Factors),是指对组织经营活动具有实际与潜在影响的政治力量和有关的法律、法规等因素。当政治制度与体制、政府对组织所经营业务的态度发生变化时,当政府发布了对企业经营具有约束力的法律、法规时,企业的经营战略必须随之做出调整。

(1)政治环境包括一个国家的社会制度,执政党的性质,政府的方针、政策、法令等。

(2)不同的国家有着不同的社会性质,不同的社会制度对组织活动有着不同的限制和要求。

(3)即使社会制度不变的同一国家,在不同时期,由于执政党的不同,其政府的方针特点、政策倾向对组织活动的态度和影响也是不断变化的。

知识链接

重要的政治法律变量:

* 执政党性质
* 政治体制
* 经济体制
* 政府的管制
* 税法的改变
* 各种政治行动委员会
* 专利数量
* 专程法的修改
* 环境保护法
* 产业政策
* 投资政策
* 国防开支水平
* 政府补贴水平
* 反垄断法规
* 与重要大国关系
* 地区关系
* 对政府进行抗议活动的数量、严重性及地点
* 民众参与政治行为

2. 经济要素

经济要素(Economic Factors),是指一个国家的经济制度、经济结构、产业布局、资源状况、经济发展水平以及未来的经济走势等。由于企业是处于宏观大环境中的微观个体,经济环境决定和影响其自身战略的制定,经济全球化还带来了国家之间经济上的相互依赖性,企业在各种战略的决策过程中还需要关注、搜索、监测、预测和评估本国以外其他国家的经济状况。

经济环境主要包括宏观和微观两个方面的内容。

宏观经济环境主要指一个国家的人口数量及其增长趋势,国民收入、国民生产总值及其变化情况,以及通过这些指标能够反映的国民经济发展水平和发展速度。

微观经济环境主要指企业所在地区或所服务地区的消费者的收入水平、消费偏好、储蓄情况、就业程度等因素。这些因素直接决定着企业目前及未来的市场大小。

知识链接

重要的经济变量：

* GDP 及其增长率
* 中国向工业经济转变
* 贷款的可得性
* 可支配收入水平
* 居民消费(储蓄)倾向
* 利率
* 通货膨胀率
* 规模经济
* 政府预算赤字
* 消费模式
* 失业趋势
* 劳动生产率水平
* 汇率
* 证券市场状况
* 外国经济状况
* 进出口因素
* 不同地区和消费群体间的收入差别
* 价格波动
* 货币与财政政策

3. 社会文化要素

社会文化要素(Social Culture Fators)，是指组织所在社会中成员的民族特征、文化传统、价值观念、宗教信仰、教育水平以及风俗习惯等因素。每一个社会都有其核心价值观，它们常常具有高度的持续性，这些价值观和文化传统是历史的沉淀，通过家庭繁衍和社会教育而传播延续的，因此具有相当的稳定性。而一些次价值观是比较容易改变的。每一种文化都是由许多亚文化组成的，它们由共同语言、共同价值观念体系及共同生活经验或生活环境的群体所构成，不同的群体有不同的社会态度、爱好和行为，从而表现出不同的市场需求和不同的消费行为。

不同的国家之间有人文的差异，不同的民族之间同样有差异，我国有众多民族，虽同是中华民族但却存在着较大的人文差异。例如，藏族的生活方式和藏传佛教的宗教色彩联系紧密，牛是藏族的吉祥动物，在西藏地区的越野车辆市场中日本丰田越野车占据着绝对的市场分额，原因是其标志形似牛头，因此广受藏族人民的欢迎。可见文化对于战略的影响有时是巨大的。

社会文化环境包括一个国家或地区的居民教育程度和文化水平、宗教信仰、风俗习惯、审美观点、价值观念等。

(1) 文化水平会影响居民的需求层次；

(2) 宗教信仰和风俗习惯会禁止或抵制某些活动的进行；

（3）价值观念会影响居民对组织目标、组织活动以及组织存在本身的认可与否；

（4）审美观点则会影响人们对组织活动内容、活动方式以及活动成果的态度。

知识链接

重要的社会文化变量：

＊妇女生育率

＊特殊利益集团数量

＊结婚数、离婚数

＊人口出生、死亡率

＊人口移进移出率

＊社会保障计划

＊人口预期寿命

＊人均收入

＊生活方式

＊平均可支配收入

＊对政府的信任度

＊对政府的态度

＊对工作的态度

＊购买习惯

＊对道德的关切

＊储蓄倾向

＊性别角色

＊投资倾向

＊种族平等状况

＊节育措施状况

＊平均教育状况

＊对退休的态度

＊对质量的态度

＊对闲暇的态度

＊对服务的态度

＊对老外的态度

＊污染控制

＊对能源的节约

＊社会活动项目

＊社会责任

＊对职业的态度

＊对权威的态度

＊城市、城镇和农村的人口变化

＊宗教信仰状况

4. 技术要素

技术要素(Technological Factors)不仅仅包括那些引起革命性变化的发明,还包括与企业生产有关的新技术、新工艺、新材料的出现和发展趋势以及应用前景。在过去的半个世纪里,最迅速的变化就发生在技术领域,像微软、惠普、通用电气等高技术公司的崛起改变着世界和人类的生活方式。同样,技术领先的医院、大学等非营利性组织,也比没有采用先进技术的同类组织具有更强的竞争力。

技术环境除了要考察与企业所处领域的活动直接相关的技术手段的发展变化外,还应及时了解:

(1) 国家对科技开发的投资和支持重点;

(2) 该领域技术发展动态和研究开发费用总额;

(3) 技术转移和技术商品化速度;

(4) 专利及其保护情况,等等。

在进行 PEST 分析时,我们更多地关注未来的情况,为了方便管理者对未来 P、E、S、T 各方面的全面把握,有些战略研究专家设计了"PEST 分析项目核对表"(见表 2-1),管理者可以利用这个表格,核对自己是否全面考虑了各项外部环境。

表 2-1 典型的 PEST 分析项目核对表

政治(包括法律)	经 济	社 会	技 术
环保制度	经济增长	收入分布	政府研究开支
税收政策	利率与货币政策	人口统计、人口增长率与年龄分布	产业技术关注
国际贸易章程与限制	政府开支	劳动力与社会流动性	新型发明与技术发展
合同执行法消费者保护法	失业政策	生活方式变革	技术转让率
雇用法律	征税	职业与休闲态度企业家精神	技术更新速度与生命周期
政府组织/态度	汇率	教育	能源利用与成本
竞争规则	通货膨胀率	潮流与风尚	信息技术变革
政治稳定性	商业周期的所处阶段	健康意识、社会福利及安全感	互联网的变革
安全规定	消费者信心	生活条件	移动技术变革

5. 相关发展

PEST 也有基本的扩展,包括扩展到 SLEPT、STEEP 与 PESTEL,其中 STEEP 为 STEP 加上环境(Environment),PESTEL 为 PEST 加上 Ethical(道德)与 Legal(法律)。换句话说 O 与 T 至少可扩充到 STEEPLE[社会/人口(Social/Demographic)、技术(Technological)、经济(Economic)、环境/自然 (Environmental/Natural)、政治(Political)、法律(Legal)、道德(Ethical)]。此外,地理因素(Geographical Factor)有时也

可能会有显著影响。

（1）STEEP 分析。

STEEP 分析是指通过对企业所处的社会环境（Social）、技术环境（Technological）、经济环境（Eeconomic）、生态环境（Ecological）和政治法律环境（Political-legal）五个方面环境的分析和扫描，判断企业所处的大环境，从这些环境的发展变化来预见和判断市场发展带给企业的机会和威胁，为企业进一步的战略发展提供有力的依据。STEEP 分析图如图2－2 所示。

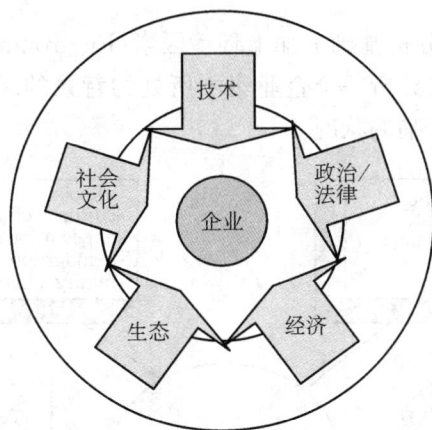

图 2-2　STEEP 分析图

STEEP 分析并不意味着各因素是相互独立的，它们之间的界线是不固定的，我们应该注意到，这种细分的主要目的是避免在分析过程中将精力过分集中在大环境的主要方面上，应用 STEEP 分析时，各部分之间没有固定的界线，一般并不会造成什么大问题。

例如，在制造与材料领域，产生驱动力的社会方面因素包括需要提高创造和分配财富、降低基尼系数、减少失业率等 12 项，产生限制的社会因素包括人才流失、生产率低、劳动力不足等 21 项。其他 4 个方面的研究也得到了有意义的收获。在旅游领域，对旅游产业产生影响的社会因素主要包括：全球化、竞争力、经济形势、全球和地区旅游产业走势，旅游产业对 GDP 创造就业机会和创造外汇的贡献，地域旅游需求前景、供应因素、基础结构和交通体系等。

（2）PESTEL 分析。

PESTEL 分析模型又称大环境分析，是分析宏观环境的有效工具，不仅能够分析外部环境，而且能够识别一切对组织有冲击作用的力量。它是调查组织外部影响因素的方法，其每一个字母代表一个因素，可以分为 6 大因素：

① 政治因素（Political）：是指对组织经营活动具有实际与潜在影响的政治力量和有关的政策、法律及法规等因素。

② 经济因素（Economic）：是指组织外部的经济结构、产业布局、资源状况、经济发展水平以及未来的经济走势等。

③ 社会因素(Social):是指组织所在社会中成员的历史发展、文化传统、价值观念、教育水平以及风俗习惯等因素。

④ 技术因素(Technological):技术要素不仅仅包括那些引起革命性变化的发明,还包括与企业生产有关的新技术、新工艺、新材料的出现和发展趋势以及应用前景。

⑤ 环境因素(Environmental):一个组织的活动、产品或服务中能与环境发生相互作用的要素。

⑥ 法律因素(Legal):组织外部的法律、法规、司法状况和公民法律意识所组成的综合系统。

PESTEL 是在 PEST 分析基础上加上环境因素(Environmental)和法律因素(Legal)形成的,如图 2-3 所示。在分析一个企业集团所处的背景的时候,通常是通过这六个因素来进行分析企业集团所面临的状况。

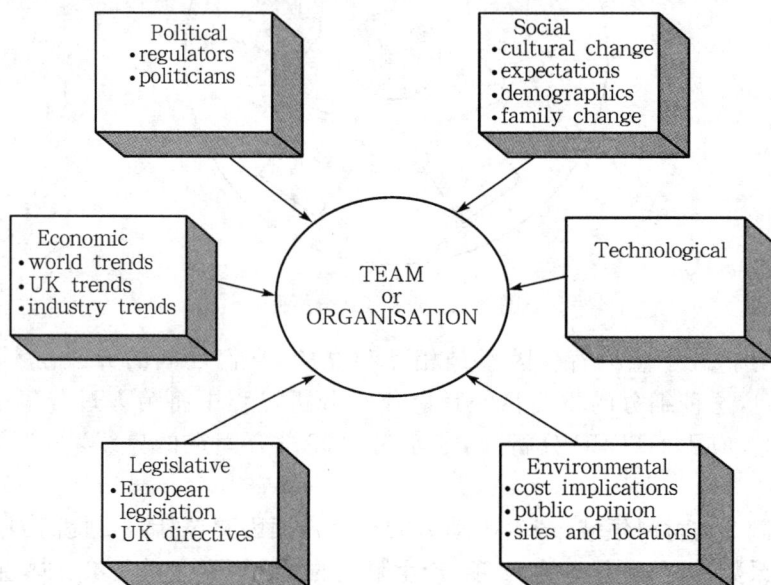

图 2-3　PESTEL 分析图

案例:啤酒行业 PESTEL 分析

按照 PESTEL 的框架模型,围绕啤酒酿制行业,对以下六大宏观因素逐一进行分析,进而探究影响该行业的结构性驱动因素以及这些宏观因素之间所存在的相互影响和彼此制约的根本性联系。

从政治因素来分析,目前及未来若干年内,中国及世界的政治形势基本趋于稳定的政治局面,"和平与发展"是当代世界的两大主题,是世界各国人民的共同愿望,中国围绕着这一时代主题,大力发展同其他国家的贸易伙伴关系。随着 WTO 世贸组织的加入,中国的关税壁垒逐一取消,国外的产品随即进入中国,这样据不完全统计,有近 40 个外国品牌的啤酒在国内生产,产量占到全国的 4.3%,这样原来国家对啤酒行业的保护和鼓励政策,如今已荡然无存,随之而来的是面临着国外品牌的啤酒的挑战,从而,对我国啤酒行业造成一定冲击;同时,也存在着一定的有利因素,进口关税的降低,使得啤酒行业可以扩大啤酒原料及先进设备的选择余地,如进口的大麦通常质量好,工艺容易控制,从而降低了生产的成本,通过引进国外的先进装备,有利于提高啤酒的酿制水平,此外,也有利于我国的啤酒产品走向和进入国际市场。

经济周期是一个反应经济"繁荣—缓慢(衰落)—低潮—恢复(高涨)"的往复变化的过程。据相关统计资料显示,我国目前正处于第三个经济周期的上升阶段,从国务院发展研究中心对于中国2001—2020年的经济增长率进行预测的结果表明,2001—2010年,中国的GDP增长率达到7.9%,因此,可以预测中国在未来若干年内继续有稳定的、可持续的经济发展,中国经济大环境的良好发展态势,预示了啤酒行业将继续保持强劲的发展势头。

自20世纪90年代初,受国有企业经营不景气的影响,国有企业出现大量下岗、失业人员,就业问题成为制约中国经济社会发展的"瓶颈",但从每年啤酒销量逐年递增的态势来看,失业并没能影响到啤酒行业的发展,相反,啤酒因其作为廉价的消费品,从而成为人们愁烦时发泄的工具,快乐时的兴奋剂,交际场合及倾诉衷肠时的有效媒介。因而,因其啤酒兼容并包(快乐与忧愁的分享及保健的功效)的独特功效,决定了消费群体受经济影响的状况不是十分明显,可见,对大众消费群体的啤酒兴趣的建立和培养并加以正确引导、宣传是至关重要且极具有恒久魅力的。

生活方式的变化,啤酒最早出现于古埃及和美索不达米亚(今伊拉克)地区,其制作方法由埃及经北非、伊比利亚半岛、法国传入德国,在德国南部,啤酒制造业空前发展,并由德国的啤酒技术人员将啤酒工艺传播到全世界。改革开放后,受欧洲西方文化的影响,人们的饮食文化开始向西方靠拢,啤酒随之进入了中国,人们对啤酒经历了从不了解到试着尝试,再到如今的餐饮娱乐时的不可或缺,可见啤酒文化的深厚魅力。随着人们对啤酒功效的深入探索,得知啤酒非但含有人体所需要的氨基酸,并且还含有丰富的维生素B2、烟酸和矿物质,故而得名"液体面包"。此外,啤酒在校园内广泛得到兴起,已成为校园交际文化的重要组成部分,因而,啤酒的适龄消费人群逐渐在向前延伸,现已扩大为18至60岁的人群,可见,啤酒行业其强大的消费群体。

人口增长进程及分布的影响。首先,从我国人口的增长进程及趋势来看,自20世纪70年代初我国大力推行计划生育以来,中国人口出生率、自然增长率均已显著下降,但历史积淀下的巨大的人口规模所决定的人口增量仍相当可观。据相关资料显示,2000年,中国18~60岁人口规模已达8.16亿,是1964年的2.15倍,在未来的近30年内,这一人口占总人口的比例都将保持在60%以上。介于中国人口年龄结构呈现"两头小、中间大"的格局持续保持的势头,从啤酒的适龄消费群体来看,其前景仍是十分乐观的。其次,纵观全球人口出生率、生育率的变动过程,总体趋势都是由高到低。发达国家出生率、生育率的下降早在工业革命时期即已开始,到20世纪末人口生育率已降至更替水平以下,甚至出现了人口负增长,因而,未来世界人口增长的重点集中在发展中国家和地区。2000年,世界人口的80.66%分布于发展中地区(如尼日利亚、巴基斯坦等国家),2050年这一比例将上升至87.33%,人口负担加重,因而,从未来世界人口分布趋势以及啤酒的廉价、保健及时尚的特点来看,这一行业的未来发展趋势是向发展中国家挺进。

从科技因素方面分析,"改变人类命运最戏剧化的因素之一是技术",企业的发展,离不开技术,没有技术和产品创新,就没有企业的成长与进步,就没有企业的未来。"燕京"之所以敢在市场上向世界啤酒大鳄叫板,正因为他们有技术、产品创新做依托,可见,啤酒行业同科技的关系绝不逊色于 IT 业同科技的关系,然而,从我国的啤酒厂的整体现状看来,仍是水平较低、规模较小、物耗较高、效益较低,每生产 1 吨啤酒用水量在 8~40 立方米,相应的排水量为 7~35 立方米之间,而发达国家的吨啤酒用水量仅为 5~10 立方米,说明我国啤酒厂与国外发达国家啤酒厂的先进水平仍有一定差距。因此,不断进行技术革新、技术进步、节约有限资源、强化环保是啤酒制造业的发展趋势。

从自然因素方面分析,绝大多数的工业生产活动不可避免地要破坏自然环境的质量,而如今从联合国到世界各国政府都对环境的污染给予了足够的重视,并制定了相关的法律予以制止,这既是保护地球环境的客观需要,同时又是"人与自然和谐共处"的大势所趋,对啤酒酿制行业来说,其与环境的因素是极为相关,不容忽视的。目前,考核啤酒工业废水水质采用的国家排放标准是 GB 8978—1996《污水综合排放标准》,并未对啤酒工业单独规定污染物排放标准,随着污染控制和治理力度的加强,国家环保总局和国家质量监督检疫总局针对啤酒行业废水排放量大、有机污染浓度高、对环境污染严重、排放因子相对较少的特点,联合发布了符合啤酒工业废水排污特点的行业性废水排放标准——《啤酒工业污染物排放标准》,已从 2006 年 1 月 1 日开始实施,该标准为强制性标准。地球是我们共同的家园,环保是世界性关注的时代主题,任何行业都必须做好有关环保的善后处理才是长久经营之道,啤酒行业更是如此,基于此,天湖公司在 2000 年投资 650 万元兴建了污水处理工程,有效地解决了污水排放的问题。

从法律因素分析,法律对行业的规范和发展起到了保障、监督和限制的作用,随着社会经济的发展,企业商业往来频繁,所处的市场环境日趋复杂,随之面临各种显在和潜在的法律问题,如果存在于企业经营过程中的法律问题不能够得以及时察觉,就会"积患成疾",一旦爆发,企业可能会因此遭受重大损失。据国家质检总局的说法,《食品安全法》2009 年出台,这就要求行业应从发展高科技入手,采用先进工艺与检测手段,去年的"啤酒甲醛事件"就反映出了啤酒行业对相关法律法规的忽视,进而给国内整个啤酒行业带来了一定的负面影响。

总之,政治的稳定性及其所采取的政治主张及行为,将直接对整体的经济环境带来不同程度的正、负面影响,经济水平所处的不同阶段和经济发展的不同速度又对其所属的社会文化及生活方式等产生不同程度的影响。经济为科技发展提供了物质保证,同时,技术革新又推动了经济不断向前发展,经济、科技的飞速发展,就要新增刚涉足领域的相关立法以及完善和健全已知领域中相关法律法规,而环保是人类及世界经济实现可持续发展的根本。

(二)具体环境

具体环境,亦称微观环境或任务环境,是指与特定组织直接发生联系的那些环境要素,包括资源供应者、服务对象、竞争者、政府管理部门及其政策法规和社会特殊利益代表组织。

1. 资源供应者

一个组织的资源供应者是指向该组织提供资源的人或单位。这里所指的资源不仅包括设备、人力、原材料、资金，也包括信息、技术、服务和关系等一切该组织运作所需输入的东西。对于大多数组织来说，金融部门、政府部门、股东是其主要的资金供应者，学校、劳动人事部门、各类人员培训机构、人才市场、职业介绍所是其主要的人力资源供应者，各新闻机构、情报信息中心、咨询服务机构、政府部门是其主要的信息供应者，大专院校、科研机构、发明家是其技术的主要源泉。

由于组织在其运转过程中依赖于供应者的资源供应，一旦主要的资源供应者发生问题，就会导致整个组织运转的减缓或中止。因此，管理者一般都力图避免在不了解供应者的情况下进行有关决策。为了使自己避免陷入困境，在战略上一般都努力寻求所需资源的及时、稳定、保质保量的供应，并避免过分依赖于一两个资源供应者。

2. 服务对象(顾客)

服务对象或顾客是指一个组织为其提供产品或劳务的人或单位，如企业的客户、商店的购物者、学校中的学生和毕业用人单位、医院的病人、图书馆的读者等，都可称其为相应组织的服务对象。

任何组织之所以能够存在，是因为有一部分需要该组织产出的服务对象的存在，如果一个组织失去了其服务对象，那么该组织也就失去了其自身存在的基础。一个企业如果其生产的产品无人问津，就必然走向破产；一个政党如果不能为人民谋利益，公众就会抛弃它，这个政党也就会萎缩乃至消亡。组织的服务对象是影响组织生存与发展的主要因素，而任何一个组织的服务对象对组织来说又是一个潜在的不确定的因素。

顾客的需求是多方面且会经常改变的，而要成功地拥有顾客，又必须满足顾客的需求。为此，管理者必须深入市场，分析顾客的心理，根据顾客需求的变化，及时推出新产品、新服务。确保及时地向其顾客提供满意的商品和优质的服务，这几乎已成为当今各级组织管理者所面临的头等大事。

> **小资料**
>
> **全球经济危机，人们喜欢什么样的汽车?**
>
> 2005 年，根据国内轿车分排量的产销统计报表，上半年 1.6 升排量的轿车产量为 40.15 万辆，同比增长 34.04%；销量为 41.55 万辆，同比增长 43.16%。其占据国内轿车市场份额高达 33.84%，可谓"三分天下有其一"。
>
> 2008 年以来，由于燃油价格的迅猛上涨，再加上人们对汽车作为身份象征的消费理念的逐渐改变，消费者已开始认同小排量汽车。但是，由于 1.6 升以下的小排量车的动力性不足，对爬坡能力、空调等实际使用性能有明显的影响，故 1.6 升成了满足轿车较好使用性能的起点排量。此外，1.6 升排量车还具有车型款式众多、价格跨度大、无城市"限行"之扰等诸多优点，所以它理所当然在上半年市场中越来越受到消费者的青睐。

3. 竞争者

一个组织的竞争者是指与其争夺资源、服务对象的人或组织。任何组织，都不可避免地会有一个或多个竞争者。这些竞争者之间不是相互争夺资源,就是相互争夺服务对象。例如,在电信业的竞争对手中国移动和中国联通公司分别推出"动感地带"和"UP 新势力"网络产品,它们都针对 18~22 岁人群,其中,中国移动的品牌"动感地带"定位为年轻人"我的地盘我做主"的形象;而联通的"UP 新势力"则宣扬年轻一族互助和伙伴关系,推出"我要你红"的形象标语。两个产品在话费标准、服务内容和品牌形象塑造上都非常相近,在近几年的竞争中互有高低。

基于资源的竞争一般发生在许多组织都需要同一有限资源的时候,最常见的资源竞争是人才竞争、资金竞争和原材料竞争。对经济资源的竞争可能来自于不同类型的组织。当各组织竞争有限资源时,该资源的价格就会上扬。例如,当资金紧缺时,利率就会上升,组织的营运成本就会上升。

基于顾客的竞争一般发生在同一类型的组织之间,或许这些组织提供的产品或服务方式不同,但它们的服务对象是同一的,就同样会发生竞争。例如,航空部门与铁路运输部门之间、铁路与公路运输部门之间就可能为争夺货源和乘客而展开竞争。竞争也不仅限于国内,随着中国对外开放政策的实施,国内的各类组织不仅面临着来自国内组织的竞争,而且还将直接面临来自国外组织的竞争。在这种情况下,国内的竞争者之间有时可能会出现某种程度的联合,以对抗来自国外的竞争。

没有一个组织可以忽视竞争对手,否则就会付出沉重的代价。国内、国际不乏其例。在 20 世纪 60 年代,美国汽车在北美市场占有绝大部分份额。日本汽车在美的占有率低于 4%。美国汽车公司根本没有将其视为竞争威胁,1967 年,日本汽车在美的占有率接近 10%,但仍然没有受到美国公司的重视。世界石油危机爆发后,日本汽车以其省油的特点大受美国用户欢迎,在美的市场占有率很快上升,美国人这才开始着急,但悔之晚矣。1989 年,日本汽车在美国的市场占有率已近 30%,美国车只剩 60%。因此,竞争对手是管理者必须对其有所了解并及时做出反应的一个重要环境因素。

4. 政府管理部门及其政策法规(政府)

政府管理部门主要是指国务院、各部委及地方政府的相应机构,如工商行政管理局、技术监督局、烟草专卖局、物价局、财税局等。政府管理部门拥有特殊的官方权力,可制定有关的政策法规、规定价格幅度、征税、对违反法律的组织采取必要的行动等,而这些对一个组织可以做什么和不可以做什么以及能取得多大的收益,都会产生直接的影响。

有的组织由于组织目标的特殊性,更是直接受制于某些政府部门。例如,我国的电信业、军工企业、医药业和饮食业,就各自受到信息产业部、国防科工委、医药管理局、卫生防疫管理部门的直接管理或监督。

政府的政策法规,一方面会增加组织的运行成本,另一方面则会限制管理者决策的选择余地。为了符合政府的政策法规和政府管理部门的要求,组织就必然要增加运行成本。例如,为了取得消防管理部门的认可,企业必须按规定装设消防设备。某些政策法规,规定了组织可以做什么和不可以做什么,从而限制了管理者的选择余地,如我国《劳动法》的颁布,对组织的招工、用人、辞退决策带来了一定的限制。

5. 社会特殊利益代表组织(公众)

社会特殊利益代表组织是指代表着社会上某部分人的特殊利益的群众组织,如工会、消费者协会、环境保护组织等。他们虽然没有像政府部门那么大的权力,但却同样可以对各类组织施加相当大的直接影响。他们可以通过直接向政府主管部门反映情况,通过各种宣传工具制造舆论以引起人们的广泛注意。事实上,有些政府法规的颁发,部分的是对某些社会特殊利益代表组织所提出的要求的回应。

综上所述,任何组织都不是孤立的。组织把环境作为自己输入的来源和输出的接受者,组织也必须遵守当地的法律,并对竞争做出反应。正因为如此,供应者、服务对象、政府机构、社会特殊利益代表组织等可以对某一个组织施加压力,而管理者也必须对这些环境因素的影响做出适当的反应。

二、内部环境(组织环境)

内部环境是由组织内部的物质环境和文化环境构成的。内部环境的研究目的是通过对组织内部各种资源拥有状况和利用能力的分析,使企业明确自己的优势和劣势,进而有的放矢地调整战略目标,采取扬长避短或扬长补短的战略方针和战术,寻找到挖掘内部潜力的方向。

任何组织都是独特的资源和能力的结合体,这一结合体形成了管理工作的基础。由于各个组织的资源和能力各不相同,在同一外部环境中经营并采取相似的管理措施的组织,也不一定会取得相同的绩效。可以概括地说,组织的内部条件、外部环境和管理工作这三者共同决定了一个组织的总体绩效水平,决定了这个组织的生存发展能力。下面以企业这一特定的组织为例,对其内部环境条件从资源、能力、企业文化方面进行分析。

(一)企业资源

企业资源,是指企业生产经营过程的投入,如固定资产、人力资源、专利、工艺知识和管理知识等。企业资源分为有形资源和无形资源。

1. 有形资源

有形资源是指那些看得见、摸得着或可定量的资源。有形资源便于识别,同时也容易估计它们的价值,主要包括:① 实物资源,如厂房、设备、原材料等。要分析企业拥有多少设备和厂房,以便了解企业的生产能力。② 财务资源,如现金、有价证券等。财务资源研究是要分析企业的资金拥有情况、构成情况、筹措渠道和利用情况,分析企业是否有足够的财力资源去组织新的经营业务,或对原有活动条件和手段进行改造等。③ 人力资源,如人员的数量、构成、技术水平、经历等。人力资源研究就是要分析不同类型的人员数量、素质和使用状况。

2. 无形资源

无形资源是指那些无形的、隐性的资源。无形资源几乎看不见,竞争对手一般难以模仿,所以它们是企业持续竞争优势的可靠来源,主要包括:① 技术资源,如专利、商标、技术运用所需要的知识。② 创新资源,如技术创新组织、研究设施、创新制度。③ 信誉,如对顾客的信誉、企业品牌、企业对外的相互支持和互惠互利的合作关系。④ 文化资源,如企业价值观、行为规范、道德标准等。通过对无形资源的研究,可以明确企业竞争优势的所在之处。企业运用拥有的无形资源是其独特能力的基本来源。

企业资源形成企业的经营结构,构成企业的竞争能力。企业能投入到经营活动中的资源是有限的。企业资源分析要从全局来分析,把握企业各种资源的数量、质量、配置等情况的现状、未来需求以及与理想的差距。企业资源的现状和变化趋势是企业制定总体战略和进行经营领域选择时最根本的制约条件。

(二) 企业能力

1. 企业能力的概念

企业能力是指一组资源的有机组合。就资源本身来讲几乎没有什么生产经营能力,企业开展生产经营活动就要求对资源进行组合和协调。一种能力就代表了一组资源完成特定任务所需要的组合方式和过程,企业通过对各种有形资源和无形资源的不断融合形成与众不同的能力。其中,能为企业带来相对于竞争对手的持久优势的资源和能力,就是企业的核心能力,或叫作核心竞争力。

不同的企业具有不同的核心能力,如耐克公司的销售能力和设计能力,海尔公司的市场整合能力,长虹公司的技术吸收创新和低成本扩张能力,等等。而戴尔(Dell)公司虽然没有个人电脑的核心技术,却因为它高效的供应链管理和直销模式成为行业领先者。

企业一旦建立起了自己的核心能力,不仅会使现有的业务经营产生超额利润,同时还能使相关的或新创业务取得该种能力延伸运用后的溢出效益。因此,管理者开展各项管理工作的根本任务就是最大限度地构建、培育、发展和运用企业的核心能力。有了特定的核心能力,就拥有了市场竞争的持续竞争优势,也就拥有了生存和发展的法宝。由此可知,资源是企业能力的基础,能力是企业获取竞争优势的主要源泉。

2. 企业核心能力的特征

对企业内部环境条件的研究主要是分析企业所拥有的资源和能力,在对各种资源和能力的分析中,明确企业存在的优势和劣势。从企业存在的优势中进一步发现或确定企业所拥有的核心能力,企业某种优势一旦成为核心能力,就拥有了市场上的持续竞争优势。

判断某种资源和能力是否成为核心能力,有如下四条基本标准:

第一,有价值性,即这种资源和能力是很重要、很宝贵的。企业拥有它就能在为顾客创造价值的过程中为自身谋得利益。企业为顾客创造的价值越高,就越能在竞争中赢得和保持竞争优势。比如,索尼公司的微型化技术就使顾客受益无穷,同时也使企业获得了开发和把握电子产品各种潜在市场机会的可能,因而它是一项有极大价值的能力。

第二,稀缺性。企业拥有其他企业不具备的物质资源、技术资源、人力资源和组织资源的某一方面,也可以是技术、研究开发、生产制造、市场营销和管理的有机结合,从而使企业具有其他企业不具有的竞争优势。例如,企业拥有技术领先的设备、掌握某种独特的专利技术的专家队伍,或由于进行了制度创新而拥有的体制和机制优势等。企业一旦拥有了某种优势,就会不断充实,滚动积累,出现领先者进一步领先的局面,领先企业的产品成为标准产品,进而领先企业获得加速发展。例如,微软 Windows 操作系统起初只是一个单项产品出现在市场上,但由于该操作系统的竞争优势,其他企业必须在其基础上开发其他配套产品,使它的竞争对手则在不同程度上受到削弱甚至毁灭。

第三,难以模仿性,即这种资源和能力是模仿不了的。企业核心能力作为特定企业个性化发展的产物,必须是企业所特有的,并且不易被竞争对手所模仿。一般情况下,企业核心能力是企业内部不同能力的集合组成,它是企业跨部门人员不断学习、获得知识、共享知识与运用知识而形成的整合知识和能力,这也是为什么一家企业的核心能力不容易被对手模仿或复制的原因所在。否则,这种竞争力就很脆弱,难以形成能给企业创造较大和持续的竞争优势。例如,由于企业具有的特殊制度安排、悠久的历史传统、优秀的企业文化、员工的凝聚力等因素,使企业构建和实施的战略措施、运作方式、技术路径和组织结构使竞争对手不能完全模仿。不仅如此,企业所拥有的技术或组织专长,还不可被竞争对手所替代。

例如,日本索尼、松下和三洋三大电器公司的成功,应归功于各自所拥有的不同优势能力。索尼依靠其雄厚的研发优势,每年都可开发出上千种新产品,在市场上以品种不断创新独领风骚;松下以让天下顾客"十分依赖和放心地使用松下产品"的服务优势在顾客心目中享有盛誉;三洋则以低成本优势来开发和生产各种产品,使顾客买得起,因而以物美价廉闻名于市场。由此可见,不论是哪一方面拥有核心竞争力,都能使企业获得竞争优势。

第四,不可替代性,即这种资源和能力是不能用别的替代的。如果能找到替代的,这样的资源和能力就不可能给企业带来持久的竞争优势。

换个角度来分析,如果某种资源和能力,从顾客的角度看它不是有价值的和不可替代的,或者从竞争者的角度来看它不是稀有、独特的且不可模仿的,那么,它就不可能成为企业的核心竞争力。只有在同时满足以上四个评判标准的情况下,企业的核心竞争力才有可能从资源和能力中生成。而拥有了核心竞争力,就意味着这一企业具备了持久生存发展的竞争优势

(三)企业文化

企业文化是企业中指导企业成员的共享价值观和行为规范,具有引导、约束、激励和凝聚的作用,是企业的灵魂和核心。

企业所处的内部环境,离不开企业文化的形成、塑造和变革。例如,摩托罗拉公司的"给每个员工不变的尊重",方正科技的"真诚沟通,与投资者共享成功",玫琳凯化妆品公司的"丰富女性人生"等,这些成功的企业通过企业文化的传承,向员工传递核心价值观,塑造良好的企业形象。

三、环境的不确定性

环境是不断变化的,而且大多数变化都是管理当局不可预测的,因此,环境具有一定的不确定性。根据环境不确定性的程度,我们可以把环境分为动态环境和稳态环境。动态环境是指组织环境要素大幅度改变的环境。反之,则称为稳态环境。

在稳态环境中,组织所处的环境较为简单,确定性较强,管理当局易于在稳态环境中作决策。任何一个组织都希望自己处于一个较为稳定的环境之中。从某种程度上讲,这也有利于组织发展。但组织并不总是处于稳态环境中,组织经常面临环境的变化,如突然出现的竞争者,竞争对手新的技术突破,竞争对手出人意料的经营决策等。环境的不确定性可以从如下两个角度来衡量。

（一）环境的复杂性

环境的复杂性是指关系到企业运营的环境因素的多少。复杂程度可用组织环境中的要素类别和数量来表示。根据环境的复杂程度,组织环境可分为复杂环境和简单环境。通常外部因素越少,环境复杂程度越低,不确定性越小。格兰仕公司通过大幅降价,挤掉了许多中小型微波炉,公司有效地扩大了市场占有率,减少了竞争者的数量,这样,也就降低了其所处环境的复杂性。一般来说,一方面,一个组织要与之打交道的顾客、供应商、竞争者及政府机构越少,其环境越简单,组织环境的不确定性就越小;另一方面,当一个企业只订出10%的合同时,其环境复杂性增加,因为它还要与众多的用户接触以订出剩余的合同。

（二）环境的多变性

环境的多变性是指环境因素在时间上的变化状况。根据环境的变化程度,可将组织环境分为动态环境和稳定环境两类。形成环境的各种因素变化大,为动态环境;变化小,则为稳定环境。稳定的环境可能是一个没有新的竞争者,现有的竞争对手也没有技术上的创新,没有什么公众对组织施加压力的环境。例如,在20世纪70年代,文字处理一般是用油印,那时竞争对手有限,业务对象稳定,这是一个稳定的环境;但随着计算机文字处理系统的引入,到20世纪80年代,人们已可以随时方便、高速地进行文字处理,机械打字印刷市场开始萎缩,其生存受到了威胁,从事文字处理的企业开始由稳定环境转入动态环境。

组织环境中的变动是稳定的还是不稳定的,不仅取决于环境中各构成因素是否发生变化,而且还与这种变化的可预见性有关。可预测的快速变化不是管理者必须应付的不确定性。当我们谈到环境多变性时,通常是指不可预见的变化。例如,啤酒酿造公司一般在第二、三季度要创造一年中3/5～4/5的营业额,第四季度营业额便急剧下降。对于这种可预见的消费需求变化并不会使啤酒酿造公司的环境具有不确定性。环境的不确定性威胁着一个组织的成败,因此,管理者应尽力将这种不确定性减至最低程度。

根据环境的多变性和复杂性两项指标,企业环境可以划分为四种类型,如表2-2所示。

表2-2 组织环境类型

环境复杂程度环境变化程度	简　单	复　杂
稳　定	1. 简单、稳定的环境: 环境影响因素较少; 环境因素变化不大; 环境因素容易了解	2. 复杂、稳定的环境: 环境影响因素多; 环境因素基本保持不变; 掌握环境因素较难
动　态	3. 简单、动态的环境: 环境影响因素较少; 但在不断的变化之中; 环境因素比较容易掌握	4. 复杂、动态的环境: 环境影响因素多; 且处于不断的变化之中; 掌握环境因素困难

状况1:低不确定性,即简单和稳定的环境。环境的不确定程度很低,企业对环境的预测和适应是比较容易的。这类企业生产的品种比较单一;客户常常是少数的固定的几

家,往往签订固定供货合同;所需原材料的品种也较少;它们的竞争者也有限;而产品的需求量是比较容易掌握的,因而这类企业的环境因素比较简单,而且在多年中保持相对稳定。例如,餐具制造商、容器制造商、软饮料生产商和啤酒经销商就处于这种环境中。在这种环境下,管理者对内部可采用强有力的组织结构形式,通过计划、纪律、规章制度及标准化等来管理。

状况2:较低不确定性,即复杂和稳定的环境。在这种环境中,尽管影响企业的外部因素增加了,但由于这些因素变化缓慢,因而预测并适应环境还不是很困难。这类企业的产品品种多、花色多;所需原材料也各不相同;供应商来自多方面;市场面多种多样,同行业的竞争者也较多。但是,由于人们的生活习惯相对稳定,因而市场需要也比较稳定,能够比较准确地了解顾客需求的产品品种、花色和数量。

一般来说,处于这种环境中的组织为了适应复杂的环境都采用分权的形式,强调根据不同的资源条件来组织各自的活动。不管怎样,它们都必须面对众多的竞争对手、资源供应者、政府部门和特殊利益代表组织,并做出管理上的相应改变。例如,医院、大学、保险公司和汽车制造企业等经营规模较大的组织就常处于这种环境之中。

状况3:较高不确定性,即简单和动态的环境。在这种环境中,影响组织的外部因素虽然不多,但这些因素变化快,难以预测,而且由于组织为适应环境而采取的行动会引起环境因素的反作用。例如,企业采用降价竞争策略,会引起竞争者的连锁反应等。

面临这种环境的组织一般采用调整内部组织管理的方法来适应变化中的环境。纪律和规章制度仍占主要地位,但也可能在其他方面,如市场销售方面需要采取强有力的措施,以对付快速变化中的市场形势。例如,音像制品公司、玩具制造商和时装加工企业等多属于这一环境中的组织,它们面临着技术或市场需求的迅速变化,而且很难事先准确预测。

状况4:高不确定性,即复杂和动态的环境。环境的不确定性达到最高程度。企业的外部因素错综复杂,而且这些因素很不稳定,变幻莫测,因而风险性很大。这类企业产品品种规格、花色多样;顾客、供应商和竞争者很多;由于顾客爱好、技术发展等因素,市场变化极快而又难于预测其变化的方向和速度,因而这类企业的环境不确定程度最高,对组织管理者的挑战最大。例如,电子行业、计算机软件公司、电子仪器制造商等就处于这种环境中。

面对这样的环境,管理者就必须更加强调组织内部各方面及时有效的相互联络,并采用权力分散下放和各自相对独立决策的经营方式,力图最大限度地克服或减少环境不确定性带来的影响。

第二节 管理者的素质要求

管理大师彼得·德鲁克(Peter F. Drucker)曾经说过:"如果一个企业运转不动了,我们当然去找一个新的经理,而不是另雇一批工人。"由此可见,组织管理者对组织的生存和发展起着至关重要的作用。那么,究竟什么是管理者? 管理者有哪些类型? 组织对管理者的素质有哪些要求? 诸如此类的问题,有必要加以阐述。

一、管理者的定义

传统观点认为,管理者是指那些在组织中行使管理职能、对组织目标做出实质性贡献的人。这个定义以正式职位和权力为基础,以此为基础,组织中的成员被区分为管理者和被管理者。

现代观点认为,管理者是组织中这样的一类人,他们通过协调其他人的活动达到与别人一起或者通过别人实现组织目标的目的。这一定义的实质在于,管理者不仅仅是在行使管理职能,更重要的是,通过组织资源尤其是人力资源的合理配置达到实现组织目标的目的。

组织的管理者是相对于被管理者而言的,被管理者一般也称为作业人员。作业人员是指在组织中直接从事具体的业务,且不承担对他人工作监督职责的人,他们的任务就是做好组织分派的具体的操作性任务。

二、管理者的类型

管理者的分类可以按管理者所在的层次进行分类,也可以按管理者负责的管理领域进行分类。

(一)按管理者所在的层次进行分类

组织尤其是大型组织有许多管理层次。管理者处于组织不同的层次往往影响其重要职能和技能组成。

对大型组织来说,不同层次管理者的类型有高层、中层和基层之分,他们在组织中的位置如图 2-4 所示。

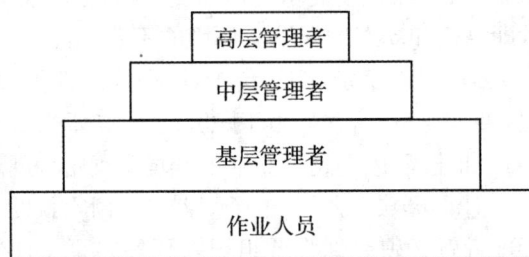

图 2-4 管理者的层次分类

1. 高层管理者

高层管理者是一个组织中的高级执行者并负责全面的管理,一般高层管理者指战略管理者,关注长期问题并侧重于组织的生存、成长和总体有效性。

高层管理者包括首席执行官(CEO,企业的首席战略管理者)、首席运作总监、公司总裁、副总裁和高级执行委员会的成员。

传统意义上,高层管理者的作用是通过制定战略和控制资源确定总体方向。但现在,高层管理者更经常被叫作真正的组织领导者,而不是战略建筑师。

2. 中层管理者

中层管理者位于组织中高层管理者和基层管理者之间,负责将战略管理者制定的总目标和计划转化为更具体的目标和活动,又称为战术管理者。

传统意义上,中层管理者接受公司目标并将其分解为事业单位目标,将下面的事业单位计划集中起来供高层参考。但现在,中层管理者角色的变化需要他们不仅是管理控制者,而且还是其下属的成长教练。一方面,必须确保那些基层管理者能够保持长期战略目标与短期并需要马上行动的事情之间的平衡;另一面,必须支持下属并训导他们,使其更具创新精神。

3. 基层管理者

基层管理者是监督组织运作的低层管理者,直接涉及组织内非管理性的员工,实施中层管理者制订的具体计划。

传统意义上,基层管理者受上层的指导和控制,以确保其成功地实施支持公司战略的行动。但在现在优秀的公司里,基层管理者执行的作用变弱了,而对其创新和创造性的需要在增加,以实现成长和新业务开发。

需要指出的是,在小公司和那些已经适应时代的大公司里,管理者肩负战略、战术和运作的责任。今天,最好的管理者有能力进行战略思考,将战略转变为具体目标,协调资源,与基层员工一起工作。

(二)按管理者负责的管理领域进行分类

按管理者负责的管理领域进行分类,管理者可以分为综合管理人员和专业管理人员。综合管理人员是指负责管理整个组织或组织中某个事业部的全部活动的管理者,专业管理人员是指仅仅负责管理组织中某一类活动的管理者。

三、组织对管理者的素质要求

管理者的素质是指管理者与管理相关的内在基本属性与质量。管理者的素质是形成管理水平与管理能力的基础,是做好管理工作、取得管理功效的极为重要的主观条件。其素质主要表现为政治素质、思想素质、道德素质、终身学习的理念、知识和技术素质、心理素质、创新能力、团队精神、强健的体质和充沛的精力等。

(一)政治素质

政治素质是指管理者在政治方面表现出来的基本特质,是管理者从事管理活动必须具备的政治立场、政治观点、政治态度和政治品质等各方面的总和。政治素质在整个管理者素质体系中居首要地位,对于其他素质的发挥具有决定性的影响。政治素质是管理者素质构成体系中最根本、最首要的素质。

(二)思想素质

思想素质是管理者理论修养、思想作风、思想观念以及思维方法等各方面的总和,是管理者在管理活动中正确地认识问题、科学地分析问题、成功地解决问题的前提。思想素质的高低是管理者成熟与否的重要标志,对实现有效管理起着关键性作用。具有良好思想素质的管理者,能在管理的过程中更好地发挥能动作用,增加主动性、目的性和创造性,从而表现出较高的管理水平,取得良好的管理绩效。

（三）道德素质

道德素质是指管理者在管理活动中自觉遵守社会规范,恪守职业道德的素质。道德素质具体包括:

(1)责任心。管理者作为社会活动的指挥者,对他人、集体和社会肩负着重大的责任。管理者应该热爱自己的事业,为事业的成功努力工作。

(2)宽容。管理者在管理活动中必须在非原则问题上有宽松、灵活的精神和相应的心理素质。"有容,德乃大",只有心胸宽阔,才能团结上下左右搞好工作。为此,一是要包涵下属的缺点,二是能心平气和地使用优于自己的人才。

(3)诚实。这是一个有道德素质的管理者必备的根本品质,是取信于人、成就事业的基础。

(4)信赖他人。在管理活动中能否充分信任下属和员工,放心大胆地让他们去完成任务这是现代管理者与传统管理者的重大区别。在现代社会,由于工作的复杂性,使得完成某一项任务不可能仅依靠领导一个人。作为管理者,只有具备充分信任他人的心理素质,才能充分发挥组织内部每一个人的作用,培养出一批有实干精神和能力的人才。

(5)心胸开阔。古人云:"宰相肚里能撑船。"管理者应心胸开阔,能容人、容事,不斤斤计较个人得失。尤其是在经营管理企业的过程中,更要把握好诚信原则。要与人为善。得民心者得天下,就是这个道理。为此,管理者要养成良好的品德,善待他人,尊重他人,善待企业员工,要平等待人。这样才能使员工有一种公平感,积极性才能充分调动出来。要善于倾听不同意见,团结一切可以团结的同志共事。

(6)吃苦耐劳。管理的本质是服务。管理者必须做到服务认真、态度端正,礼貌待人,工作热情、周到。管理工作头绪多,事情繁杂,有时急事突如其来,加班加点是家常便饭,休息日经常也是工作日。因此,吃苦耐劳精神也是管理者所不可缺少的素质。

（四）终身学习的理念

知识经济时代向组织的管理者发出了明确的信号:智慧、知识、资本在今后的时代中将扮演更加重要的角色,拥有知识的管理者将拥有更多的取胜机会,不懂得最新生产方式和创新方式的管理者将被社会淘汰;学校教育、素质教育和终身学习是管理者立身社会的不可或缺的支撑点。

（五）知识和技术素质

专业知识是管理者知识结构中不可缺少的组成部分,尤其是科技管理者。只有懂专业的管理者,才能在管理过程中有的放矢,灵活机动,遵循事物发展规律,按客观规律办事,避免官僚主义。

管理者应懂技术。作为一名现代的企业管理人员,不能把自己的水平和能力仅仅定位在满足于一般的宏观性的企业经营管理上。管理者懂技术,并不是要求作为管理者本身必须对本企业生产经营所涉及的各种技术样样精通,这样做既不现实,也没必要。但管理者至少要做到以下几点:一是应该了解和掌握本单位的技术情况,要知道本单位的技术水平、技术装备、技术力量,与同行业技术力量相比,本单位技术力量处在何种地位,既要与国内的同行比,也要与国外的同行比;二是管理者应该掌握本单位的一、两项关键性技术,要做到越熟练越好,这样不仅有利于提高企业管理者在员工中的地位和威信,而且有助于管理者有效地解决在管理中遇到的实际问题;三是要不断加强技术管理,要高度重视技术人员的引进、培养和素质的提高工作,采取有效措施,不断提高本企业产品的高新技术含量。

(六)心理素质

心理素质是指人们的心理条件,它由自我意识、气质、性格、情感、价值观等心理要素构成。

(1)自我意识。自我意识包括自我概念、自我评价、自我信心、独立性等内容,反映人类认识自己、评价自己和体现自己的能力。这种不同的自我意识,在相当程度上影响着人们对职业的选择以及职业上的成功。管理者应有极强的自信心和自主性,不墨守成规、优柔寡断、畏首畏尾,而是勇往直前、无所畏惧,主动地面对任何困难。

(2)气质。气质是人们对外界事物的一种惯性反应,主要表现在情绪体验的快慢、强弱、隐显以及动作的灵敏或迟钝方面。气质对管理者的能力和绩效也有一定的影响作用。

(3)性格。性格是指一个人较稳定的对现实的态度和习惯化了的行为方式,是态度和行为方式较为稳定的心理特征。管理者的性格特征是在承认了性格差异的前提下,寻找那些直接影响管理者管理绩效的性格共性,这些共性的因素,构成了他们的基本性格特征。

(4)情感。情感是人的喜、怒、哀、乐等心理表现。人的情感类型一般可划分为感情型和理智型。管理者,尤其是高层领导者,由于从事的是带有很大不确定性和竞争性的事业,管理过程中会遇到许多棘手的问题,因此,要求管理者在情感上更富有理性色彩,无论在顺境还是在逆境中都能保持清醒的头脑,以高度的沉着和冷静进行思考、分析和行动。

(七)创新能力

管理者需要大胆创新。创新是发现、发明或开发一种新思想、新概念并将之应用于实践的过程。组织的各层级管理者要认清世界的潮流,真正地在自己的工作岗位上,勇于实践,大胆创新,敢于走别人没有走过的路,在市场经济的大潮中,创造出自己独特的经验,不断提高组织的竞争能力。

(八)团队精神

不要以为在企业当上了领导就是一个人说了算,一意孤行必将导致众叛亲离。时时善待他人,尊重企业里的每一个人,是干好事业、办好企业的关键,善于协调、沟通、协商才是企业管理者要做的大事情。

(九)强健的体质和充沛的精力

当今的社会,竞争压力越来越大,企业管理者要在竞争中取胜,保持身体健康是基本的保证。身体健康的人不仅精力充沛,而且心胸宽广、态度乐观,这样才能在压力面前不会轻易地败下阵来。

课后案例

下面是对几个不同的管理对象的简单描述,请仔细阅读他们的情况并根据所学理论回答后面的问题:

1. 王春华是一个大制药公司的销售代表。他的工作包括走访医生以推销公司的成方药品。他现年 27 岁,已婚,有 1 个孩子。他获有大学的企业管理学位,他在该公司已工作 5 年,年薪约 12 万元人民币。

2. 庄小蝶是个某医院儿科护士长。现年 29 岁,已婚,有 2 个孩子。她目前正在争取硕士学位。在医生中她的名声很好,大家都认为她是一位很能干的护士。她的年薪约 7 万元人民币。

3. 李东是国内一家最大的快餐食品专利制造商的营业部副主任。现年 51 岁,与配偶离婚,现有 1 个孩子正在上大学。他已在这个公司工作 9 年,年薪约 30 万元人民币。他是该公司分享红利的高级管理人员之一。

4. 周越民是一家大联营超级市场的兼职(非全日)雇员,现年 26 岁,退役军人。入伍前和退役后都一直为这个公司服务。他是一个重要的雇员,每小时工资约 8 元人民币。他现在还在一个当地大学里学习,目前再有 12 个学时他就将完成他的商业管理学位的学习。

5. 苏灿是一家新航天工业公司的市场开发部的副经理。今年 25 岁,未婚,聪明伶俐,热情而又精力充沛,是"新型妇女"的代表。年薪约 11 万元人民币,她即将完成硕士学位的学习。

6. 张伟是一家属于 14 家联营的廉价餐馆的副经理,25 岁,未婚,读过 3 年大学。他每周工作 6 天,周薪 1 200 元人民币。另外,他每年还将从家里的一笔遗产中得到约 2 万元人民币的收入。

7. 徐莉是一所大学校长的行政助理,现年 31 岁,单身,曾受过 1 年秘书训练。她的职责包括:在学位要求方面给学生以顾问,监督和保管学生档案。她的年收入约为 5 万元人民币。她已在这所大学工作 12 年了,开始时为打字员。

8. 梅川是化学研究人员,在国家最大的化学公司中工作。4 年前,他从一所重点大学毕业后就到这个公司来工作。现年 26 岁,目前他的年薪约为 7 万元人民币。2 个月后,他即将结婚。

9. 从辉是一座办公大楼的由 16 人组成的夜间清扫队的监督员。他任监督员已有 2 年的时间了,在被提升到目前职位之前,他曾干过 11 年各种清扫工作。从辉今年 44 岁,已婚,有 2 个孩子。他的年薪约为 3 万元人民币。他每周有 3 天要在本地一家医院任临时清扫工。

10. 夏斌博士是一所著名大学的历史学教授。他在有声望的专业刊物上发表过一些文章,并且写过一本很受赏识的教科书。但是近 4 年来,他没有写出什么东西来。他是一位富有资历的教授,拿系里最高的工资,年薪约 12 万元人民币。今年 40 岁,已婚,有 1 个不满 10 岁的孩子。最近 2 年来,他在教学上的兴趣与热情已明显地低落下来,而学生对他那优秀教师的赞誉也随之减少了。

思考题

假设你就是他们的上司,请从下面的策略中选出你认为最能激励他们每个人提高工效的策略,并说出你选择的理由:

1. 个人鼓励计划;
2. 承认其成就;
3. 增加工资;
4. 以降级或解雇作为威胁;
5. 提高身份地位(如扩大办公室、给予头衔、办公室铺地毯、设秘书);
6. 小组分红计划;
7. 丰富工作内容;
8. 附加津贴;
9. 更多地参与管理决策;
10. 更多的行动自由(就是说,更少的监督)。

第三章　管理决策团队

引入案例

万通六君子的故事

1991年9月13日,海南农业高技术联合开发投资公司(简称"农高投"),在海南正式成立,创始人为冯仑、王功权、刘军、王启富、易小迪和李宏(黎源)。为创办公司,六个人一共凑了三万多块钱,这些钱大都用在注册公司等前期费用上,拿到执照后只剩几百块钱,是一个典型的"皮包公司"。冯仑等人就此开始了在海南的"淘金"之旅。半年后,易小迪找来了潘石屹,负责第一单房地产业务的销售,冯仑在日后回忆:"他的销售才能在那个时候就显现了。"

在第一次界定合伙人利益关系时,冯仑等人采用的是水泊梁山的模式"座有序,利无别"。大家虽然职务有差别,但利益是平均分配的。在当时,董事长的位置并不重要,大家关注的焦点是法人代表和总经理。大家一致认为,王功权当法人代表和总经理比较合适,于是,法人代表和总经理就由王功权担任。冯仑则担任副董事长(当时董事长职务必须由投资主管单位的人担任),王启富、易小迪和刘军担任副总。1992年年初,潘石屹加入了公司,最初担任总经理助理兼财务部经理,后来也变成副总。

完成原始积累后,公司开始招聘新人,这才有了真正意义上的上下级关系。1993年1月18日,"农高投"增资扩股,改制为有限责任公司形式的企业集团,即万通集团,主要股东除冯仑、王功权、刘军、王启富、易小迪,还有后来加入的潘石屹以及中国华诚财务公司、海南省证券公司等法人股东,由冯仑担任董事长和法人代表。通过这次改制,冯仑等人开始建立了财产基础上的合伙人关系。冯仑提出一个观点:按照历史的过程来看,缺了谁都不行,每个人的作用都是百分之百——他在,就是百分之百;不在,就是零。万通六君子在确定股权时采取了平均分配的办法,万通成立了一个常务董事会,重大的决策都是六个人来定。1995年之前,六兄弟配合得很好,也协调得很好。当时,六个人以海南为中心分散在广西、广东等附近省份,经常见面。1995年起,万通的业务开始扩展到北京、上海、长春等地,六兄弟分布在不同省份,负责各地的业务。由于当时沟通不便,造成信息不对称。再加上六个人性格不同、地域和管理企业的情况不同,不可避免地,大家在一些事情上形成了分歧,相互之间越来越不容易协调。

和其他民营企业不同的是,六个人并不是在金钱上产生了矛盾,而是在公司战略和企业管理上发生了不可调和的冲突。但六个人拥有共同的价值观,因为共同理想走到一起,又经历了重重考验,彼此间有着深厚的感情,都不想分开。冯仑曾回忆:"1994—1996年,几年里六个人没事就凑在一起讨论究竟应该怎么走,有的人难受得哭了。外人很难想象我们当时痛苦到什么程度。"

就在六个人都很痛苦、都很矛盾的时候,三个契机让事情有了戏剧性的转变。一是1995年,王功权去了美国管理分公司,在美国吸收了很多商务、财务安排的方法以及产权划分的理论。二是1992年,张维迎把"披荆斩棘,共赴未来"这篇文章带到了英国,张欣看到这篇文章后很兴奋,决定回国,张维迎就把张欣介绍给了冯仑。张欣把西方商业社会成熟的合伙人之间处理纠纷的商业规则带给了万通。

王功权和潘石屹都接受了西方的思想,开始劝说冯仑。冯仑开始不同意,但后来去了一趟美国,见到了著名经济学家周其仁。两人聊得很投机,冯仑讲了困扰自己已久的问题,周其仁讲了"退出机制"和"出价原则",给冯仑以很大启发。于是,六个人中的三个人接受了新的游戏规则。

回国后,冯仑提出"以江湖方式进入,以商人方式退出"。虽然是商人方式,但冯仑等人只是对资产进行了大致的分割,并没有锱铢必较,还是保留了传统的兄弟情义。走的人把股份卖给没走的人,没走的人股份平均增加,把手中的某些资产支付给走的人。1995年3月,六兄弟进行了第一次分手,王启富、潘石屹和易小迪选择离开;1998年,刘军选择离开;2003年,王功权选择离开,至此,万通完成了从六个人到一个人(冯仑)的转变。

从第一次分手到最后王功权离开,冯仑等人也越来越接受和认可这种退出机制。冯仑回忆道:"最早潘石屹发给我们律师函,指出不同意就起诉时,我和功权特别别扭,像传统中国人一样认为那叫'倍儿不给面子'。但越往后越成熟,最后我和功权分开时只请了田宇一个人,连律师费都省了,一手交支票,一手签字。"

分手后,万通六君子都实现了各自的精彩。冯仑、潘石屹和易小迪成为地产界的大鳄,王功权成为知名的风险投资家,王启富和刘军也在其他领域开创了一番事业。在中国改革开放后的商业史上,万通六君子"以江湖方式进入,以商人方式退出"则成为一段佳话。

(资料来源:江远,"万通六君子:江湖方式进入商人方式退出",载《记者观察》,有删减)

第一节　模拟团队的组建

一、模拟团队的组成要素

团队(Team)由认同于一个共同目标的少数具有技能互补的人组成,他们在一个能使彼此担负责任的程序下,愉快相处,快乐工作,共同为达成高品质的结果而努力。团队以达到一个既定结果为最终目标,共同目标是团队区别于群体的重要特征。

管理团队需具备五个重要的团队组成要素,称为5P:

(1) 目标(Purpose)。没有目标团队就没有存在的价值。目标在企业的管理中以企业的远景、战略的形式体现。

(2) 人(People)。一个团队中可能需要有人出主意,有人订计划,有人实施,有人协调不同的人一起去工作,还有人去监督团队工作的进展,评价团队最终的贡献。不同的人通过分工来共同完成团队的目标。

(3) 定位(Place)。团队在企业中处于什么位置,由谁选择和决定团队的成员,团队最终应对谁负责,成员在团队中扮演什么角色,这体现在实体的组织形式上。

(4) 权限(Power)。团队领导人权力大小与团队的发展阶段和实体所在行业相关,一般来说,团队越成熟,领导者所拥有的权力相应越小。另外,高科技企业实体多数是实行民主的管理方式。

(5) 计划(Plan)。计划有两层含义:① 目标最终的实现,需要一系列具体的行动方案,可以把计划理解成目标的具体工作程序。② 提前按计划进行可以保证团队的顺利进度。只有在计划的操作下团队才会进一步的贴近目标,从而最终实现目标。

二、模拟团队角色定位

现代管理理论流派中经理角色学派的代表人物亨利·明茨伯格,在20世纪60年代仔细研究了五位经理的工作,产生了不同于当时流行的观点,即长期以来人们认为管理者在决策之前要仔细和系统地处理各种信息。但是明茨伯格通过观察发现,管理者陷入大量变化的、无定式的短期活动中,几乎无法静心思考,他们中大多数人的活动持续时间少于9分钟,工作经常被打断。

管理者角色指的是特定的管理行为范畴,正如表3-1所表示这10种角色可以组合成三个方面:人际关系、信息传递和决策制定。

表3-1　明茨伯格的管理角色理论

角　色	描　述	特征活动
人际关系方面:		
(1) 挂名首脑	象征性首脑,必须履行许多法律性或社会性的例行义务	欢迎来访者,签署法律文件

角 色	描 述	特征活动
(2) 领导者	负责鼓励下属,负责人员配备,培训以及有关的职责	实际上从事所有的有下级参与的活动
(3) 联络者	维护自行发展起来的外部关系和消息来源,从中得到帮助和信息	发感谢信,从事外部委员会的工作,从事其他有外部人员参加的活动
信息传递方面:		
(4) 监听者	寻求获取各种内部和外部的信息,以便透彻地理解组织与环境	阅读期刊和报告;与有关人员保持私人接触
(5) 传播者	将从外部人员和下属那里获取的信息传递给组织的其他成员	举行信息交流会;用打电话的方式传达信息
(6) 发言者	向外界发布组织的计划、政策、行动、结果等	召开董事会,向媒体发布信息
决策制定发面:		
(7) 企业家	寻求组织和环境中的机会,制定"改进力案"以发起变革	组织战略制定和检查会议,以开发新项目
(8) 混乱驾驭者	当组织面临重大的、意外的混乱时,负责采取纠正行动	组织应对混乱和危机的战略制定和检查会议
(9) 资源分配者	负责分配组织的各种资源并制定和批准所有有关的组织决策	组织应对混乱和危机的战略制定和检查会议
(10) 谈判者	作为组织代表参加重要谈判	参加与工会的合同谈判

(一) 人际关系角色

管理者常因是组织的代表性人物,而要执行某些具有礼仪性和象征性的任务。例如,代表组织参加典礼并致词,或是以组织领导者的身份参加宴会,以及接待和欢迎来宾等。这时,管理者所扮演的是一个挂名首脑角色。

管理者也常被要求扮演领导者角色,而这个角色包括了聘用、训练和激励员工及人员配备等。例如,管理者必须正式或非正式地指导下属如何执行其工作,并考虑如何影响与带领下属努力达成组织的目标。

在人际关系角色中,第三个角色是联络者。联络者是指管理者扮演与外界个人或机构之间联络与协调的角色。明茨伯格将这个活动描述为联络外界消息来源,以取得对管理者有用的信息。这些外界的个人或机构,包括顾客、供应商、政府机构,以及大众媒体等。

(二) 信息传递角色

所有管理者或多或少都会从外界的组织或机构中获得一些信息,而执行获取信息的活动便是信息角色的内容。信息角色包括监听者、传播者与发言人。

监听者的角色是指管理者通过广泛的信息搜寻,获知组织与其工作相关信息的最新发展。其取得信息的途径,通常包括阅读报纸杂志、相关报告,以及与他人的沟通交谈。管理者再通过扮演传播者的角色,将信息传播给组织内的成员。

此外,由于管理者对外代表组织,所以有时他们也扮演发言人的角色。通过发言人的角色,管理者将组织内的信息传达给组织外部的个人或机构。就某种程度来看,发言人与挂名首脑的角色非常相似,然而,这两者还是有根本上的不同。当管理者扮演挂名首脑角色时,大家对管理者感兴趣的是"它是组织的代表性象征";一旦转换为发言人的角色,则强调自信与沟通的内涵。

(三)决策制定

决策可以说是管理者工作内容的基本单位,管理者每天的工作就包含了一系列的决策。决策角色包含企业家(创业者)、混乱驾驭者(困扰处理者)、资源分配者与谈判者。

当管理者作为一个企业家时,管理者会企图引发并掌控足以改进组织绩效的变革。这些变革往往会脱离日常的例行决策,并企图开发新的机会或展开新的计划。透过创业家的角色,管理者可将组织带领到一个新境界。

作为一个混乱驾驭者,管理者扮演裁判、问题解决者与调停者的角色。当组织面临重大的、意外的混乱时,采取某些修正行动以应付先前未预见的问题,避免某些问题恶化较大的问题。

由于组织的资源有限,面对组织成员对资源的超额需求,管理者必须扮演资源分配者的角色。管理者负责分配人力、物力,以及金钱方面的资源。调度、授权、开展预算活动,安排下级的工作。

不可避免地,在组织必须与其他组织商谈并谈判以争取本身组织的利益时,管理者便以组织代表的身份和其他组织进行谈判,如与营销体系之间的合作契约谈判。此时,管理者扮演着谈判者的角色。

由于管理者所扮演的角色有共通性,并且能够加以分类,因此,不管是哪一种层次的管理者,他们都会扮演相同的管理者角色。不过,不同类型的管理者,其所侧重的管理角色却有所不同。例如,挂名首脑、信息传播者、谈判者、联络者、发言人的角色更多地表现在高层管理者身上。然而,领导者的角色相对基层管理者而言则显然更加重要。

三、模拟团队的类型

根据团队的组成者,团队可分为以下几种类型。

(一)星状团队(Star Team)

这种团队中有一个核心人物(Core Leader),充当了领队角色。一般是在团队形成之前,核心人物已经就团队组成进行过仔细思考,根据自己的想法选择相应人员加入团队。这些加入团队的成员也许是核心人物以前熟悉的人,也有可能是不熟悉的人,他们在企业中更多是支持者角色(Supporter)。

这种团队的特点包括:① 组织结构紧密,向心力强,主导人物行为对其他个体影响巨大。② 决策程序相对简单,组织效率较高。③ 容易形成权力过分集中的局面,从而使决策失误的风险加大。④ 核心主导人物特殊权威,其他团队成员和主导人物发生冲突时,处于被动地位。冲突较严重时,其他团队成员一般都会选择离开团队。

典型例子如太阳微系统公司(Sun Microsystems)。创业当初就是由维诺德·科尔斯勒确立了多用途开放工作站的概念,接着他找了乔和本其托斯民两位软件和硬件方面的专家,一位具有实际制造经验和人际技巧的麦克尼里组成了 Sun 团队。

(二)网状团队(Net Team)

网状团队成员在开始之前有密切的关系,如同学、亲友、同事、朋友等,在交往过程中,共同认可某一想法,并就组建团队达成了共识以后,开始共同进行团队管理。在团队组成时,没有明确的核心人物,大家根据各自特点进行组织角色定位。在企业团队时期,各位成员基本上扮演的是协作者或者伙伴角色(Partner)。

这种团队的特点:① 团队没有明显核心,整体结构较为松散。② 决策一般采取大量的沟通和讨论来达成一致意见,决策效率相对较低。③ 团队成员在团队中地位相似,容易形成多头领导局面。④ 一般采取平等协商、积极解决态度消除冲突,团队成员不轻易离开;一旦团队成员冲突升级,某些成员撤出,容易导致整个团队涣散。

典型例子是微软的比尔·盖茨和童年玩伴保罗·艾伦,惠普的戴维·帕卡德和他在斯坦福大学的同学比尔·休利特等。多家知名企业的创建也是创建者团队成员先结识,基于一些互动激发出创业点子,然后合伙创业。

(三)虚拟星状团队(Virtual Star Team)

由网状创业团队演化而来,是前两种的中间形态。在团队中,有一个核心成员,但是核心成员地位的确立是团队成员协商的结果,核心人物从某种意义上说是整个团队的代言人,而不是主导型人物,其在团队中的行为必须充分考虑其他团队成员的意见,不如星状团队中的核心主导人物那样有权威。

四、模拟团队的组建的目的

(一)提高组织能力,放大水平

团队是高倍能放机制,通过增强协作程度,团队能产生很强的核心能力。组织能放性,不仅指的是同类能力的放大倍数问题,还指放大的能力类别问题。团队更是创新能力放大机制,它的学习能力、创新能力远远大于其他组织。这种能力是现实市场环境中竞争力形成和持续的重要因素。

团队的设计主要是为了改变传统组织的放大类别,以适应环境的要求。

(二)构建团队基础组织

团队所具有的能力是功能性的,多数情况下,它本身无法完成一项完整的业务,因此,它必须"群集"而生,即形成"团队基础组织"。

理解构造团队是为了构建团队基础组织很重要,组织化理解团队,不仅可以将团队作为次级组织看待,而且可以将团队放在整个市场运作中加以考察,这样有利于系统地看待团队建设问题,使团队建设最终有利于市场运作的要求——这一点,对任何组织、任何市场主体而言,都具有主体性。

（三）创设人性化的环境

人性需求表现的变化要求组织方式相应地变化。组织产生的人性问题在于它不能满足现今人们的个性需求。"团队"及其群集即是为适应目前的环境而产生，那么，它本质上要在个性需求的满足方面有令人满意的进步。

具有组织特性的团队，要为其成员的个人实现及发展提供条件，而且它的价值观、组织理念都必须强调平等、尊重和崇尚生命的伟大与体验。使得团队不仅是一种工作方式，还是一种工作环境。

五、组建团队的程序

（1）撰写管理计划书。通过撰写管理计划书，进一步使自己思路清晰，为后来寻找合作伙伴奠定基础。

（2）优劣势分析。使用 SWOT 分析自己的优点、缺点，对自己正在或即将从事的创业活动有足够清醒的认识。

（3）确定合作形式。根据自己的情况，选择有利于实现计划的合作方式，通常是寻找那些能与自己形成优势互补的合作者。

（4）寻求合作伙伴。通过媒体广告、亲朋好友介绍、各种招商洽谈会、互联网等形式寻找自己的合作伙伴。

（5）沟通交流，达成创业协议。就管理计划、股权分配等具体合作事宜进行深层次、多方位的全面沟通。避免正式创业后，团队因沟通不够引起的解体。

（6）落实谈判，确定责权利。在双方充分交流达成一致意见后，团队需就合伙条款进行谈判。

六、团队的管理组建

（一）树立正确的团队理念

拥有正确团队理念的成员相信他们处在一个命运共同体中，共享收益，共担风险。因此成员间良好的凝聚力、诚实正直、为长远着想并能承诺价值创造的理念，是团队组建之初所应明确树立的。

（二）明确团队发展目标

目标在团队组建过程中具有特殊的价值。首先，目标是一种有效的激励因素，共同的目标是创业团队克服困难、取得胜利的动力。其次，目标是一种有效的协调因素，团队中各角色的个性、能力有所不同，但是"步调一致才能得胜利"。孙子曰："上下同欲者，胜。"

（三）建立责、权、利统一的团队管理机制

团队内部需要妥善处理各种权力和利益关系。要确定谁适合从事何种关键任务和谁对关键任务承担什么责任。一个新创企业的报酬体系十分重要，它不仅包括诸如股权、工资、奖金、福利等金钱报酬，而且包括个人成长机会和提高相关技能等方面的因素，要能够保证按贡献付酬和不因人员增加而降低报酬水平。

另外要制定合理的管理规则,解决企业指挥管理权问题、价值认同问题,建立进入和退出机制。

团队的分裂最容易发生在企业从创业阶段向集体化阶段过渡的时期。创业阶段的特征是组织的创立者将所有的精力都投入到生产和市场的技术活动中,以求得在市场中的生存,企业的组织是非规范化和非官僚制的,工作时间较长,大家为了生存而奋斗,不太计较个人的得失。集体化阶段的特征是企业已经度过了生存期,组织获得有利的领导并开始提出明确的目标和方向,部门也随着权力层级、工作分派及劳动分工而建立。

团队分裂的主要原因有以下几点:

(1) 随着企业规模的增长,有些成员因其能力已经不适应更大规模、更规范的企业经营管理的需要。

(2) 团队成员的经营理念与方式不一致,团队思想没有统一,有些成员不认可公司的目标和策略,价值观有冲突,导致创业团队解散,如联想的倪光南(科学家)和柳传志(企业家)。

(3) 成员之间因为性格、个性、兴趣不合,导致磨合出现问题,创业活动难以正常开展,创业团队解散。

(4) 团队在管理初期没有确定一个明确的利润分配方案,随着企业的发展、利润的增加,在利润分配时出现争议导致团队解散

第二节　团队成员的激励

虽然对“激励”的看法众说纷纭,但这里我们只取其最基本的含义:激励(Motivation)就是组织通过运用某些手段或方法让组织成员在心理上处于兴奋和紧张状态。积极行动起来,付出更多的时间和精力,以实现组织所期望的目标。员工的激励水平会影响到生产率的高低,管理者的一部分工作职责就是,通过激励手段去激发员工为实现组织目标而努力工作。对激励的研究可以帮助管理者们理解,是什么因素促使员工主动采取行动,影响行动选择的因素有哪些,以及员工为什么会持续坚持采取某种行动。

要有效地提高激励水平,就必须了解有关个人行为的基本概念和周期模型。激励的基本组成因素是需要、动机、行为、奖励。人们有一些基本的需要,如饮食、安全、成就等,这些因素会转化为内在压力从而形成“需要”。

“需要”在生理和心理学意义上是指个体在生存和发展所必须具备的内在要素或外在条件得不到满足时,大脑神经中枢所感知的生理失衡或心理紧张状态。不同的个人面对同一个环境之所以会出现不同的反应,或者不同的个人对环境的适应行为之所以有所不同,其重要的原因之一在于个人的需要不同。人的需要很复杂,一方面,人的需要分为基本需要和第二位需要,基本需要如水、空气、食物、安全等生理需要;第二位需要主要指自尊心、地位、情感、归属、自信等。另一方面,人的需要受到后天环境的影响。一般来说,人们在工作环境下的需要都是后天次生的,是外界环境诱发的。

"动机"则是由需要引起的、促进个体采取某种满足需要行为的内在驱动力。它与个体的个性属性和社会文化环境约束有关。人们通常对动机有一种错误的认识,认为动机是人的一种个性特质,有些人有、有些人没有。其实所有的人的所有行为都有动机,只是每个人的行为动机有所差别。"动机"与"需要"紧密相关,动机以需要为基础,有动机必有需要;许多情况下,很难区分何者是"需要",何者为"动机"。动机实质上是由需要驱使、刺激强化和目标诱导等各种因素相互作用的一种合力。

"行为"是指人在环境的影响下,引起的内在心理和心理变化的外在反应。或者说,人的行为是动机产生的结果。例如,当一个员工有升职的动机,他就会产生提前完成工作、主动地加班、利用业余时间进修等一系列的行为。

"奖励"是人们行为的目标,分为内在奖励和外在奖励两种类型。内在奖励是指人在完成某个特定行为的过程中所获得的满足感。完成一个复杂的任务可以使人体验到一种愉悦的成就感,解决某个有益于他人的问题也会让人有一种完成个人使命之感。例如,去山村执教的城市大学生由于帮助儿童获得学习机会而得到了内在的奖励。外在奖励是由他人(特别是管理者)给予的奖励,包括提升和加薪。外在奖励来自于外部,是取悦他人的结果。有资料显示,仅仅通过金钱和福利待遇,甚至包括表扬和荣誉这些手段,很难激励那些最有才干的创新性员工。所以,优秀的管理者应努力帮助人们实现内在激励。

综上所述,激励的过程即需要决定动机,动机产生行为的过程。在过程中,如果获得奖励,即达到目标,动机实现,需要满足,产生"满足感"或"成就感",从而使紧张心理得到放松,得到应该重复以前的行为方式的反馈;否则,就会产生"不满足感",从而产生紧张心理,得到行为不够恰当、不应重复以前的行为方式的反馈。反馈的结果会影响下一周期的行为。当一个目标达到后,新的需要就会产生,接着就会又伴随紧张、产生动机等。因此,激励是一种持续的周期性过程。

通过以上的学习,我们了解到激励理论是多种多样的,而面对千变万化的企业环境,如何综合利用激励理论,找到适当的激励方法,是现代管理者思考的问题。对于激励的方法主要有以下四大类:需求激励、薪酬激励、工作方式激励、精神激励。

一、需求激励

几年前,迪娜创立了友谊卡片公司,她打算利用自己的商品设计专长来制造和销售贺卡。当然,她还希望开创更加美好的未来。时至今日,迪娜的公司只有 12 名员工,但年利润已超过 10 万美元。

迪娜决定让她的员工分享公司的成功。她宣布在即将到来的 6、7、8 三个月友谊卡片公司星期五也成为休息日。这样,所有的员工将有 3 天的周末时间,但他们仍得到与 5 天工作制一样的薪水。

令迪娜没有想到的是,在实施 3 天周末制 1 个月后,一位她最信赖的员工向她坦白,他宁愿得到加薪而不是额外的休息时间,而且,他还说其他员工也有同样的想法。

迪娜感到不可理解。她的大多数员工不到 30 岁,而年均收入 3.5 万美元,这已超过本地从事相似工作的员工收入的 20%。对于她自己来说,如果年收入已达 3.5 万美元,再让她在钱和休闲时间之间进行选择的话,她毫无疑问将选择后者。她以为她的员工也会如此。不过,迪娜十分开明,她召集所有的员工讨论这个问题,问他们:"你们是希望得到夏天 4 天工作制呢,还是希望得到 4 000 美元的奖金? 多少人赞成 4 天工作制?"6 只手举了起来。"多少人更愿意得到奖金?"另外的 6 只手举了起来。

同样的奖励,不同的员工有不同的感受。这是为什么? 需求理论会给你答案。马斯洛的需求层次理论是在实际管理者中最有影响的一种激励理论,这一理论主要对激励的原因和激励作用因素的具体内容进行了探讨。

需求是理解行为的关键性因素。马斯洛的需求层次理论启示管理者在工作中要了解员工的需求,并找出相应的激励因素,采取积极的组织措施,来满足不同层次的需求,引导员工的行为,实现组织目标。值得注意的是,人们的需求不是一成不变的,而是不断增长的,所以,激励措施也应是灵活的。表 3 - 2 给出了员工的需求层次及相应的激励因素和组织管理措施之间的关系。

表 3 - 2　员工的需求层次与相应的激励因素和组织管理措施之间的关系

需求层次	激励因素	组织措施
自我实现	成长、成就、参与、创造	挑战性的工作、创造性的组织环境、决策参与制度、个人职业发展计划、培训制度
尊重	胜任、承认、地位、赏识	工作称职、内容提升、表彰制度、加大责任
归属	同事间的友谊、群体间接纳、相互信任	协商制度、团体活动、沟通制度
安全	工作保障、工作安全、工作状态	雇佣保证、退休金制度、健康保险制度
生理	食物、住宅	工资报酬、福利待遇、工作环境

满足员工的生理需求是员工的基本需求。如果员工们还在为生理需求而奔波,他们就无法专心于本职工作,管理者可以通过增加工资,改善劳动条件(给予更多的业余休息时间),提供较好的福利待遇来激励员工,调动其积极性。

从行为管理上说,心理的安全期望具有重要意义,管理者应努力为员工提供安全、有保障的工作,强调规章制度、职业保障、福利待遇,给员工以安全的感觉。

当归属成为员工主要需求时,员工常把工作看成是建立温暖和谐人际交往的机会,所以管理者应强调同事的共同利益,开展一些有组织的体育活动、联欢活动等来增进员工的感情,建立和谐的人际关系。

当自尊成为员工主导需求时,管理者应建立合理的培训制度,提高员工的知识和技能,保证他们能胜任工作。另外,当员工做出成绩时,对他们进行公开的奖励和表扬,发给荣誉奖章,设立光荣榜,并提供更多的独立从事工作的机会,以提高员工对工作的满意度和工作积极性。

受自我实现需求激励的人,管理者应很好地利用他们的创新能力,吸收更多优秀员工参与决策,注重民主管理,倾听职工的意见,给技术精、水平高、能力强的人安排重要的工作,让其充分认识到自身价值。

马斯洛的需求层次论得到了普遍认可,特别是在 20 世纪六七十年代很受一线管理者的欢迎,主要是因为该理论简单、明了,易于理解,具有内在逻辑性。不过,马斯洛本人没有为他的理论提供实验证据。总体上讲,这一理论尚需得到实证研究的检验。但无论如何,该理论对需求的分类,为管理者了解员工的行为动机提供了理论基础。

二、薪酬激励

薪酬激励是指通过薪酬体系的合理设计对员工进行激励的方法。薪酬激励中的薪酬是组织成员通过完成组织所安排的工作目标而获得的经济方面的报酬,一般包括基本工资、奖金、津贴和补贴等。相对于其他激励方法,薪酬方法是最直接和最常用的激励方法。薪酬对于员工极为重要,它不仅是员工的一种谋生手段,而且也能满足员工的价值感,在很大程度上决定了员工的满意度。一般的薪酬激励形式有以下两类。

(一)直接增加薪酬额度

金钱的激励作用在人们生活达到宽裕水平之前是十分明显的,包括工资、津贴、货币性福利等。显然,如果能将金钱激励与员工的工作成绩紧密联系起来,它的激励作用将会持续相当长的一段时期。

(二)间接增加薪酬额度

有很多薪酬激励方式并没有直接增加员工的薪酬额度,但是却通过各种方式间接地增加了薪酬收益,这些薪酬激励方法在实践中也受到员工的普遍欢迎。

(1)带薪休假。带薪休假对很多员工来说,都具有吸引力,特别是对那些追求丰富的业余生活的员工来说,更是情之所钟。

(2)在职消费。这类非货币性消费包括豪华的办公室、到风景名胜地做经常的商业性旅游、增加手下员工等。这种激励通常对于管理人员实施,但在实施过程中应避免其激励强度过高。在这方面,比较可行的有两个办法:一是在管理人员的报酬与一般员工的报酬之间建立明确的挂钩关系;二是将付给管理人员的报酬限制在一个事先约定的乘数之内。

(3)员工持股。员工持股是一种有效的长期奖励方式,主要形式是持有一定数额的股票和股票期权等。长期奖励的作用就是能克服员工的短期行为,从而保证组织的持续发展。许多公司的实践证明,一旦员工变成所有者,他们就会以主人翁的精神投入工作,并基本不会做出损害公司效率和利润的行为。

(4)特别福利。特别福利是管理人员在一定职位上享有的特别待遇。当这种待遇可观时,也能起到一定的激励作用。这种特殊福利包括无偿使用组织的车辆、带家属旅行、离职费、从组织获得无息和低息贷款等。

薪酬激励作为激励员工的常用方法也存在一些缺陷,比如长期以金钱为激励手段会助长人们的自私心理,以自我利益为中心,对组织的忠诚度较低,同时,还会产生单位金钱激励效果递减的现象。例如,如果以前年终奖是 500 元,今年的年终奖是 5 000 元,就会产生很大的激励效果。但是,如果明年还是 5 000 元,所产生的激励效果就会大大不如今年,随着时间的推移人们甚至认为这 5 000 元已成为自己固有收入的一部分而失去激励效果。所以,薪酬激励不是万能的,多种激励方式综合使用才可起到持久有效的激励作用。

三、工作方式激励

工作方式激励是指通过对工作进行再设计和多样化地安排工作时间来改变工作方式，从而激发组织成员工作积极性的一种激励方法。工作方式激励具体通过以下两个方面来实现。

（一）对工作进行再设计

管理者应该了解工作的哪些方面可以为员工带来激励。对于那些从事枯燥的重复性工作、内心几乎不会有什么满意度的员工而言，工作的再设计可以使组织成员提高工作兴趣，激发工作热情，增强工作责任感和改善人际关系等。工作再设计就是要运用激励理论来设计工作结构，以提高员工的劳动生产率和工作满意度。工作再设计的主要方法通常包括工作轮换、工作扩大化以及工作丰富化。

工作轮换是指通过使员工定期地承担不同的任务来增加工作的多样性。这种方法是改进工作简单化的有效方法，它通过增加工作涉及任务的数量和多样性来扩大工作的范围。

工作扩大化是指将几种工作综合成为一种新型的、涉及面更广泛的工作，从而横向扩大组织成员的工作范围，让员工感受到工作的多样性。

工作丰富化是指纵向扩大组织成员的工作范围，不仅仅是改变工作任务的数量和频度，而且还包括了将高效的激励因素（如工作责任、赏识、发展机遇、学习机会以及成就感等）融合到工作之中。

在一个丰富化的工作环境中，员工对完成工作所必需的资源享有控制权，对如何完成工作拥有自主决策权，完成工作时能体验到个人的成长，并且还能自己决定工作的时间速度。

（二）多样化地安排工作时间

随着社会的发展和互联网技术的快速发展，人们发现在工作安排上出现了许多新的方法可供大家选择。由于这些方法能够兼顾工作和生活的需要而越来越多地被大家青睐。主要包括压缩每周工作时间、弹性工作时间、工作分担、远程上班、独立承包与兼职工作等

压缩每周工作时间，是指采取一种比每天工作 8 小时、每周工作 5 天这样的工作安排更少的时间来完成全职工作。这种方法的最普通的形式是"4—40"，也就是说，以 4 个 10 小时的工作日来完成 40 小时的工作。"4—40"制度的优点是可以使员工每周有 3 个连续的休息日。这样做，对员工来说可以有更多的休闲时间并节约部分的交通费用，对组织来说可以降低缺勤率并因此使组织的绩效得到提高。但是，实行这种制度也会产生一些潜在的不利因素，包括增加了疲劳和为个人而调整家庭生活的困难度。同时，还有工作日程安排的问题、消费者可能的抱怨、工会可能的反对等问题。

弹性工作时间，也可以称为弹性时间，即可以给员工更多的权力去选择自己每天工作的时间。在保证每天工作时间的情况下，员工可以随意支配自己的时间，比如早来早走或晚来晚走。在两段工作时间之间，员工可以有机会处理自己的个人事务。这一优点对于

某些员工特别重要,如有创造力并酷爱自由的员工、双职工家庭、有小孩的单亲家长和要赡养老人的员工。这种工作方式使他们有选择工作时间的权利,从而能够处理更多的事情。弹性工作时间带来的满意度可以更多地增加员工对组织的归属感。

分担工作,是指一份全职工作分别由两个及两个以上组织成员共同完成。工作分担经常涉及几个人,他们每人每天工作半天,但是也可以按周或月来分担工作。因为工作可以分拆和分担,所以组织如今能够雇用高才能的员工以获得更多的效益,而这在以前是不能的。对于有些人来说这种方式非常具有吸引力,如为人父母的资深专家。工作分担可以把两个员工当成一个来雇用。尽管有时候会出现调节问题,但是这种工作时间安排对所有的员工都是有益的。

远程办公,有时候也叫作灵活地点或者电子上班,是指在不同电子通信形式的支持下,电子计算机媒介将客户和中心办公室联系在一起。因而,至少工作时间表中几个小时的工作是在办公室以外完成的。远程办公有许多优点,如节省了时间和交通费用、跨越了区域的限制等,甚至有些人已经通过网络在几千公里以外的公司上班。目前,在市场营销、金融分析、行政服务、计算机编程等行业中这种工作方式也逐渐开始流行。

独立承包与兼职工作,独立承包是指由外部人而不是由内部的正式职工完成某一特定的工作或任务。任务完成后,承包人则会与其他公司合作。独立承包使承包人的工作有了灵活性和多样性,也同时使一些雇员有了兼职的可能。因为可以容易地雇用到兼职人员,所以雇主可以根据需要随时签订和解除工作合约。许多雇主都偏爱这种灵活的工作形式,因为它可以帮助雇主更好地控制劳动力成本和应付周期性需要。这种工作方式也带来了一些问题,比如兼职人员缺乏长期工作的那种责任感,从而可能导致生产率下降;兼职工作者的待遇缺乏保障;等等。

四、精神激励

精神激励是指通过使员工在精神和心理上得到满足而对员工进行激励。精神激励的具体形式有以下五类。

(一)目标激励

目标激励是指组织中的上下级共同制定组织的总目标,并由此确定组织成员的分目标,使组织成员通过完成各自的分目标为完成组织的目标做贡献的一种管理激励方法。目标激励的实质是以目标设置来激发组织成员的自我管理意识和指导行为。

我们知道,古典激励方法强调物质刺激,人际关系和人力资源的激励方法则以不同的程度强调以人为本。目标激励的成功之处正是在于把物的问题和人的因素紧密地结合在一起,从而成为一种新型的被广泛接受的激励方法。此外,目标激励既是一种激励手段,又是一个管理过程。通过这一管理过程,组织的上下级人员明确了共同的目标,并规定了各成员为达到组织目标而应承担的职责范围,即分目标和具体任务,在此基础上,组织可以衡量每个成员的绩效,并据此给予奖惩。

(二)信任激励

信任激励是指企业管理者对员工给予足够地关注和信任,把重大任务授予下属,从而提高了对员工完成任务的激励水平。例如,某企业对各部门年轻人组成的新产品开发团队的激励就包括两种:一是物质金钱激励,小组成员的奖金是一般员工的2～3倍,而且是按月刺激,达到指定任务就给奖励,任务全部完成后还要追加;二是精神激励,主要是高层管理人员对这些年轻人给予充分重视,给其重大的任务,为他们创造良好的工作环境,让他们的潜能得到充分发挥。这两种方式相结合取得了很好的效果,企业的研发速度大大加快,占领了广阔的市场并获得了高额利润。

（三）价值观激励

尽管组织价值观的发展呈多元化和个性化的趋势,但杰出企业的共同价值取向是树立崇高目标、建立共识和追求卓越,因此,良好的价值观能增强组织的凝聚力,培养奋发向上精神,并对每个成员的目标和行为具有导向和激励作用。

（四）榜样激励

榜样的力量是无穷的,树立组织典范人物对组织中的其他人员会具有很强的激励功能。

（五）文化激励

企业文化是一个组织在长期的经营过程中提炼和培养出来的一种适合组织特点的经营管理的方式,是组织群体所共同认可的特有的价值观念、行为规范及奖惩规则等的总和。一个具有激励特性的、优良的企业文化能调动组织成员的积极性、主动性和创造性。

课后案例

1993年,俞敏洪创办了新东方培训学校,创业伊始,俞敏洪单枪匹马,仅有一个不足10平方米的漏风的办公室。零下十几度的天气,自己拎着浆糊桶到大街上张贴广告,招揽学员。1994年,俞敏洪已经投入20多万元,新东方已经有几千名学员,在北京也已经是一个响亮的牌子,他看到了一个巨大而诱人的教育市场。

杜子华像一个漂泊的游侠,研究生毕业后游历了美国、法国和加拿大,凭着对外语的透彻领悟和灵活运用,在国外结交了许多朋友,也得到了不少让人羡慕的机会。但是他在国外待的时间越久,接触的人越多,就越是感觉到民族素质提高的重要和迫切。徐小平到温哥华10年之久,生活稳定而富足。听着俞敏洪不经意地讲述自己创办新东方的经历,文雅而富有激情的徐小平突然激动起来:"敏洪,你真是创造了一个奇迹啊！就冲你那1000人的大课堂,我也要回国做点事！"王强在美国凭借自己的教育背景,3年就拿下了计算机硕士学位,并成功进入著名的贝尔实验室,可以说是留学生中成功的典型。

新东方就像一个磁场,凝聚起一个个年轻的梦想。就这样,从1994年到2000年,杜子华、徐小平、王强、胡敏、包凡一、何庆权、钱永强、江博、周成刚等人陆续被俞敏洪网罗到了新东方的门下。

1995年,加入新东方的胡敏开发出了雅思英语考试培训,大受欢迎,胡敏本人也因此被称为"胡雅思"。

徐小平、王强、包凡一、钱永强等人分别在出国咨询、基础英语、出版、网络等领域各尽所能,为新东方搭起了一条顺畅的产品链。徐小平开设的"美国签证哲学"课,把出国留学过程中一个大家关心的重要程序问题,上升到一种人生哲学的高度,让学员在会心大笑中思路大开;王强开创的"美语思维"训练法,突破了一对一的口语训练模式;杜子华的"电影视听培训法"已经成为国内外语教学培训极有影响力的教学方法。新东方的老师很多都根据自己的教学经验和心得著书立说,并形成了自身独有的特色,让新东方成为一个有思想有创造力的地方。十年之后,新东方成为首家在纽交所上市的中国民营教育机构,徐小平、王强、俞敏洪团队"十年磨一剑",把一个始于违章建筑危楼里的培训学校打造成市值50亿美元上市教育公司,成就了一个新东方传奇。新东方已成为中国最大的私立教育服务机构,在全国拥有25所学校、111个学习中心和13个书店,大约有1 700名教师分布在24个城市。目前累计已有300万名学生参与新东方培训,仅2006年就有87.2万名。外语培训和考试辅导课程在新东方营收中所占比例高达89%,是该公司最主要的营收来源和增长动力。

俞敏洪的成功之处是为新东方组建了一支年轻而又充满激情和智慧的团队,俞敏洪的温厚、王强的爽直、徐小平的激情、杜子华的洒脱、包凡一的稳重,五个人的鲜明个性让新东方总是处在一种不甘平庸的氛围当中。新东方的成功,不是俞敏洪一个人的成功,而是一个团队的胜利。

公司要进一步发展,必须要妥善地解决相关的利益问题,但是这个问题并不那么好解决。新东方遇到了一次又一次人事危机。2001年8月,俞敏洪收到王强的辞职信,在历数俞敏洪的过错、新东方的弊端之后,正式提出辞职、退股。这并非一个人的想法,随后,徐小平和包凡一相继递上辞呈,要求辞去董事职务。庆幸的是,在俞敏洪的极力挽留之下,王强他们最终没有离开。

2003年,新东方学校注册成立了新东方教育集团,俞敏洪身兼董事长和总裁职务,此时有传闻说,对于俞敏洪独揽大权,徐小平和王强很不满意,要退出新东方。2003年,北京新东方学校另一位副校长、著名TSE(英语口语测试)教学专家杜子华离开了管理层。

2004年4月,原新东方集团总裁、北京新东方学校第二任校长、人称"中国雅思第一人"的胡敏离开了新东方,随后创办了"新航道"。胡敏1995年来到新东方,曾为新东方开创了利润较大的四级、六级、考研、雅思4项培训项目。这一阶段,新东方出版的70%图书,也都是由胡敏策划完成的。2003年新东方业绩下滑,董事会要求时任总裁和校长的胡敏做出解释,胡敏认为根本就是"非典"带来的问题。随后胡敏辞去总裁和校长职位,并接受集团副董事长职务。再后来,就出书的问题同董事会产生争执,最后选择离去。

(资料来源:大学生创业网)

思考题

1. 试分析新东方创业团队的类型。
2. 如何看待新东方"内乱"?
3. 本案例给了你什么启示?

第四章　管理决策的方法

学习目标

通过本章内容的学习,学生将了解和掌握以下内容:

1. 了解定性分析法和定量分析法的基本概念;
2. 能够运用定性分析和定量分析的决策方法解决实际问题;
3. 能够运用定量分析法与数学模型来计算;
4. 了解和掌握各项管理决策基本工具;
5. 通过博弈论的基本模型来分析具体的案例。

引入案例

一错再错的雅虎

2000 年 1 月 7 日,星期五,美国加州圣克拉拉市雅虎公司的总部大楼里洋溢着轻松愉快的气氛,雅虎股价几天前刚刚创下了 237.5 美元的历史新高,这对于公司的每位员工来说都是个好消息。在三层的办公室里,首席执行官蒂姆·库格尔(Tim Koogle)正筹划着雅虎未来的宏图大计,这时,电话铃响了,一个意想不到的消息传到了库格尔的耳朵里:知情人士透露,美国在线打算与时代华纳合并! 这个消息像平地一声惊雷一样令库格尔震惊不已,但他万万没有料到,它竟成了雅虎这个光芒四射的网络明星陷入困境的导火索。

在接到美国在线将与时代华纳合并的消息后,雅虎公司的三位实权人物——首席执行官蒂姆·库格尔、总裁杰弗雷·马莱特(Jeffrey Mallett)和创始人杨致远立即召开了研讨会商量对策。在研讨会上,围绕着联盟还是不联盟的问题,三人展开了激烈的辩论。库格尔认为,博采众家之长比收购一家传统媒体公司更适合雅虎的发展模式,它可以使雅虎更好地为消费者提供高质量的内容服务,因此库格尔主张保持雅虎公司独立的运营策略,继续捍卫自己在门户领域里的老大地位。相比之下,总裁马莱特和创始人杨致远更倾向于收购一家传统媒体公司。他们认为,在美国在线使出了极具威胁的杀招后,雅虎必须全力应战,利用其高达 1 100 亿美元的市值,收购一家属于自己的老牌传统媒体。在经过了长达四个小时的论战后,库格尔的观点最终占据了上风,三人一致决定:雅虎不应效仿美国在线的做法与传统媒体联盟,而是应继续保持独立的运营风格。

这是雅虎的决策者们犯下的第一个严重错误。很明显,美国在线和时代华纳合并后将会牢牢地控制网络、杂志、电影电视以及图书出版等领域的大片江山,雅虎单纯依靠在线广告的运营模式肯定无法与之相抗衡,其领先地位将不可避免地受到削弱。这个道理看上去十分明显,但由于当时正值雅虎的鼎盛时期,因而它并没有得到公司决策者们的足够重视,这是导致雅虎后来不利局面的重要原因。由于美国经济自 2000 年下半年起持续下滑,2001 年第一季度公司广告客户用于在线广告的开支比 2000 年同期大幅减少了 50%。受此影响,雅虎公司 2001 年一季度的销售额仅有 1.8 亿美元,比 2000 年同期剧降了 42%,公司的市值也缩水 110 亿美元,比高峰时期减少了 92%。与此相对照的是,美国在线时代华纳公司 2001 年一季度的广告和商务收入增加了 10%,其市值已高达 2 210 亿美元,将雅虎远远地抛在了身后。一次决策失误并不会使雅虎这样的巨人就此倒下,在做出不收购老牌媒体决定之后不到 3 个月的时间里,雅虎公司就得到了一个改变命运的机会:著名的拍卖网站 eBay 抛出橄榄枝,表示愿与雅虎合并,条件是 eBay 公司的首席执行官惠特曼必须直接对雅虎公司的首席执行官库格尔负责。这桩送上门的买卖本来可以使雅虎公司重新崛起,但内部的勾心斗角、意见不合使雅虎公司再次丢掉了一个扭转乾坤的大好时机。

在收购 eBay 的问题上,雅虎公司的首席执行官库格尔非常积极,他很希望雅虎能够成功收购 eBay,从而扩大公司的业务范围,增强公司的赢利能力。雅虎总裁马莱特对此却有不同的看法,他认为 eBay 的企业文化与雅虎并不相符,收购 eBay 对于雅虎的战略发展并无太大的益处。两位核心人物的分歧使雅虎与 eBay 的收购谈判从一开始就步履维艰,虽然在库格尔的极力推动下,两家公司的谈判日渐热烈,但雅虎公司内部的矛盾也同样日渐升级——马莱特不希望惠特曼越过自己直接对库格尔负责,他对收购 eBay 的问题采取了对立的态度。

在收购即将成功的时候,马莱特向杨致远和大卫·费罗这两位公司的创始人表达了反对收购的意见,极力向他说明 eBay 的企业文化并不适合雅虎。在他的强力游说下,杨致远和大卫·费罗很快加入了反对收购的阵营。费罗向库格尔发去了一封电子邮件,力劝库格尔取消收购 eBay 的计划。在几位实权派人物的压力下,库格尔最终选择了少数服从多数,取消了收购行动。后来的事实证明,雅虎的这个决定绝对是错误的。在雅虎公司面临窘境、财富急剧缩水的同时,eBay 公司获得了巨大的成功。2001 年一季度,eBay 公司的销售额达到了 1.84 亿美元,比 2000 年同期增长了 79%,净利润也创下了 2 100 万美元的纪录,这大概是雅虎公司万万没有料到的。

在谈到有关雅虎决策的问题时,该公司一位前任经理里克·莱格(Rich Rygg)表示:"雅虎公司最大的问题在于,它的管理总是以劝说的方式进行,而不是命令。雅虎的管理层习惯以一种少数服从多数的方式进行决策。"

(本案例改编自《雅虎盛极而衰的个中内幕》,无锡新闻网)

❓ 思 考 题

1. 你如何理解里克·莱格关于雅虎决策问题的那段话?少数服从多数是决策应遵循的原则吗?为什么?

2. 雅虎为什么一错再错?雅虎的决策方式存在哪些问题?

第一节　定性决策的方法

科学的决策方法是保证组织决策科学、有效的前提条件。伴随决策理论和实践的不断发展，人们在决策中采取的方法也不断得到充实和完善。当前，经常使用的决策方法一般可以分两大类，即定性决策方法和定量决策方法。把决策方法分成两大类只是相对而言，在具体使用中，两者不能截然分开，两者相辅相成、密切配合，已成为现代决策的一个发展趋势。

一、定性决策方法的一般概念

定性决策方法是指决策者依靠熟悉业务知识、具有丰富经验和综合分析能力的人员与专家，根据已掌握的历史资料和直观材料，运用个人的经验和分析判断能力，从对决策对象的本质特征的研究入手，掌握事物的内在联系及其运行规律，对企业的经营管理决策目标、决策方案的拟定以及方案的选择和实施做出决断。

二、定性决策的方法

(一) 专家会议法(哥顿法)

专家会议法，是根据市场竞争的目的和要求，邀请有关方面的专家，通过会议的形式，提出有关问题，展开讨论分析，做出判断，最后综合专家们的意见，做出决定。

具体做法和要求是：召集一个6～10人的专家会议，通过会议形式让与会专家提方案。主持人一开始仅把要解决的问题做抽象介绍，但是，具体研究什么问题，会议的目的是什么，只有会议主持者知道，参加会议的其他人都不知道，以免思路受到约束。在整个会议过程中，会议主持者采用"抽象台阶"的方式，将人们对方案的思考逐步由抽象引向具体。当会议进行到适当的时机，在与会专家充分讨论和发表意见的基础上，会议主持者再把研究的问题和会议的具体目的告诉大家，综合大家的意见和设想，形成若干方案。

以有名的稻谷脱粒机案例为例，主持人首先提出如何使物体"分离"，与会者可以回答"切断""锯断""剪断""烧断"等方法，会议主持人再进一步提出如何使稻谷与稻草分离的问题，最后会议形成一种高效率圆筒式稻谷脱粒机的方案。

这种方法的优点是：通过座谈讨论，能够相互启发，集思广益，取长补短，能较全面集中各方面的意见得出决策结论。但也有缺点，由于参与人数有限，代表往往很不充分，容易受到技术权威的影响，与会者不能真正畅所欲言，往往形成"一边倒"，即使权威者的意见不正确，也能左右其他人的意见，由于受到个人自尊心的影响，往往不能及时修改原来的意见，因此，专家会议的方法，有时也会做出错误的市场竞争决策。

（二）德尔菲法

德尔菲法是由美国著名的兰德公司首创并用于预测和决策的方法,该法以匿名方式通过几轮函询征求专家的意见,组织预测小组对每一轮的意见进行汇总整理后作为参考再发给各专家,供他们分析判断,以提供新的论证。几轮反复后,专家意见渐趋一致,最后供决策者进行决策。这种决策方法的大体过程是:

第一步:拟定决策提纲。就是首先确认决策目标,如设计专家们应回答问题的调查表,对答案的要求是:标明概率大小,对问题做出肯定回答"是"或"不是";对判读的依据和判断的影响程度做出估计。

第二步:专家的选择。这是德尔菲决策的关键。所选择的专家一般是指由名望的或者从事该工作数十年的有关方面的专家。选择专家的人数,一般以 10～50 人为宜。但一些重大的决策可选择 100 人以上。

第三步:提出预测和决策。发函或请个别人谈,要求每个专家提出自己决策的意见和依据,并说明是否需要补充资料。

第四步:修改决策。决策的组织者第一次决策的结果及资料进行综合整理、归纳、使其条理化、再反馈给有关专家,据此提出修改意见和提供新的要求。这一决策的修改,一般进行 3～5 轮,通常以 3 轮为宜。

德菲尔法是个反复的反馈过程,每一轮都把上轮的回答做统计综合整理、计算所有回答的平均数和离差,在下一轮告诉大家。平均数一般为中位数,离差一般为全距或用分位数间距。例如,问题是:某种新技术大约多少年可能出现? 10 个专家的回答是:7、7、8、9、9、10、11、12、12、13,则中位数是 10 年,离差为全距 6 年(＝13－7)。

第五步:确定决策结果。经过专家几次反复修改的结果,根据全部资料,确定出专家趋于一致的决策意见。

德尔菲法具备以下三个特点:

（1）匿名性。采用匿名函询征求意见的方法,克服专家之间因名望、权力、尊重等心理影响,保证了各成员能独立地做出自己的判断。

（2）有价值性。由于不同领域的专家参加决策,各有专长,考虑问题的出发点不同,会提出很多事先没有考虑到问题和有价值的意见。

（3）决策结果的统计性。为了对决策进行定量估价,采用统计方法对决策结果进行处理,最后得到的是综合的统计的评价结果。

（三）风暴式思考

头脑风暴法也叫思维共振法,即通过有关专家的信息交流引起思维共振,产生组合效应,从而导致创造性思维。风暴式思考是通过专家不断集中和精化。在进行风暴式思考的过程中,所追求的是各种思考。

采用头脑风暴法组织群体决策时,要集中有关专家召开专题会议,由主持者以明确的方式向所有参与者阐明问题,说明会议的规则,在融洽轻松的会议气氛中,由专家们"自由"提出尽可能多的方案。

为便于提供一个良好的创造性思维环境,应该确定专家会议的最佳人数和会议进行的时间。经验证明，专家小组规模以 10～15 人为宜，会议时间一般以 20～60 分钟效果最佳。

头脑风暴法专家小组应由下列人员组成：

（1）方法论学者——专家会议的主持者；

（2）设想产生者——专业领域的专家；

（3）分析者——专业领域的高级专家；

（4）演绎者——具有较高逻辑思维能力的专家。

头脑风暴法应遵守如下原则：

（1）自由思考。即要求与会者尽可能解放思想，无拘无束地思考问题并畅所欲言，不必顾虑自己的想法或说法是否"离经叛道"或"荒唐可笑"。

（2）庭外判决。即要求与会者在会上不要对他人的设想评头论足，不要发表"这主意好极了！""这种想法太离谱了！"之类的"捧杀句"或"扼杀句"。至于对设想的评判，留在会后组织专人考虑。

（3）以量求质。即鼓励与会者尽可能多而广地提出设想，以大量的设想来保证质量较高的设想的存在。

（4）结合改善。即鼓励与会者积极进行智力互补，注意思考如何把两个或更多的设想结合成另一个更完善的设想。

实践表明，头脑风暴法可以排除折中方案，对所讨论问题通过客观、连续的分析，找到一组切实可行的方案，因而头脑风暴法得到了较广泛的应用。下面是运用"头脑风暴法"解决难题的一个有趣的事例。

有一年，美国北方格外严寒，大雪纷飞，电线上积满冰雪，大跨度的电线常被积雪压断，严重影响通信。过去，许多人试图解决这一问题，但都未能如愿以偿。后来，电信公司经理应用奥斯本发明的头脑风暴法，尝试解决这一难题。他召集不同专业的技术人员参加座谈会，要求他们必须遵守头脑风暴法的四条原则。

大家七嘴八舌地议论开来。有人提出设计一种专用的电线清雪机；有人想到用电热来化解冰雪；也有人建议用振荡技术来清除积雪；还有人提出能否带上几把大扫帚，乘坐直升机去扫电线上的积雪。对于这种"坐飞机扫雪"的设想，大家心里尽管觉得滑稽可笑，但是按照会议的规则，会上无人提出批评。相反，有一工程师在听到用飞机扫雪的想法后，灵机一动，一种巧妙的清雪方法冒了出来。他想，每当大雪过后，出动直升机沿积雪严重的电线飞行，依靠高速旋转的螺旋桨即可将电线上的积雪迅速扇落。他马上提出"用直升机扇雪"的新设想，顿时又引起其他与会者的联想，有关用飞机除雪的主意一下子又多了七八条。不到一小时，与会的 10 名技术人员共提出 90 多条新设想。

会后，公司组织专家对设想进行分类论证。专家们认为设计专用清雪机，采用电热或电磁振荡等方法清除电线上的积雪，在技术上虽然可行，但研制费用大、周期长，一时难以见效。那种因"坐飞机扫雪"激发出来的几种设想，倒是一种大胆的新方案，如果可行，将是一种既简单又高效的好办法。经过现场试验，发现用直升机扇雪真能奏效，一个久悬未决的难题，终于在头脑风暴会中得到了巧妙的解决。

（四）电子会议法

最新的定性决策方法是将专家会议法与尖端的计算机技术相结合的电子会议。

多达 50 人围坐在一张马蹄形的桌子旁。这张桌子上除了一系列的计算机终端别无他物。将问题显示给决策参与者，将他们自己的回答打在计算机屏幕上。

电子会议的优点是匿名、诚实和快速。决策参与者可不透露姓名地打出自己所要表达的任何信息，一敲键盘即显示在屏幕上，使所有人都能看到。它使人们充分地表达他们的想法而不会受到惩罚，它消除了闲聊和讨论偏题，且不必担心打断别人的"讲话"。专家们声称电子会议比传统的面对面会议快一半以上。例如，菲尔普斯·道奇矿业公司采用此方法将原来需要几天的年计划会议缩短到 12 小时。

但是，电子会议也有缺点，那些打字快的人使得那些口才好但是打字慢的人相形见绌；再者，这一过程缺乏面对面的口头交流所传达的丰富信息。

（五）情景规划法

情景规划是理清扑朔离奇的未来的一种重要方法。情景规划要求公司先设计几种未来可能发生的情形，接着再去想象会有哪些出人意料的事发生。这种分析方法使你可以开展充分客观的讨论，使得战略更具弹性。

相比传统的规划思路，情景规划的主要优点是增加了决策的科学化和民主化。首先，情景规划在规划人员和决策者之间架起一座沟通的桥梁。规划人员面临的任务不再是简单地制订一个终极方案并设法说服决策者自己的判断，而是利用自身的知识、专业、洞察力和协调能力，系统地提出未来可能发生的几种情景，拓宽决策者的视野；而后者根据自身的实践经历判断和验证情景与现实世界的匹配程度，将信息反馈到规划人员，不断对情景进行校对和改进。另一方面，情景规划又为多方利益主体提供了共同参与、相互沟通的平台。在对未来情景的构建中，规划人员必须充分关注不同利益主体的利益诉求，将不同的价值观、预期观点反映到不同的情景中。并且多种情景展示给不同利益主体，听取了不同的利益主体的内涵、理解、协商，增加决策的民主化，成为达成共识、协作行动、解决问题的一种有效手段。

（六）道斯矩阵分析法（SWOT 分析法）

战略决策在于"知己知彼"，才能"百战不殆"，也就是要关注目标、外部环境和内部条件三个变量。环境中存在的机会，只有在与本组织自身的实际情况和特点相匹配的情况下，才有可能成为组织的机会。决策者必须能够结合本组织的经营目标、实际条件和特点来识别适合本组织的机会。如果存在于环境之中的机会并不与组织的实际相适应，那么组织就必须首先着眼于改善和提高自身内部的条件。

道斯矩阵分析法（也称 SWOT 分析法），即态势分析法，20 世纪 80 年代初由美国旧金山大学的管理学教授韦里克提出，经常被用予企业战略制定、竞争对手分析等场合。SWOT，是 Strength（优势）、Weaknesses（劣势）、Opportunities（机会）、Threats（威胁）的缩写。因此，SWOT 分析实际上是将对企业内外部条件各方面内容进行综合和概括，进而分析组织的优劣势，以及面临的机会和威胁的一种方法。其中，优劣势分析主要是着眼于企业自身的实力及其与竞争对手的比较，而机会和威胁分析将注意力放在外部环境的变化及对企业的可能影响上。

从图 4-1 可知,指导企业生存有发展方向的战略方案有四种:

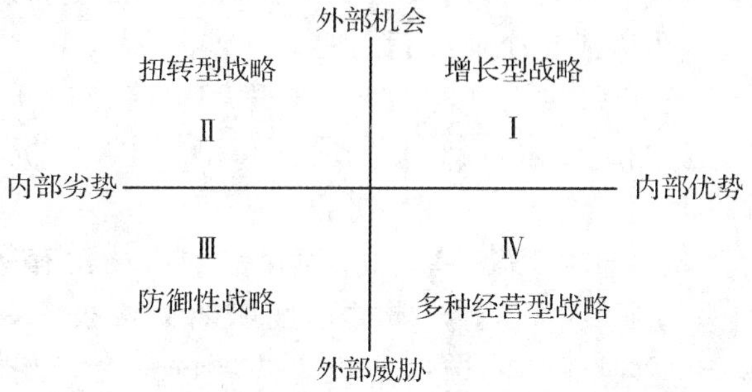

图 4-1 SWOT 图

Ⅰ:增长型战略。企业具有良好的外部发展机会和内部优势条件,这时企业应充分利用内部优势并把握良机,采用增长型战略。例如,采取开发市场、增加产量、收购重组等扩张措施。

Ⅱ:扭转型战略。虽然企业面临着外部条件很好的发展机遇,但却处于内部劣势地位,这时企业应采用扭转型战略,设法清除内部的不利因素,并尽快形成利用外部环境机会的能力。例如,进行机构调整、人员调整等。

Ⅲ:防御型型战略。企业面临内部劣势和外部威胁,这时企业应采用防御型战略,设法避开威胁和消除劣势。例如,巩固市场等。

Ⅳ:多种经营型战略。企业面临巨大外部威胁,但内部具有十分有利的条件。这时企业应采用多种经营型战略,一方面使自己的优势得到充分利用;另一方面也使经营的风险得以分散。例如,开发新产品、新市场等。

(七) 经营单位组合分析法

经营单位组合分析法(见图 4-2),又被称为波士顿矩阵(BCG),它是由美国波士顿咨询集团为大企业确定和平衡其各项业务发展方向和资源分配而提出的战略方法。BCG分析法假定大部分企业都经营有两项以上的业务,这些业务无论是拓展、维持还是收缩,应该立足于企业全局的角度来加以确定,以便使各项经营业务能在现金需要和来源方面相互补充、相互促进良好的局面。

这种决策方法主张,在确定各项经营业务发展方向的时候,企业应综合考虑这项业务的市场的增长情况及企业在市场上的相对竞争地位。这项业务的市场增长情况反映该项业务所属市场的吸引力,它主要用该市场领域最近两年的平均销售增长率表示。相对竞争地位是以企业在该项业务中所拥有的市场占有率与该市场上最大的竞争对手的市场占有率的比值来表示的,它决定了企业在该项业务经营中获得现

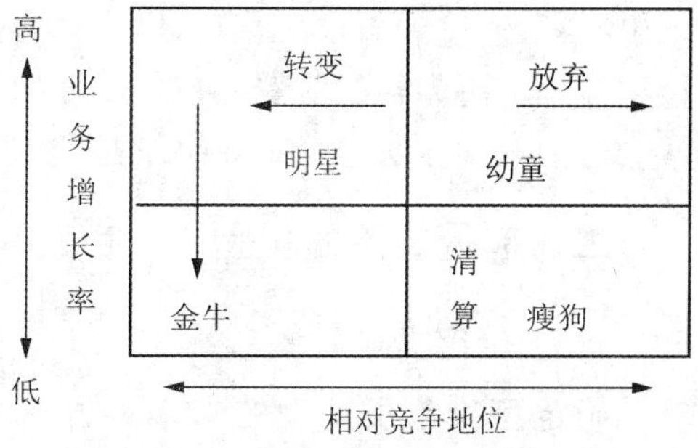

图 4-2 企业经营单位组合图

金回笼的能力和速度。我们可以把企业经营单位分成以下四大类：

（1）"金牛"经营单位的特征是市场占有率较高，而业务增长率较低。较高的市场占有率为企业带来了较多的利润和现金，而较低的业务增长率需要较少的投资。"金牛"经营单位所产生的大量现金可以满足企业经营需要。

（2）"明星"经营单位的市场占有率和业务增长率都较高，因此所需要的和所产生的现金都很多。"明星"经营单位代表着最高利润增长率和最佳投资机会，因此企业应投入必要的资金，增加它的生产规模。

（3）"幼童"经营单位的业务增长率较高，而目前的市场占有率较低，这可能是企业刚刚开发的很有前途的领域。由于高增长速度需要大量投资，而较低的市场占有率只能提供少量的现金，企业面临的选择是投入必要的资金，以提高市场份额，扩达销售量，使其转变为"明星"，或者如果开发的领域不能转成"明星"，则应及时放弃该领域。

（4）"瘦狗"经营单位的特征是市场份额和业务增长率都较低。由于市场份额和销售量都较低，甚至出现负增长，"瘦狗"经营单位只能带来较少的现金，从而可能成为资金的陷阱。因此，对这种不景气的经营单位，企业应采取收缩或放弃的战略。

经营单位组合分析法对公司的业务分类，它的意义在于指导公司出售"瘦狗"业务，将从"金牛"业务上得到的现金投资于"明星"业务，使公司业务处于良性的组合状态。

第二节　定量分析的方法

现代企业管理理论和实践的一个显著特点，就是广泛运用数学方法。在企业决策中，由于采用了现代的数学方法，使决策更加精确，更加科学化。

一、定量决策的一般概念

定量决策技术，又称"硬"方法，就是运用数学的决策方法。其核心是把同决策有关的变量与变量、变量与目标之间的关系，用数学关系表示，即建立数学模型，然后，通过计算求出答案，通过计算求出答案，供决策者参考使用。近几年，计算机的发展为数学模型的运用开辟了更广阔的前景。现代企业决策中越来越重视决策的"硬"方法的运用。因此，学会运用数学方法进行企业决策是非常重要。

二、定量决策的类型

（一）确定型决策

确定型决策所处理的未来事件有一个最显著的特性，就是对未来情况是十分明确把握，即事情各种自然状态是完全稳定而明确的，对此，可采取的方法一般有以下几种。

1. 价值分析法

在企业管理中,任何决策都是为一定的耗费达到的一定的目标。能用最少的耗费使决策目标得到最大满足方案就是最优方案。对应单一目标决策和多目标决策,价值分析法存在两个公式。

(1) 单一目标决策。其计算公式为

$$V = \frac{F}{C}$$

式中:V 表示价值系数,F 表示功能(可用货币单位,实物单位计量),C 表示费用(或成本)。

计算的目标,是为了给决策者提出一个不同方案之间进行定量分析的数值结构,方案的值越大,说明该方案的价值越大。因此,比较不同方案的值就可决定方案的优劣。

(2) 多目标决策。其计算公式为

$$F = F_1 a_1 + F_2 a_2 + F_3 a_3 + \cdots + F_n a_n$$

$$F = \sum_{i=1}^{n} F_i a_i \quad V = \frac{F}{C} \quad V = \frac{\sum_{i=1}^{n} F_i a_i}{C}$$

式中:a 为权数,且 $a < 1$,n 为子功能(可用货币单位,实物单位计量),C 为总费用(或总成本)。

2. 线性规划

在决策的过程中,人们总希望找到一种能达到理想目标的方案。而实际上,由于种种主客观条件的限制,实现理想目标的方案在一般情况下是不存在的。不过,在现在的约束条件的限制,实现理想目标的方案在一般情况下是不存在的。不过,由于种种主客观条件的限制,实现理想目标的方案在一般情况下是不存在的。不过,在现有条件的约束条件下,在实现目标的多种方案中,总存在一种能取得较好效果的方案。

(二) 不确定型决策

不确定型决策就是决策者对未来事件虽有一定程度的了解,知道可能发生的各种状态(客观情况),但又无法确认各种自然状态可能发生的概率。这种决策,由于有些因素难以确定,因此,它主要取决于决策者的经验、智力及其承受风险的态度。这时的选择将受决策者心理导向的影响,其决策准则具有很大程度的主观随意性。常用的不确定型方法有乐观法、悲观法、折中法、后悔值法、莱普勒斯法等。

1. 乐观法

乐观法又称为大中取大法,是指承担风险的决策在方案取舍时以各方案在各种状态下的最大损益值为标准(即假定各方案最有利状态发生),在各方案的最大损益值中取最大者对应的方案。

例如,某企业拟开发新产品,有三种设计方案可供选择。因不同方案的制造成本、产品性能各不相同,在不同的市场状态下的损益值也各异。有关资料如表 4-1 所示(损益值数据只能说明不同问题,不考虑单位)。

表 4-1　各方案损益值表

损益值　设计方案　市场状态	畅　销	一　般	滞　销	Max
Ⅰ	50	40	20	50
Ⅱ	70	50	0	70
Ⅲ	100	30	−20	100

在不知道各状态的概率时,用大中取大选择方案的过程如下:

(1) 在各方案的损益值中找出最大者,即{50,70,100}

(2) 在所有方案的最大损益值中找出最大值,即 $\max\{50,70,100\}=100$,它所对应的方案Ⅲ就是用该法选出的方案。

2. 悲观法

悲观法又称小中取大法,是指决策者在进行方案取舍时以每个方案在各种状态下的最小值为标准(即假定每个方案最不利的状态发生),再从各方案的最小值中取最大值对应方案。仍以上例数据资料为例,计算各方案的损益值,如表 4-2 所示。

表 4-2　各方案损益值表

损益值　设计方案　市场状态	畅　销	一　般	滞　销	Min
Ⅰ	50	40	20	20
Ⅱ	70	50	0	0
Ⅲ	100	30	−20	−20

用悲观法决策时先找出各方案在各种状态下的最小值,即{20,0,−20},然后再从中选取最大值: $\max\{20,0,-20\}=20$,对应方案Ⅰ即为悲观法选取的决策方案。该方案能保证在最坏情况下获得不低于 20 单位的收益,而其他方案则无法保证。

3. 折中法

乐观法和悲观法都是以各方案不同状态下最大或最小极端值为标准的。但多数情况下决策者既非完全的保守者,亦非极端冒险者,而是介于两个极端的某一位置寻找决策方案,即折中法,又称乐观系数法。其决策步骤如下:

(1) 找出各方案在所有状态下的最小值和最大值;

(2) 决策者根据自己的风险偏好程度给定最大值系数 $\alpha(0<\alpha<1)$,最小值的系数随之被确定为 $1-\alpha$, α 也叫乐观系数,是决策者冒险(或保守)程度的度量;

(3) 用给定的乐观系数 α 和对应的各方案最大值最小值损益值计算各方案的加权平均值;

（4）取加权平均最大的损益值对应方案所选方案。

仍以上述所给数据资料为例，计算各方案的最小值和最大值如表 4-3 所示。

表 4-3　加权平均损益值比较表

方　　案	Min	Max	加权平均值($\alpha=0.75$)
Ⅰ	20	50	42.5
Ⅱ	0	70	52.5
Ⅲ	—20	100	70

设决策者给定最大系数 $\alpha=0.75$，最小值系数即为 0.25，各方案加权平均如下：

Ⅰ：$20\times0.25+50\times0.75=42.5$

Ⅱ：$0\times0.25+70\times0.75=52.5$

Ⅲ：$(-20)\times0.25+100\times0.75=70$

取加权平均值最大值：$\max\{42.5,52.5,70\}$，对应的方案Ⅲ即为最大值系数 $\alpha=0.75$ 时的折中方案。

用折中法选择方案的结果，取决于反映决策者风险偏好程度的乐观系数的确定。上例中，如 α 取 0.2，$1-0.2=0.8$，方案的选择结果是Ⅰ而非Ⅲ。当 $\alpha=0$ 时，结果与悲观法相同；当 $\alpha=1$ 时，结果与乐观法相同。这样，悲观法与乐观法成为折中法的两个特例。

4. 后悔值法

后悔值法又称大中取小，是用后悔值标准选择方案的方法。所谓后悔值，是指在某种状态下因选择方案而末选取该状态下的最佳方案而少的收益。例如，在某种状态下某方案的损益值为 100，而该状态下的方案中最大损益值为 150，则因选择该方案要比最佳方案少收益 50，即后悔值为 50。用后悔值法进行方案选择的步骤如下：

（1）计算损益值的后悔值矩阵。方法是用各状态下的最大损益值分别减去该状态下所有方案的损益值，从而得到对应的后悔值。

（2）从各方案中选取最大后悔值。

（3）在已选出的最大后悔值中选取最小值，对应的方案即为用最小后悔值法选取的方案。

仍以前例所给资料为例，计算出的后悔值矩阵如表 4-4 所示。

表 4-4　各方案在不同状态下的后悔值

市场状态　后悔值　设计方案	畅　销	一　般	滞　销	Max
Ⅰ	50	10	0	50
Ⅱ	30	0	20	30
Ⅲ	0	20	40	40

各方案的最大后悔值为{50,30,40},取其最小值 min{50,30,40}=30,对应的方案Ⅱ即为用最小后悔原则选取的方案。

5. 莱普勒斯法

当无法确定自然状态发生的可能性大小及其顺序时,可以假定每一自然状态具有相等的概率,并以此计算各方案的期望值,进行方案选择,这种方案就是莱普勒斯法,又称等概率法。由于假定各状态的概率相等,莱普勒斯法实质上是简单算术平均法。

仍前例所给资料为例,各方案有三种状态,因此每种状态的概率为1/3,各方案的平均值为:

Ⅰ:$50\times1/3+40\times1/3+20\times1/3=110/3$

Ⅱ:$70\times1/3+50\times1/3+0\times1/3=40$

Ⅲ:$100\times1/3+30\times1/3+(-20)\times1/3=110/3$

$\max\{110/3,40,110/3\}=40$,所以应选方案Ⅱ。

(三)风险型决策

风险型决策解决问题的最大特点是,对问题的未来情况不能事先确定,但对未发生情况的可能性即概率是可以知道的。这样,根据已知的概率就可以计算期望值。但决策者在决策时无论采用哪个方案,都要承担一定风险。

一般来说,风险型决策应具备这样的条件:① 有明确的目标,如利润最大、成本最小、风险度最小等;② 有两个以上的可选方案;③ 自然状态无法控制;④ 不同行动方案在不同自然状态下的损益可以计算出来;⑤ 对自然状态的出现实现先不肯定,但概率可以知道。

该类决策问题的处理一般采用以下两种方法。

1. 期望收益决策法

期望收益决策法是通过计算不同备选方案在不同自然状态下收益期望值的综合值——期望收益值,选择期望收益值最大的方案为最佳决策方案。该方法一般有这样两步:

第一步:先确定概率。即对未来各种自然状态的情况或者自然状态出现的可能性大小做出估计。一般是根据以往的历史资料分析、预测而得的,有时也可根据决策值的经验估计。

第二步:确定风险函数,求出期望值。

例:某雪糕厂,天气的好坏对其利润的影响很大。现在两种方案,它们在天气好和天气坏的年利润,以及天气好和天气坏出现的可能性即概率值如表4-5所示,试问该厂应做何决策?

表4-5 雪糕厂的损益值　　　　　　单位:万元

行动方案损益值(万元)　　概率值自然状态	天气好	天气坏
	0.8	0.2
方案(S1)	15	-5
方案(S2)	5	2

根据表 4-5 可求出期望值 V_1，V_2 如下：

$V_1=0.8\times15+0.2\times(-5)=12-1=11$（万元）

$V_2=0.8\times5+0.2\times2=4+0.4=4.4$（万元）

显然，方案 S_1 的期望值比方案 S_2 的期望值大，因为这里的决策标准是最大收益值，所以，方案 S_1 较好。

2. 树状决策法

树状决策法又称决策树法。它因用树状图形来分析和选择决策而得名。决策树是进行风险决策的重要工具之一，具有层次清晰、一目了然、计算简便等特点。因此，在决策活动中被广泛运用。应用此法一般要经过三个步骤：

第一步：绘制决策树。绘制决策树，实际上是拟订各种抉择方案的过程，也是对未来可能发生的各种状况进行思考和预测的过程。

第二步：计算期望损益值。根据图中有关数据，计算不同备选方案在不同自然状态概率值下的损益值及其综合值，将综合值（期望损益综合值）填写在相应在方案枝末端的机会点上方，表示该方案的经济效果。

第三步：剪枝决策。比较各方案的期望收益值，从中选择收益最大的方案作为最佳方案，其余选择的方案枝一律剪掉，最终剩下一根贯穿始终的方案枝，即决策方案。

某工程公司要对下月是否开工做出决策。已掌握的资料是：如果开工后天气好，可以按期获得 4 万元，如果开工后天气不好，则造成损失 2 万元；如果不开工，不论天气好坏都要支出费用 0.2 万元，下个月天气好的概率是 0.4，天气不好的概率是 0.6。

第一步：画出决策树图，如图 4-3 所示。

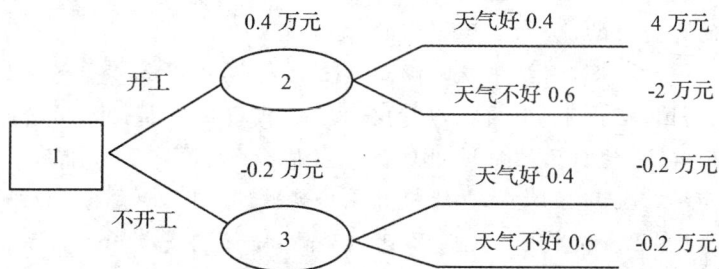

图 4-3 决策树图

第二步：计算期望损益值。

方案 1（开工方案）的期望损益值：

$4\times0.4+(-2)\times0.6=0.4$（万元）

方案 2（不开工方案）期望损益值：

$(-0.2)\times0.4+(-0.2)\times0.6=0.2$（万元）

第三步：剪枝决策。比较两个方案计算结果，开工方案的期望预期损益值为 0.4 万元，大于不开工方案，是最佳决策方案。将末选择的方案枝剪去，这样，决策点只留下一根决策枝，即所选择最佳方案。

没有伊利，何来蒙牛？

1998 年年底，原伊利副总牛根生创办蒙牛。对中国乳业来说，伊利就是一所"黄埔军校"。伊利把牛根生从一个刷奶瓶的小工培养成一个呼风唤雨的人物，伊利依托"公司连基地，基地连农户"的生产经营模式也被蒙牛当仁不让地"拿来"，并且做得更到位、更彻底。蒙牛初起步时"除了几颗人脑袋，一无所有"，为了减少冲突和避免不必要的麻烦，牛根生制定了三个"凡是"政策：第一，凡是伊利等大企业有奶站的地方蒙牛不建奶站；第二，凡是非奶站的牛奶，蒙牛不收；第三，凡是跟伊利收购标准、价格不一致的事，蒙牛不干。这些措施，把蒙牛和伊利的利益区隔开，从而避免了直接冲突。

在 2000 年前后，蒙牛提出了"创内蒙古乳业第二品牌"的创意。当时内蒙乳品市场的第一品牌当然是伊利，蒙牛当时还名不见经传，连前五名也进不去。但是，蒙牛的聪明也就表现在这里，蒙牛通过把标杆定为伊利，使消费者通过伊利知道了蒙牛，而且留下的印象是：蒙牛似乎也很大。

蒙牛首先把这个创意周在户外广告上，地点就选在呼和浩特。2000 年，蒙牛用 300 万元的低价格买下了当时在呼和浩特还很少有人重视的户外广告牌。一夜之间，呼和浩特市区道路两旁冒出一排排的红色路牌广告，上面写着："蒙牛乳业，创内蒙古乳业第二品牌""向伊利学习，为民族工业争气，争创内蒙古乳业第二品牌！"这让很多人记住了蒙牛，记住了蒙牛是内蒙乳业的第二品牌。蒙牛还在冰激凌的包装上，打出"为民族工业争气，向伊利学习"的字样；有的广告牌上写着"千里草原腾起伊利、兴发、蒙牛乳业"。蒙牛表面上似乎为伊利和兴发免费做了广告，实际上为自己做了广告，默默无闻的蒙牛正好借这两个内蒙无人不知的大企业的"势"，出了自己的"名"。

在蒙牛成长到一定程度后，蒙牛及时修正了跟随战略，而开始以平等地位和伊利并驾齐驱，并开始放眼全国，提出了"中国乳都"的宣传口号，而且在很长时间内使用。"乳都"的概念是一个创新，蒙牛把自己的命运同整个内蒙古经济的腾飞牢牢维系在一起。同时，在国内其他区域市场，"乳都"的定位也能提升蒙牛奶源的正宗，虽然蒙牛后来的多数奶源不在内蒙古，从而把自己和光明、三元等品牌隔离开，给了自费者一个很好的想象空间。"乳都"概念的提出，突出了内蒙古乳品品牌在全国的地位，而蒙牛作为内蒙古最好的乳品企业之一，同时又是"乳都"概念的创造者、宣传者，自然而然就给人留下印象：蒙牛是"乳都"企业群中的第一品牌，虽然此时的蒙牛、伊利还是有一些差距的。

在蒙牛提出"乳都"概念的同一时期，蒙牛依靠从摩根斯坦利等知名投资机构到的巨额投资，为蒙牛超常规发展奠定了基础。2003 年以后，再也没有在宣传中把自己和伊利相提并论，而是开始主动出击，此时的蒙牛已经羽翼丰满。2004 年，蒙牛成功在香港上市，解决了资金问题，此后更是采取了一系列大手笔，力争成为中国乳品行业的第一。

2005 年年初，蒙牛斥资 3 亿元、日产量为 100 吨的通州工厂落成，它是亚洲第一规模的酸奶研发生产基地。酸奶是一个发展潜力巨大的产品，蒙牛之所以要斥资建设这个基地，而不是采取虚拟经营的方式，就是因为蒙牛要依托这个基地为自己的赶超战略奠定基础。2005 年，蒙牛又成功赞助"超级女声"，在乳品行业独领风骚。

从回避与伊利的冲突到亦步亦趋地跟随伊利,蒙牛在创业之后几年内,很好地采取了跟随战略,从而快速塑造了自己的品牌,同时避免了强大竞争对手的打压,随后,当具备一定实力之后,又及时改变了跟随战略,在产品结构方面蒙牛开始有所相重,与伊利有所区别,从而在某些方面超过了伊利。

(本案例改编自《蒙牛 VS 伊利成功战略剖析》,证券网(www.i918.cn))

❓ 思考题

1. 蒙牛在其飞速成长的过程中,采取了哪些方法?应用了哪些经典的创意?
2. 你认为蒙牛快速成长的根本原因是什么?请说说你的理由。

第三节　管理决策主要工具

一、SWOT 分析

战略规划和竞争情报的经典分析工具,经常被用于企业战略制定、竞争对手分析等场合。

(一) 概念含义

SWOT 分析法即强弱机危综合分析法,也称态势分析法,又称道斯矩阵。1965 年,伦德(Learned)就提出过 SWOT 分析中涉及的内部优势和弱点、外部机会和威胁这些变化因素,但只是孤立地对它们加以分析。

肯尼思·安德鲁斯(Kenneth R. Andrews,1916—2005)在发表于 1971 年的经典著作《公司战略概念》中首次提出一个战略分析的框架,在书中把战略定义为公司可以做的(Might do)与公司能做的(Can do)之间的匹配。所谓"可以做",即环境提供的机会与威胁;"能做",即为公司自身的强项与弱项。这就是著名的 SWOT 分析。

美国旧金山大学国际管理和行为科学教授海因茨·韦里克(Heinz Weihrich)在 20 世纪 80 年代初发展了 SWOT 分析提出 TOWS 分析法。

SWOT 四个英文字母分别代表优势(Strength)、劣势(Weakness)、机会(Opportunity)和威胁(Threat)。优势和劣势是内在要素,机会与威胁则是外在要素。

SWOT 分析实际上就是将与企业内外部条件进行综合和概括,密切相关的各种主要内部优势、劣势、机会和威胁等,通过调查列举出来,并依照矩阵形式排列,然后动用系统分析的思想,把各种因素相互匹配起来加以分析,从中得出一系列相应的结论。运用这种方法,有利于人们对组织所处情景进行全面、系统、准确的研究,有助于管理者和决策者制订较正确的发展战略和计划,以及与之相应的发展计划或对策。

从整体上看,SWOT 可以分为两部分:第一部分为 SW,主要用来分析内部条件;第二部分为 OT,主要用来分析外部条件。

1. 优势与劣势分析(SW)

优劣势分析主要是着眼于企业自身的实力及其与竞争对手的比较,它们是公司在其发展中自身存在的积极和消极因素,属主动因素。

由企业竞争的角度来看,所谓的优势与劣势即是企业与其竞争者或是潜在竞争者(以某一技术、产品或是服务)的比较结果,企业本身的优势就是竞争对手的劣势,而竞争对手的优势就是本身的劣势,因此优劣势互为表里。

优势,是组织机构的内部因素,是指一个企业超越其竞争对手的能力,或者指公司所特有的能提高公司竞争力的东西。

竞争优势可以是以下几个方面:

(1) 技术技能优势:独特的生产技术,低成本生产方法,领先的革新能力,雄厚的技术实力,完善的质量控制体系,丰富的营销经验,上乘的客户服务,卓越的大规模采购技能。

(2) 有形资产优势:先进的生产流水线,现代化车间和设备,拥有丰富的自然资源储存,吸引人的不动产地点,充足的资金,完备的资料信息。

(3) 无形资产优势:优秀的品牌形象,良好的商业信用,积极进取的公司文化。

(4) 人力资源优势:关键领域拥有专长的职员,积极上进的职员,很强的组织学习能力,丰富的经验。

(5) 组织体系优势:高质量的控制体系,完善的信息管理系统,忠诚的客户群,强大的融资能力。

(6) 竞争能力优势:产品开发周期短,强大的经销商网络,与供应商良好的伙伴关系,对市场环境变化的灵敏反应,市场份额的领导地位。

劣势,也是组织机构的内部因素,指某种公司缺少或做的不好的东西,或指某种会使公司处于劣势的条件。

可能导致内部劣势的因素有:

(1) 缺乏具有竞争意义的技能技术。

(2) 缺乏有竞争力的有形资产、无形资产、人力资源、组织资产。

(3) 关键领域里的竞争能力正在丧失。

竞争优势即指一个企业在市场竞争中超越其竞争对手的能力,当几个企业处于同一市场,并且它们都有能力向同一顾客群提供相同或相近的产品和服务时,我们就可以认为这个企业比另外一个企业更具有市场竞争优势。

竞争优势可以指一个企业或其产品有别于甚至高于其竞争对手的任何优越的因素,这些因素主要包括生产的规模、产品的设计、质量、适用性、可靠性、企业形象以及服务质量等。其中特别要明确企业究竟在哪一个方面具有绝对优势,只有这样,企业才可以扬长避短、避实击虚。

影响企业竞争优势的持续时间,主要包括三个基本因素:

(1) 这种优势的建立需要多长时间?

(2) 竞争对手做出相应优势需要多长时间?

(3) 企业能够获得的优势有多大?

企业只有理清了这三个问题,才能明确自己在建立和维持这种优势中所处的地位。

由于企业的整体性和竞争优势来源的广泛性,在做优劣势分析时,必须从整个价值链的每个环节上,将企业与竞争对手做详细的对比,如产品是否新颖,制造工艺是否复杂,销售渠道是否畅通,价格是否具有竞争性等。

2. 机会与威胁分析(OT)

在 SWOT 分析法中,机会和威胁指的是外部要素,它们是外部环境对公司的发展直接有影响的有利和不利因素,属于客观因素,一方的机会就是另一方的威胁,机会和威胁分析将注意力放在外部环境的变化及对企业的可能影响上。

机会,是组织机构的外部因素,市场机会是影响公司战略的重大因素。公司管理者应当确认每一个机会,评价每一个机会的成长和利润前景,选取那些可与公司财务和组织资源匹配、使公司获得的竞争优势的潜力最大的最佳机会。

潜在的发展机会可能是:

(1) 客户群的扩大趋势或产品细分市场;

(2) 技能技术向新产品新业务转移,为更大客户群服务;

(3) 前向或后向整合;

(4) 市场进入壁垒降低;

(5) 获得购并竞争对手的能力;

(6) 市场需求增长强劲,可快速扩张;

(7) 出现向其他地理区域扩张,扩大市场份额的机会。

威胁,也是组织机构的外部因素,在公司的外部环境中,总是存在某些对公司的盈利能力和市场地位构成威胁的因素。公司管理者应当及时确认危及公司未来利益的威胁,做出评价并采取相应的战略行动来抵消或减轻它们所产生的影响。

公司的外部威胁可能是:

(1) 出现将进入市场的强大的新竞争对手;

(2) 替代品抢占公司销售额;

(3) 主要产品市场增长率下降;

(4) 汇率和外贸政策的不利变动;

(5) 人口特征,社会消费方式的不利变动;

(6) 客户或供应商的谈判能力提高;

(7) 市场需求减少;

(8) 容易受到经济萧条和业务周期的冲击。

在由环境的变化所产生的机会与威胁面前,首先必须把握企业所面临的社会、政治、经济方面的一般环境。面对社会的变化,很重要的是提高能融入社会环境的亲和力,把握商品的选择标准方面的社会价值变化以及高龄化社会到来等的人口动态构成的重要因素。

市场机会是影响公司战略的重要因素。企业管理层应当确认每个机会,评价每个机会的成长利润前景,选取那些可能与公司财务和组织资源匹配,使公司获得的竞争优势的潜力最大的最佳机会。企业的经营是动态的,永远处于不断的矛盾之中,企业所处的环境随时都在变化,这些变化对于一个企业来说可能是机遇,也可能是威胁。一般来讲,一个成熟企业面临的市场发展机会少,环境威胁较少,发展潜力小;困难企业面临较大的环境威胁,营销机会也少。理想的企业具有较多的发展机会,环境威胁少,然而,这样的企业在现实中是很少存在的,冒险企业的机会与挑战并存,成功与风险同在,这样的企业应尽量抓着机会,积极寻找避免威胁的对策。

表 4-6   SWOT 分析量表

优势(Strength)	劣势(Weaknesses)
生产(本身强) 销售(本身强) 人力(本身强) 研发+技术(本身强) 财务+投资+税收(本身强) 法律(本身强) 商业模式(本身强) 政府公关(本身强)	生产(竞争对手强) 销售(竞争对手强) 人力(竞争对手强) 研发+技术取得(竞争对手强) 财务+投资+税收(竞争对手强) 法律(竞争对手强) 商业模式(竞争对手强) 政府公关(竞争对手强)
机会(Opportunities)	威胁(Threats)
社会(有利) 科技(有利) 经济(有利) 环境(有利) 政治(有利) 法律(有利) 道德(有利) 上游供货商(有利) 下游买家(有利)	社会(不利) 科技(不利) 经济(不利) 环境(不利) 政治(不利) 法律(不利) 道德(不利) 上游供货商(不利) 下游买家(不利)

(二)工具分析步骤

SWOT 分析程序常与企业策略规划程序相结合,其步骤如下:

步骤一:进行企业环境描述。

步骤二:确认影响企业的所有外部因素。

步骤三:预测与评估未来外部因素之变化。

确认企业外部环境的变化,可以从不同的角度对环境进行分析。例如,通常采用的一种简明扼要的方法——PEST 分析:主要从政治、经济、社会文化和技术等角度分析环境变化对企业产生的一些影响。

哈佛大学的教授迈克尔·波特在《竞争战略》一书中,首次提出了一种五力分析法,它是一种结构的环境分析方法。

步骤四:检视企业内部之强势与弱势。

步骤五:根据企业资源组合情况,确认企业的关键能力和关键限制(见表 4-7)。

表 4-7　结构环境分析图

潜在资源力量	潜在资源弱点	公司潜在机会	外部潜在威胁
1. 有力的战略	1. 没有明确的战略导向	1. 服务独特的客户群	1. 强势竞争者的进入
2. 有利的金融环境	2. 陈旧的设备	2. 新的地理区域的开发	2. 替代品引起的竞争
3. 有利的品牌形象和美誉	3. 超额负债与恐怖的资产负债表	3. 产品组合的扩张	3. 市场增长的减缓
4. 被广泛认可的市场领导地位	4. 超越竞争对手的高额成本	4. 核心技能向产品组合的转化	4. 交换率和贸易政策的不利转换
5. 专利技术	5. 缺少关键技能和资格能力	5. 垂直整合的战略形式	5. 由新规则引起的成本增加
6. 成本优势	6. 利润的缺失部分	6. 分享竞争对手的市场资源	6. 商业周期的影响
7. 强势广告	7. 内在的运作困境	7. 竞争对手的支持	7. 客户和供应商的杠杆作用的加强
8. 产品创新技能	8. 落后的研发能力	8. 战略联盟与并购带来的超额覆盖	8. 消费者购买需求的下降
9. 优质客户服务	9. 过分狭窄的产品组合	9. 新技术开发通路	9. 人口与环境的变化
10. 优秀产品质量	10. 市场规划能力的缺乏	10. 品牌形象拓展的通路	
11. 战略联盟与并购			

步骤六:利用 SWOT 分析构造研拟可行策略。

将调查得出的各种因素根据轻重缓急或影响程度等排序方式,构造 SWOT 矩阵。在此过程中,将那些对公司发展有直接的、重要的、大量的、迫切的、久远的影响因素优先排列出来,而将那些间接的、次要的、少许的、不急的、短暂的影响因素排列在后面。可按以下步骤完成这个 SWOT 分析表:

(1) 把识别出的所有优势分成两组,分的时候以下面的原则为基础:看看它们是与行业中潜在的机会有关还是与潜在的威胁有关。

(2) 用同样的方法把所有劣势分成两组。一组与机会有关,另一组与威胁有关。

(3) 建构一个表格,每个占 1/4。

(4) 把公司的优势和劣势与机会或威胁配对分别放在每个格子中。

利用 SWOT 分析架构,将企业之 S、W、O、T 四项因素进行配对,即可得到 2×2 项策略型态,如表 4-8 所示。

表 4 - 8 **SWOT 分析策略分析表**

		内部因素	
		列出内部强势(S)	列出内部弱势(W)
外部因素	列出外部机会(O)	SO：最大与最大策略	WO：最小与最大策略
	列出外部威胁(T)	ST：最大与最小策略	WT：最小与最小策略

SO 策略表示使用强势并利用机会,即为最大与最大策略;

WO 策略表示克服弱势并利用机会,即为最小与最大策略;

ST 策略表示使用强势且避免威胁,即为最大与最小策略;

WT 表示减少弱势并避免威胁,即为最小与最小策略。

步骤七:将结果在 SWOT 分析图上定位,如图 4 - 4 所示。

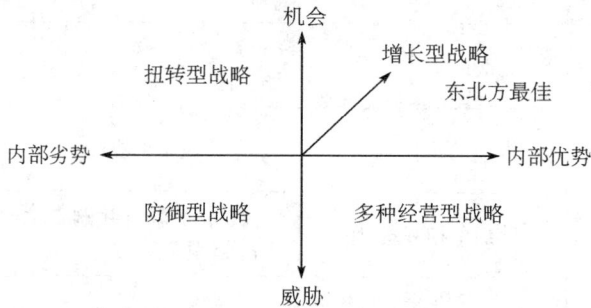

图 4 - 4 **SWOT 分析定位**

或者用 SWOT 分析表,将刚才的优势和劣势按机会和威胁分别填入表格(见表 4 - 9)。

表 4 - 9 **SWOT 分析表**

	内部因素		
外部因素	利用这些	改进这些	机会
	监视这些	消除这些	威胁
	优势	劣势	

步骤八:进行策略选择,制订行动计划。

在完成环境因素分析和 SWOT 矩阵的构造后,便可以制订出相应的行动计划。制订计划的基本思路是:发挥优势因素,克服弱点因素,利用机会因素,化解威胁因素;考虑过去,立足当前,着眼未来。运用系统分析的综合分析方法,将排列与考虑的各种环境因素相互匹配起来加以组合,得出一系列公司未来发展的可选择对策。

(三)组合分析

1. 投入资源加强优势能力、争取机会(SO:最大与最大策略)

此种策略是最佳策略,企业内外环境能密切配合,企业能充分利用优势资源,取得利润并扩充发展。这种情况是最理想的,企业可以采取充分利用环境机会和内部优势的大胆发展战略。

2. 投入资源加强优势能力、减低威胁(ST：最大与最小策略)

此种策略是在企业面对威胁时,利用本身的强势来克服威胁。针对这种情况,企业可以采取两种态度:一种是利用现有优势在其他产品或市场上建立长期机会,实行分散化或多样化战略,这是具有其他发展机会的企业通常采取的态度;另一种就是采取与环境威胁直接正面斗争的态度,这种做法通常只有在企业优势足以战胜环境威胁时才会采用。

3. 投入资源改善弱势能力、争取机会(WO：最小与最大策略)

此种策略是在企业利用外部机会,来克服本身的弱势。这就要求企业致力于改变内部劣势,有效地利用市场机会。

4. 投入资源改善弱势能力、减低威胁(WT：最小与最小策略)

此种策略是企业必须改善弱势以降低威胁,此种策略常是企业面临困境时所使用,如必须进行合并或缩减规模等。这是最不理想的情况。在这种情况下,企业最好采取减少或改变产品市场的退出性战略。

可见,WT 对策是一种最为悲观的对策,是处在最困难的情况下不得不采取的对策;WO 对策和 ST 对策是一种苦乐参半的对策,是处在一般情况下采取的对策;SO 对策是一种最理想的对策,是在最为顺畅情况下十分乐于采取的对策。

(四) 综合分析

上面的 SWOT 组合分析是依据数学元素的可分原则进行的,而实际情况是十分复杂的,机会、威胁、优势、弱点是交织在一起的,而解决问题的方法也是综合平衡的、利弊分摊的、双赢的方式,即以(S+W)对 O、以(S+W)对 T、以(S+W)对(O+T)等组合方法。

(五) SWOT 矩阵类型

SWOT 矩阵分析法的类型,依经营策略或解决问题事项与需求层次的不同,主要可区分为四种基本型态。

1. 单层次 SWOT 矩阵分析法

单层次 SWOT 矩阵分析法是指一个简单的问题,用一种简单的想法来加以解决。亦即是针对某项特定问题,使用类聚对比法的大小、强弱、优劣、长短、广窄、深浅、轻重等,加以简单诊断问题的核心所在,而得以使用简单对策加以解决。例如,对某项产品的品质问题,就产品本身品质的优劣势条件加以考量,并比较外面生产同样产品的竞争者的品质,是否处于机会或威胁的竞争地位,而得以简单判断并提出 SO、WO、ST、WT 等四种的因应策略。或者对其所处的象限位置加以判定,并制定其最佳的因应对策。单层次 SWOT 矩阵分析法表如表 4 - 10 所示。

表 4 - 10 单层次 SWOT 矩阵分析法表

环 境	内部环境优势(S)	内部环境弱势(W)
外部环境机会(O)	SO 策略	WO 策略
外部环境威胁(T)	ST 策略	WT 策略

2. 双层次 SWOT 矩阵分析法

双层次 SWOT 矩阵分析法在营销管理上经常被应用于产品组合策略的分析,以订定某一产品应加强生产,而某一产品必须缩小或停产的一种产品组合策略。例如,对其所生产的产品作全盘的检讨,发现是本身的高强势条件,也是市场的高机会环境点,因此其采高 SO 策略。而高 SO 策略,可设定为主力产品,以创新包装提高附加价值,或以促销提高市场占有率等的高 SO 策略。双层次 SWOT 矩阵分析法表如表 4 - 11 所示。

表 4 - 11　双层次 SWOT 矩阵分析法表

环　境	内部高优势(S)	内部低优势(S)	内部高弱势(W)	内部低弱势(W)
外部高机会(O)	高 SO 策略	高 O 高 ST 策略	高 WO 策略	高 O 低 W 策略
外部低机会(O)	高 S 低 O 策略	低 SO 策略	高 W 低 O 策略	低 WO 策略
外部高威胁(T)	高 ST 策略	高 T 低 S 策略	高 WT 策略	高 T 低 W 策略
外部低威胁(T)	低 T 高 S 策略	低 ST 策略	低 T 高 W 策略	低 WT 策略

3. 多层次 SWOT 矩阵分析法

多层次 SWOT 矩阵分析法使用于产业环境面的竞争分析,属于多种构面关系的评估方式,是对某项特定产品作定位时,会同时进行差异化、顾客满意度、市场占有率等相关事项进行多类性的竞争分析。例如,对产品的市场定位进行评估,发现消费者的忠诚度具有不同市场区隔的差异性,因此必须同时考量不同市场消费者满意度的影响情形,并采取趋吉避凶的方式,亦即是具优势及机会的市场,思考应如何继续领先,而不只是表示满意而已;而劣势及威胁的市场,则思考应如何来开拓,而不是选择放弃。多层次 SWOT 矩阵分析法表如表 4 - 12 所示。

表 4 - 12　多层次 SWOT 矩阵分析法表

环　境	内部高优势(S)	内部中优势(S)	内部低优势(S)	内部高弱势(W)	内部中弱势(W)	内部低弱势(W)
外部高机会(O)	高 S 高 O 策　略	中 S 高 O 策　略	低 S 高 O 策　略	高 W 高 O 策　略	中 W 高 O 策　略	低 W 高 O 策　略
外部中机会(O)	高 S 中 O 策　略	中 S 中 O 策　略	低 S 中 O 策　略	高 W 中 O 策　略	中 W 中 O 策　略	低 W 中 O 策　略
外部低机会(O)	高 S 低 O 策　略	中 S 低 O 策　略	低 S 低 O 策　略	高 W 低 O 策　略	中 W 低 O 策　略	低 W 低 O 策　略
外部高威胁(T)	高 S 高 T 策　略	中 S 高 T 策　略	低 S 高 T 策　略	高 W 高 T 策　略	中 W 高 T 策　略	低 W 高 T 策　略
外部中威胁(T)	高 S 中 T 策　略	中 S 中 T 策　略	低 S 中 T 策　略	高 W 中 T 策　略	中 W 中 T 策　略	低 W 中 T 策　略
外部低威胁(T)	高 S 低 T 策　略	中 S 低 T 策　略	低 S 低 T 策　略	高 W 低 T 策　略	中 W 低 T 策　略	低 W 低 T 策　略

4. 复合 SWOT 矩阵分析法

复合层次 SWOT 矩阵分析法类似于多层次 SWOT 矩阵分析法,但除评估项目外,并纳进问题内容的要素、影响程度的评估以及拟定竞争策略的可行性方案,直接并迅速对竞争者进行竞争。例如,对竞争对手产品进行市场竞争,其 SWOT 矩阵评估如表 4－13 所示。

表 4－13 复合层次 SWOT 矩阵分析法表

环　境	重要内容	影响程度评估	竞争策略
内部优势(S)	1. 高 S:品牌忠诚度 2. 中 S:品牌满意度 3. 低 S:品牌认知度	1. 在零售市场比对手产品高 2. 在零售市场与对手产品相当 3. 在零售市场比对手产品低	1. 扩大零售市场占有率 2. 提高品牌的服务 3. 增加品牌的宣传
内部弱势(W)	1. 高 S:产品价格 2. 中 S:产品品质 3. 低 S:产品包装	1. 在零售市场比对手产品高 2. 在零售市场与对手产品相当 3. 在零售市场比对手产品低	1. 提高附加价值 2. 提高品质 3. 改善包装
外部机会(O)	1. 高 O:社会流行风尚 2. 中 O:进口产品品质 3. 低 O:进口产品价格	1. 办理产品展 2. 品质比进口产品略佳 3. 价格比进口产品高 3 成	1. 与百货公司策略联盟 2. 提高品质 3. 降低价格
外部威胁(T)	1. 高 T:市场供不应求 2. 中 T:进口产品广告 3. 低 T:进口产品包装	1. 进口产品可能增加 2. 影响产品品牌 3. 比进口产品差很多	1. 鼓励班员扩大规模 2. 增加广告宣传 3. 改善包装或创意包装

(六) 工具特点

1. 系统性特征

SWOT 分析与其他分析方法相比具有显著的结构化和系统性特征。

(1) 就结构化而言,SWOT 分析法不仅在表现形式上构造了结构矩阵,对矩阵的不同区域赋予了不同的分析意义,而且在内容上,其主要理论基础也强调从结构分析入手对企业外部环境和内部资源进行分析。

(2) 在系统性方面,SWOT 分析法利用系统的思想将涉及企业内部的优势、劣势,外部机会、威胁这些似乎独立的因素互相匹配起来进行综合分析,使企业战略计划的制订更具科学性和合理性。

2. 主要优势

SWOT 作为企业战略规划中常用的方法,其主要优势在于:

(1) 能够系统全面地分析影响企业战略的各种因素。制定战略时企业决策者应系统全面地考虑到企业内部优势、劣势与外部机会、威胁这些变化因素。SWOT 用系统的思想将这些似乎独立的因素相互匹配而进行综合分析,从大方向上避免了遗漏上述某类信息或孤立地对它们加以分析所可能产生的错误,有利于对企业所处环境进行全面、系统和准确的分析。

(2) SWOT 对战略决策需要的信息做了两个区分:一是内外区分,即将企业自身的信息与其所处环境的信息进行区分;二是利害区分,即对有利于企业的内部优势、外部机会与有害于企业的内部劣势和外部威胁进行区分,这种分类大大明晰和简化了企业制定战略时需要掌握的信息及其来源。

(3)SWOT本身简单直观但内涵丰富宽泛,根据不同需要,企业决策者利用该法既可通过粗略分析明确大致的方向,也可通过深度调查研究进而得出翔实可靠的依据和明晰的结论。

3. 局限性

和很多其他的战略模型一样,SWOT带有时代的局限性。以前的企业可能比较关注成本、质量,现在的企业可能更强调组织流程。SWOT没有考虑到企业改变现状的主动性,企业是可以通过寻找新的资源来创造企业所需要的优势,从而达到过去无法达成的战略目标。

由于SWOT是一种相对静态而以定性分析为主的方法,且难有判别优势、劣势、威胁和机会的客观标准,该法的最终运用效果取决于分析决策者对企业及其所处外部环境的认知程度。SWOT特别适合于在企业外部环境相对稳定的时期对企业进行长期战略规划;而在企业外部环境动荡时期使用SWOT制定的战略。由于规划期内存在许多现实与潜在的不确定性因素,初期所制定的战略在实施过程中就有可能需要进行一定范围的修正甚至启动新一轮的战略规划。

SWOT分析局限的三种隐含假定:

(1)内外区分的假定。在SWOT分析中通常认为,机会和威胁只存在于外部环境中,优势与劣势只存在于内部环境中,然而事实上优势和劣势可能出现在项目外部,机会和威胁也可能出现在项目内部。如果在SWOT分析中泛泛和割裂地列举项目内部优势和劣势以及外部环境的机会和威胁,继而建立某种内外关联,并借此形成对项目风险识别的需求信息,显然是危险的,而且在实践中已经证明是难以操作的。即内外环境的分割只是分析的便利,而不是对项目风险识别的实际。

(2)利害区分的假定。对优势和劣势的判断其实是一个复杂的测量问题。从测量的角度看,对项目风险内外条件的测量往往会表现为一个连续体,优势和劣势的相对性和程度性要求使用SWOT分析采用合适的测量标准。威胁和机会可以针对同一事件,因为项目风险识别人员如果把握或处理的好,就有机会独占鳌头,反之则有可能一蹶不振。因此,SWOT的优势与劣势区分割裂了项目内部情况的连续统一,而机会与威胁的区分不能反映同一事件的利害两面性。

(3)动态分析的假定。SWOT分析通常是在某一时点对项目存在的风险内外进行扫描,然后进行优势、劣势、威胁和机会的分析,从而形成四种内外匹配。目前对项目的优势、劣势、机会和威胁的静态分析,很难确保还没有实际发生的内外匹配一定会实现。例如,某项目的优势是否强到足以把握机会、对抗威胁,某项目的劣势是否弱到错失良机、不堪威胁。

(七)工具应用

如今,SWOT已被广泛应用于各行各业,尤其在一些发达国家,SWOT分析法甚至已深入到企业和人们的日常活动中。

SWOT 作为一种有效的评估方法,可以作为一种了解企业本身的优势、弱势、机会、风险的重要理论工具,并且可以根据环境的变化来调整企业的策略和资源,以实现企业的发展目标。

1. 进行 SWOT 分析需要注意的问题

在 SWOT 分析中应注意以下几个重要问题:

其一,尽管企业的成功和获得竞争优势的理论中应该包含 SWOT 框架中的四个要素,但这一框架没有提供企业如何鉴定这四个要素的指导,因而限制了其应用。SWOT 分析仅仅是一个方向框架,如果没有其他的理论和模型用于识别优劣势、机会和威胁,这一框架只不过是提供一些在企业战略制定和实施时要询问问题的工具而已。

其二,从内容上说,SWOT 分析既应该包括静态分析,也应该包括动态分析,即既要分析研究对象与其竞争对手现实的优劣势,还要探讨研究对象与其竞争对手各自的优劣势及其面临的机会威胁发展变化的规律性,由此预测现实优势劣势在未来可能发生的变化,从而分析战略目标的合理性,并设想战略措施。

其三,在战略管理中,SWOT 分析不能是孤立的,而应该与对现状产生原因的分析,特别是达到未来战略目标或阶段目标需要满足的条件的分析相结合。

其四,是要明确在 SWOT 分析中,优势劣势与机会威胁的地位是不同的,外部环境因素是通过改变竞争双方的优劣势对比从而为研究对象产生一定机会或威胁的,这是 SWOT 分析的基本结构。

2. 成功应用 SWOT 分析法的简单规则

进行 SWOT 分析的时候必须对公司的优势与劣势有客观的认识。

进行 SWOT 分析的时候必须区分公司的现状与前景。

进行 SWOT 分析的时候必须考虑全面。

进行 SWOT 分析的时候必须与竞争对手进行比较,比如优于或是劣于你的竞争对手。

保持 SWOT 分析法的简洁化,避免复杂化与过度分析。SWOT 分析法因人而异。

3. 运用 SWOT 分析法常见的错误

下列两个常见的错误,是新手在进行 SWOT 分析时,很容易误犯的。有时这样的错误会严重误导分析结果。

(1) 在整体目标尚未明确和获得共识前,就进行 SWOT 分析。

① 整体的企业或计划案目标都尚未被确认时,可能 SWOT 团队成员都各想各的,导致 SWOT 分析也七零八落,最后分析出的结果也无法落实,因为最主要的目标可能有三或五个,甚至不停的改变,如此将造成多头马车的状况。

② 会造成这种现象,并非是整体目标未被提出的状况;有时可能目标已经提出了,但每个人理解的状况仅在他们脑中,没有经过分享与确认,而造成误解。

(2) 将 SWOT 分析当作可行的策略。

① SWOT 分析仅是现况,客观的陈述。也许多数人在优势、劣势与威胁面都能做到客观的陈述,但在机会这一象限,许多人会将策略写进去,而非现象。

② 可以试着将机会想成:理想情况(Auspicious Conditions)的描述,这会有助于推出

下一步的策略。

（八）实例分析：基于 SWOT 分析法的企业竞争情报案例分析——IBM 公司

运用 SWOT 分析 IBM 这一企业，必须对企业自身有一个充分的认识和了解，从实践的角度来加深对企业竞争情报理论的理解。

1. IBM 公司简介

IBM，即国际商业机器公司，1914 年创立于美国，是世界上最大的信息工业跨国公司，目前拥有全球雇员 30 多万人，业务遍及 160 多个国家和地区。

2. IBM 公司的 SWOT 分析步骤

依据 SWOT 分析的步骤进行操作，具体如下：

（1）搜集信息，调查分析竞争环境因素。

企业外部环境机会因素：

对 IBM 公司而言，20 世纪 90 年代初在北京正式宣布成立国际商业机器中国有限公司，这是它在中国的独资企业，此举使 IBM 在实施其在华战略中迈出了实质性的一步，掀开了在华业务的新篇章。之后在中国许多城市建立办事处，并进行汉化软件、中文语音识别、机器翻译和电子商务等领域的成果研究。IBM 的各类信息系统已成为世界金融、冶金、石化、交通、制造业、商品流通业等许多重要业务领域中最可靠的信息技术手段。IBM 的客户遍及世界经济的各条战线。

企业外部环境威胁因素：

对 IBM 来说，其在市场上有多至 12 家竞争对手；迅速发展的个人电脑革命，PC 机市场需求挑战 IBM 以大型主机硬件设备为主的研发。

企业内部环境优势因素：

IBM 公司作为世界上最大的信息工业跨国企业，其创建历史悠久，资金雄厚，业务遍及世界许多国家和地区。在产品与技术上，IBM 始终以超前的技术和出色的产品保证了世界范围内几乎所有行业用户对信息处理的全方位需求，成为众多用户选择 IBM 的首要条件。在管理上，IBM 采用多种方式，如能够通过薪金管理达到奖励进步、督促平庸的目的，IBM 将这种管理发展成了高效绩文化；IBM 有非常成熟的矩阵结构管理模式，一件事会牵涉到很多部门，有时候会从全球的同事那里获得帮助，所以团队意识很强，工作中随时准备与人合作一把。在人才培养上，对中高级人才采用流进和流出"蓄水池"计划，通过金字塔式的自然竞争机制，使"蓄水池"里的人才之水流动起来；通过"Bench（长板凳）计划"，使 IBM 的每个重要管理职位，都准备有两个以上的"板凳"队员，挖掘备份一批有才能的人。

企业内部环境劣势因素：

在 20 世纪 80 年代末期，IBM 公司对市场竞争趋势的判断出现重大失误，忽视了当时迅速发展的个人电脑革命，仍然认为大型主机硬件设备的研制开发会给公司带来持续的繁荣。面对瞬息万变的市场，IBM 集权化的组织结构和官僚化的管理体制，加快了公司经营危机的来临，到 20 世纪 90 年代，公司终于陷于严重的困境中，在 1991 年至 1993 年，IBM 公司的亏损超过 147 亿美元，成为美国公司历史上最大的净亏损户。

（2）基于环境因素分析，构造 SWOT 矩阵及形成战略对策。

根据上述所进行的内外环境因素优势（S）、劣势（W）、机会（O）、威胁（T）分析，形成

SO 战略、WO 战略、ST 战略、WR 战略,构造以下 SWOT 矩阵分析图,如表 4-14 所示。

表 4-14　SWOT 矩阵分析图

内部条件因素 外部环境因素	优势因素(S) ① 世界上最大的信息工业跨国企业,创建历史悠久,资金雄厚。 ② 拥有先进的全系列产品,产品质量的稳定和技术的领先优势给用户带来了管理效益。 ③ 在全世界有很高的知名度,有一批固定客户。 ④ 管理方式先进,企业团队富有活力,有一批优秀人才产生。如:人才管理采用"蓄水""Bench(长板凳)"计划,让优秀人才脱颖而出,同时为企业输送了优秀后备人才。 ⑤ 薪金管理形成高绩效文化	劣势因素(W) ① 市场竞争趋势一度判断失误。 ② 曾出现组织结构的集权化和管理体制的官僚化
机会因素(O) ① IBM 的各类信息系统已成为世界许多重要业务领域中最可靠的信息技术手段。 ② 业务在华等国进一步拓展,个性化服务市场需求增加,出现新客户群。 ③ 用于安全保卫行业的数字媒体技术有一定拓展空间	SO 战略 ① 利用世界一流的最新技术开发新产品,开拓个性化服务(如汉化软件、中文语音识别、机器翻译等),满足不同国家及地区的市场需求。 ② 密切关注市场最新动向,进行技术研发。例如,针对汽车盗窃率高的特点,National Car Parks Ltd.(NP)希望实施一种安全监视系统,以减少犯罪活动,IBM 实现了数字媒体视频监视的整套解决方案	WO 对策:跟踪市场需求,根据新业务调整产品
威胁因素(T) ① 市场上有多至 12 家竞争对手。 ② 个人电脑革命迅速发展。PC 机市场需求挑战 IBM 以大型主机硬件设备为主的研发	ST 对策 ① 通过使用在线讨论数据库,使 IBM 公司全球各地的经理和分析家通过网络进入竞争情报数据库 ② 使用 IBM 公司的全球互联网技术获取外界信息,利用公司的内部互联网技术更新企业内部的信息,调整经营战略	WT 对策 ① 董事会起用路易斯·郭士纳为新公司总裁,改组最高决策层和管理层,成立了 IBM 中、长期战略决策 ② 组织实施了"竞争者导航行动"竞争情报项目。派出若干名高级经理作为监视每个竞争对手的常驻"专家",建立公司的竞争情报体系

（3）竞争战略分析与选择。

IBM 公司在 20 世纪 90 年代,通过调整竞争情报工作重点及建立新的竞争情报体系,使公司各部门的竞争情报力量能够有效地集中对付主要的竞争对手和主要威胁,并提供各种办法提高各竞争情报小组的协作水平,优化了原有的情报资源,增强了公司适应市场变化和对抗竞争的能力,最大限度地满足了全球市场上客户们的需求,公司销售收入持续增长。竞争情报在 IBM 公司经营改善中的作用也逐步显现出来。据调查,在 1998—

2000 年期间,竞争情报对整个公司业绩增长的贡献率分别为 6%、8%和 9%。以后 IBM 公司在信息技术行业中又重新获得了领先地位,到 2001 年公司利润总额达 80.93 亿美元,股东权益为 194.33 亿元。IBM 高速增长的商业利润再次受到公众的关注。竞争情报开始融入到 IBM 公司的企业文化中,在经营过程中发挥越来越重要的作用。

二、BCG 波士顿矩阵法

(一)概念含义

波士顿咨询集团(Boston Consulting Group)是第一流的管理咨询公司,它制定并推广了"市场增长率—相对市场份额矩阵"分析方法,所以又称为波士顿矩阵、波士顿咨询集团法,也称四象限分析法、产品系列结构管理法等。

波士顿矩阵法是由波士顿咨询集团在 20 世纪 70 年代初为美国米德纸业进行经营咨询时开发的。波士顿矩阵将组织的每一个战略事业单位(SBUs)标在一种 2 维的矩阵图上,从而显示出哪个 SBUs 提供高额的潜在收益,以及哪个 SBUs 是组织资源的漏斗。波士顿矩阵的发明者、波士顿公司的创立者布鲁斯认为"公司若要取得成功,就必须拥有增长率和市场分额各不相同的产品组合。组合的构成取决于现金流量的平衡。"如此看来,BCG 的实质是为了通过业务的优化组合实现企业的现金流量平衡。波士顿矩阵图如图 4-5 所示。

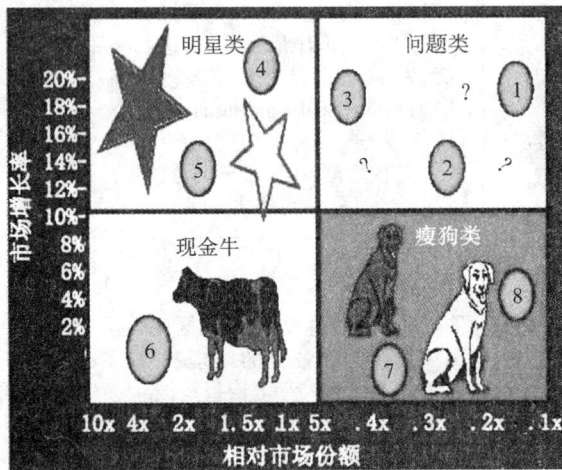

图 4-5 波士顿矩阵图

(二)主要内容

1. 两个基本因素

波士顿矩阵认为一般决定产品结构的基本因素有两个:市场引力与企业实力。市场引力包括企业销售量(额)增长率、目标市场容量、竞争对手强弱及利润高低等。其中最主要的是反映市场引力的综合指标——销售增长率,这是决定企业产品结构是否合理的外在因素。企业实力包括市场占有率,技术、设备、资金利用能力等,其中市场占有率是决定企业产品结构的内在要素,它直接显示出企业竞争实力。销售增长率与市场占有率既相互影响,又互为条件:市场引力大,销售增长率高,可以显示产品发展的良好前景,企业也具备相应的适应能力,实力较强;如果仅有市场引力大,而没有相应的高销售增长率,则说明企业尚无足够实力,则该种产品也无法顺利发展。相反,企业实力强,而市场引力小的产品也预示了该产品的市场前景不佳。

2. 八个圆圈

图 4-5 矩阵中的八个圆圈代表某个公司假定的八项业务的目前规模和市场定位。各项业务按金额计算的规模与圆圈的面积呈正比。因此,5 和 6 是两项最大的业务。每项业务的位置代表其市场增长率和相对市场份额。纵坐标上的市场增长率表示该项业务市场的年增长率,用数字表示从 0%～22%,市场增长率超过 10% 就是高速增长;横坐标的相对市场份额是指某业务单位相对于最大竞争者的市场份额。它用以衡量公司在有关市场上的实力。如果相对市场份额是 0.1,那就意味着公司的销售量只是最大竞争者销售量的 10%;10 意味着公司的业务单位是市场领导者,且其销售额是市场上位居第二的公司的 10 倍。相对市场份额的高低以 1.0 为分界线。相对市场份额用对数尺度画出,所以等距离代表相同的增长百分比。

3. 四种业务组合

(1) 问题型业务(Question Marks,指高增长、低市场份额)。

处在这个领域中的是一些投机性产品,带有较大的风险。这些产品可能利润率很高,但占有的市场份额很小。这往往是一个公司的新业务,为发展问题业务,公司必须建立工厂,增加设备和人员,以便跟上迅速发展的市场,并超过竞争对手,这些意味着大量的资金投入。"问题"非常贴切地描述了公司对待这类业务的态度,因为这时公司必须慎重回答"是否继续投资,发展该业务"这个问题。只有那些符合企业发展长远目标、企业具有资源优势、能够增强企业核心竞争力的业务才得到肯定的回答。得到肯定回答的问题型业务适合于采用战略框架中提到的增长战略,目的是扩大 SBUs 的市场份额,甚至不惜放弃近期收入来达到这一目标,因为要把问题型发展成为明星型业务,其市场份额必须有较大的增长。得到否定回答的问题型业务则适合采用收缩战略。

如何选择问题型业务是用波士顿矩阵法制定战略的重中之重也是难点,这关乎企业未来的发展。对于增长战略中各种业务增长方案来确定优先次序,BCG 也提供了一种简单的方法。通过图 4-6 权衡选择 ROI 相对高然后需要投入的资源占的宽度不太多的方案。

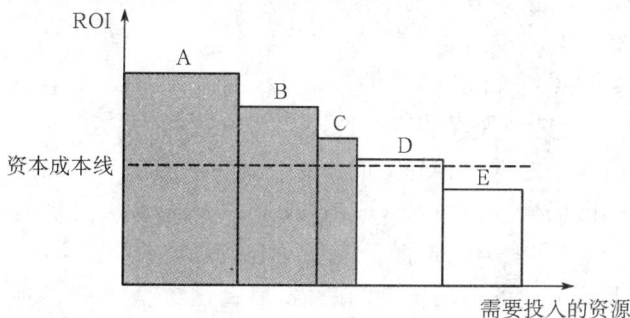

图 4-6　权衡选择图

(2) 明星型业务(Stars,指高增长、高市场份额)。

这个领域中的产品处于快速增长的市场中并且占有支配地位的市场份额,但也许会或也许不会产生正现金流量,这取决于新工厂、设备和产品开发对投资的需要量。明星型业务是由问题型业务继续投资发展起来的,可以视为高速成长市场中的领导者,它将成为公司未来的现金牛业务。但这并不意味着明星业务一定可以给企业带来源源不断的现金流,因为市场还在高速成长,企业必须继续投资,以保持与市场同步增长,并击退竞争对手。企业如果没有明星业务,就失去了希望,但群星闪烁也可能会闪花企业高层管理者的眼睛,导致做出错误的决策。这时必须具备识别行星和恒星的能力,将企业有限的资源投入在能够发展成为现金牛的恒星上。同样的,明星型业务要发展成为现金牛业务适合于采用增长战略。

(3) 现金牛业务(Cash Cows,指低增长、高市场份额)。

处在这个领域中的产品产生大量的现金,但未来的增长前景是有限的。这是成熟市场中的领导者,它是企业现金的来源。由于市场已经成熟,企业不必大量投资来扩展市场规模,同时作为市场中的领导者,该业务享有规模经济和高边际利润的优势,因而给企业带来大量现金流。企业往往用现金牛业务来支付账款并支持其他三种需大量现金的业务。现金牛业务适合采用战略框架中提到的稳定战略,目的是保持 SBUs 的市场份额。

(4) 瘦狗类业务(Dogs,指低增长、低市场份额)。

这个剩下的领域中的产品既不能产生大量的现金,也不需要投入大量现金,这些产品没有希望改进其绩效。一般情况下,这类业务常常是微利甚至是亏损的,瘦狗型业务存在的原因更多的是由于感情上的因素,虽然一直微利经营,但像人养了多年的狗一样恋恋不舍而不忍放弃。其实,瘦狗型业务通常要占用很多资源,如资金、管理部门的时间等,多数时候是得不偿失的。瘦狗型业务适合采用战略框架中提到的收缩战略,目的在于出售或清算业务,以便把资源转移到更有利的领域。

波士顿矩阵的精髓在于把战略规划和资本预算紧密结合了起来,把一个复杂的企业行为用两个重要的衡量指标来分为四种类型,用四个相对简单的分析来应对复杂的战略问题。该矩阵帮助多种经营的公司确定哪些产品宜于投资,宜于操纵哪些产品以获取利润,宜于从业务组合中剔除哪些产品,从而使业务组合达到最佳经营成效。

4. 假设条件

早在还没有提出波士顿矩阵之前的 1966 年,波士顿咨询公司通过实证研究获得了一个重要发现——经验曲线。经验曲线的基本结论是:"经验曲线是由学习、分工、投资和规模的综合效应构成的。""每当积累的经验翻一番,增值成本就会下降大约 20% 到 30%。""经验曲线本质上是一种现金流量模式。"因为规模是学习与分工的函数,所以可以用规模来代表经验曲线中的学习和分工成份。

企业某项业务的市场份额越高,体现在这项业务上的经验曲线效应也就越高,企业就越有成本优势,相应的获利能力就越强。按照波士顿公司的经验,如果一个企业某项业务的市场份额是竞争者该项业务市场份额的两倍,那么这个企业在这项业务上就具有较之竞争者 20%~30% 的成本优势。这就是 BCG 选取市场份额作为一个重要评价指标的原因所在。

BCG 认为市场份额能导致利润,这其实就是"成本领先战略"。BCG 一直认为规模优势很重要,BCG 自己的解释是市场份额大的公司不仅获得了更多的收入,还实现了更高的单位运营利润,优势在于更高的价格(边际利润)、在广告和分销上更低的单位支出。

(三)分析步骤

1. 评价各项业务的前景

BCG 是用"市场增长率"这一指标来表示发展前景的。这一步的数据可以从企业的经营分析系统中提取。

2. 评价各项业务的竞争地位

BCG 是用"相对市场份额"这个指标来表示竞争力的。这一步需要做市场调查才能得到相对准确的数据。计算公式是把一单位的收益除以其最大竞争对手的收益。

3. 表明各项业务在波士顿矩阵图上的位置

具体方法是以业务在二维坐标上的坐标点为圆心画一个圆圈,圆圈的大小来表示企业每项业务的销售额。

到了这一步公司就可以诊断自己的业务组合是否健康了。一个失衡的业务组合就是有太多的狗类或问题类业务,或太少的明星类和金牛类业务。例如,有三项的问题业务,不可能全部投资发展,只能选择其中的一项或两项,集中投资发展;只有一个现金牛业务,说明财务状况是很脆弱的,有两项瘦狗业务,这是沉重的负担。

4. 确定纵坐标"市场增长率"的一个标准线,从而将"市场增长率"划分为高、低两个区域

比较科学的方法有两种:

(1) 把该行业市场的平均增长率作为界分点;

(2) 把多种产品的市场增长率(加权)平均值作为界分点。

需要说明的是,高市场增长定义为销售额至少达到 10% 的年增长率(扣除通货膨胀因素后)。

确定横坐标"相对市场份额"的一个标准线,从而将"相对市场份额"划分为高、低两个区域。

BCG 的布鲁斯认为,这个界分值应当取为 2,他认为:"任何两个竞争者之间,2 比 1 的市场份额似乎是一个均衡点。在这个均衡点上,无论哪个竞争者要增加或减少市场份额,都显得不切实际,而且得不偿失。这是一个通过观察得出的经验性结论。"在同年的另一篇文章中,布鲁斯说得更为明确:"明星的市场份额必须是仅次于它的竞争者的两倍,否则其表面业绩只是一种假象。"按照布鲁斯的观点,市场份额之比小于 2,竞争地位就不稳定,企业就不能回收现金,否则地位难保。但在实际的业务市场上,市场领先者市场份额是跟随其后的竞争者的 2 倍的情况极为少见。所以和上面的市场增长率的标准线确定一样,由于评分等级过于宽泛,可能会造成两项或多项不同的业务位于一个象限中或位于矩阵的中间区域,难以确定使用何种战略。所以在划分标准线的时候要尽量占有更多资料,审慎分析,这些数字范围在运用中根据实际情况的不同进行修改。而且不能仅仅注意业务在 BCG 矩阵图中现有的位置,还要注意随着时间推移历史的移动轨迹。每项业务都应该回顾它去年、前年甚至更前的时候是处在哪里,用以参考标准线的确定。一种比较简单的方法是,高市场份额意味着该项业务是所在行业的领导者的市场份额;需要说明的是,

当本企业是市场领导者时,这里的"最大的竞争对手"就是行业内排行老二的企业。

(四)方法应用

波士顿矩阵可以用于许多方面。首先,这一模型可以使公司在矩阵中标出其业务所在的位置,使客户的管理层迅速地看到该业务在整个业务组合中的位置。所以,可以制定出整个公司未来发展的动态战略。理想的发展次序是过剩的现金从现金牛业务中取得并重新配置,首先用于任何需要现金的明星业务,其次用于一些经过仔细选择之后的问题业务,目的是将其转化未来的明星业务。而对于瘦狗业务(这类业务处于饱和的市场当中,竞争激烈,可获利润很低,不能成为客户资金的来源),除非它有很强的现金产生能力,应该采取剥离或关闭战略。能够产生良好现金流的瘦狗业务是由于资本密集程度低,它们是收割的对象,而不应该采取剥离方式。

1. 应用分析

波士顿矩阵法可以帮助我们分析一个公司的投资业务组合是否合理。如果一个公司没有现金牛业务,说明它当前的发展缺乏现金来源;如果没有明星业务,说明在未来的发展中缺乏希望。一个公司的业务投资组合必须是合理的,否则必须加以调整。例如,巨人集团在将保健品业务发展成明星后,就迫不及待地开发房地产业务,可以说,在当时的市场环境下,保健品和房地产都是明星业务,但由于企业没有能够提供源源不断现金支持的现金牛业务,导致企业不得不从本身还需要大量投入的保健品中不断"抽血"来支援大厦的建设,导致最后两败俱伤,企业全面陷入困境。

在明确了各项业务单位在公司中的不同地位后,就需要进一步明确战略目标。面对矩阵中不同类型的业务单位,公司可有以下选择:

(1)发展策略。

采用这种策略的目的是扩大品牌的市场份额,甚至不惜放弃近期利润来达到这一目标。这一策略主要应用于新星品牌,使新星品牌继续提高市场占有率,拉大与竞争对手的距离,逐渐成为企业的主要利润源泉。同时也适用于问题品牌,问题品牌的关键是市场占有率与竞争对手有较大的差距,而并非销售利润增长没有空间,市场没有前景。如果它们要成为明星业务,其市场份额必须有较大增长。

(2)稳定策略。

此目标是要保持战略业务单位的市场份额。这一目标使用于要继续产生大量现金流量的现金牛业务。稳定策略也适用于部分问题品牌和瘦狗品牌。

(3)收获策略。

此目标在于增加战略业务单位的短期现金收入,而不考虑长期影响。这一战略适用于处境不佳的现金牛业务,这种业务前景黯淡而又需要从它身上获得大量现金收入。收获战略也适用于问题业务和瘦狗业务。

(4)放弃策略。

此目标在于出售或清理业务,以便把资源转移到更有利的领域。它适用于瘦狗业务和问题业务,这类业务常常拖公司盈利的后腿。对于处于"明星"位置的,应珍惜机会,加强力量;处于"瘦狗"位置的,如果没有非常站得住脚的理由来维持,就必须坚决放弃。

需要指出的是,由于经营环境的变化,业务单位在矩阵中的位置随时间的变化而变化。即使非常成功的业务单位也有一个生命周期,它们从问题业务开始,继而成为明星业务,然后成为现金牛业务,最后变成瘦狗业务而至生命周期的终点。正因为如此,企业经营者不仅要考察其各项业务在矩阵中的现有位置,还要以运动的观点看问题,不断检查其动态位置。不但要立足每项业务过去的情况,还要观察其未来可能的发展趋向。如果发现某项业务的发展趋势不尽如人意,公司应要求管理人员提出新的战略选择。在各种战略选择中经营者常犯的错误是要求所有的战略业务单位都达到同样的增长率或利润回报水平,忽视了各项业务不同的发展潜力和不同的市场目标的把握。其他错误还有:一是留给现金牛业务的资金太少,其结果业务的发展乏力;或者留给它们的资金过多,结果公司无法向新增长的业务投入足够的资金。二是在瘦狗业务上投入大量资金,寄希望于扭转乾坤,但每次都失败。三是问题业务保留得太多,并且对每项业务都投资不足。正确的做法是对于问题业务要么给予充足的支持使之在市场竞争中变劣势为优势,要么坚决予以放弃。

在激烈变化的市场环境中,“不断改进”的策略是使企业的经营业务“明星”闪烁、“现金牛”牛气充天的保证。其途径有:

(1) 改进产品。即企业提高产品质量,改进产品外观或式样,改变或增加一些性能,扩大用途,降低价格等,以吸引新用户和使现有用户提高现有产品使用率。

(2) 改进市场。即企业千方百计寻找新的用户和使现有顾客多多使用、多多购买本企业的产品。这就要求企业大力开展推销活动,如举办商品展销、削价出售等,以尽量维持市场占有率及抢占新的市场。

(3) 改进服务。即尽量加强产品服务,提高服务质量。例如,为购买本企业产品者提供质量保证,如实行“三包”、保证随时提供服务等。

在实际生活中,上述三种方式往往是混合在一起使用的,常能取得令人满意的成果。例如,上海生产的“白猫牌”洗衣粉在20世纪60年代已销往香港,以洁白度高、去污力强、颗粒细小均匀、不刺激皮肤等优点占领了香港市场。后来,出现了洗衣粉“泡沫要丰富”的要求,该厂对其配方立即进行了改进,使洗衣粉具备了“泡沫丰富”的特点;当洗衣机逐渐普及后,又要求洗衣粉“低泡沫”,该厂又紧随市场这一变化趋势,进一步改进配方,生产出了洗衣机专用的无泡沫洗衣粉。这样,随着产品的改进,销售量一次又一次扩大,从而使“白猫牌”洗衣粉在海内外市场享有盛誉,经久不衰。需要指出的是,波士顿矩阵的运用只是在特殊的情况条件下才是有效的,所以有其局限性。比如波士顿矩阵中,所有企业业务单位的未来预期都是用唯一的需求增长率指数来衡量的。要准确地测算这种预期,须要严格的条件:一是要在同一个产品生命周期的发展阶段;二是营销环境的动荡性不大,产品的需求变化不会因受到无法预料的事件冲击而变化。在当今的知识经济时代,产品寿命周期大大缩短,新技术、新产品不断涌现,全球化的竞争更是使企业竞争的变数加大,这就是波士顿矩阵的运用大受限制。在波士顿矩阵中,企业所有业务单位都是用相对市场占有率来表示,这在各业务处于加速成长阶段,在技术稳定、需求增长速度超过供应增长速度的情况下,是适用的。但在经营业务处于减速期或成熟期时,取得竞争优势的决定因素就不是相对市场占有率了。

2. 应用法则

按照波士顿矩阵法的原理,一方面,产品市场占有率越高,创造利润的能力越大;另一方面,销售增长率越高,为了维持其增长及扩大市场占有率所需的资金亦越多。这样可以使企业的产品结构实现产品互相支持,资金良性循环的局面。按照产品在象限内的位置及移动趋势的划分,形成了波士顿矩阵法的基本应用法则。

第一法则:成功的月牙环。

在企业所从事的事业领域内各种产品的分布若显示月牙环形,这是成功企业的象征,因为盈利大的产品不止一个,而且这些产品的销售收入都比较大,还有不少明星产品。问题产品和瘦狗产品的销售量都很少。若产品结构显示的散乱分布,说明其事业内的产品结构未规划好,企业业绩必然较差。这时就应区别不同产品,采取不同策略。

第二法则:黑球失败法则。

如果在第四象限内一个产品都没有,或者即使有,其销售收入也几乎近于零,可用一个大黑球表示。该种状况显示企业没有任何盈利大的产品,说明应当对现有产品结构进行撤退、缩小的战略调整,考虑向其他事业渗透,开发新的事业。

第三法则:东北方向大吉。

一个企业的产品在四个象限中的分布越是集中于东北方向,则显示该企业的产品结构中明星产品越多,越有发展潜力;相反,产品的分布越是集中在西南角,说明瘦狗类产品数量大,说明该企业产品结构衰退,经营不成功。

第四法则:踊跃移动速度法则。

从每个产品的发展过程及趋势看,产品的销售增长率越高,为维持其持续增长所需资金量也相对越高;而市场占有率越大,创造利润的能力也越大,持续时间也相对长一些。按正常趋势,问题产品经明星产品最后进入现金牛产品阶段,标志了该产品从纯资金耗费到为企业提供效益的发展过程,但是这一趋势移动速度的快慢也影响到其所能提供的收益的大小。

如果某一产品从问题产品(包括从瘦狗产品)变成现金牛产品的移动速度太快,说明其在高投资与高利润率的明星区域停留的时间很短,因此对企业提供利润的可能性及持续时间都不会太长,总的贡献也不会大;但是相反,如果产品发展速度太慢,在某一象限内停留时间过长,则该产品也会很快被淘汰。

在本方法的应用中,企业经营者的任务,是通过四象限法的分析,掌握产品结构的现状及预测未来市场的变化,进而有效地、合理地分配企业经营资源。在产品结构调整中,企业的经营者不是在产品到了"瘦狗"阶段才考虑如何撤退,而应在"现金牛"阶段时就考虑如何使产品造成的损失最小而收益最大。

3. 应用意义

波士顿矩阵法可以帮助我们分析一个公司的投资业务组合是否合理。如果一个公司没有现金牛业务,说明它当前的发展缺乏现金来源;如果没有明星业务,说明在未来的发展中缺乏希望。一个公司的业务投资组合必须是合理的,否则必须加以调整。

深入的,它也可以帮助我们分析在其他组织之中的某项决策是否对组织的发展具有帮助和益处。结合组织所处的大环境,结合组织的长远发展目标,结合这些情报,然后进行分析在这些背景下所做的什么样的决策是最明智而有效的。波士顿矩阵法的应用产生了许多收益,它提高了管理人员的分析和战略决策能力,帮助他们以前瞻的眼光看问题,更深刻地理解组织各项活动项目的联系,加强了项目单位和组织管理人员的之间的沟通,及时调整组织的决策组合,收获或放弃萎缩项目,加强在更有发展前景的项目中投入人力、物力。

同时,也应该看到这种方法的局限性,如由于评分等级过于宽泛,可能会造成两项或多项不同的活动项目位于同一象限中;其次,由于评分等级带有折中性,使很多项目位于矩阵的中间区域,难以做出最后的判断决策。如此如果要使用这种方法,就必须占有尽可能多的情报,审慎分析,避免因方法的缺陷造成决策的失误。

（五）思想理念

波士顿矩阵所基于的思想或理念包括:

企业应注重本公司产品或业务所处的生命周期,并根据这种周期及时调整企业的业务组合。随着知识经济时代的到来,产品的科技含量日益提高,产品的生命周期也将随着科学技术飞速发展而日趋缩短。在这一新的环境中,企业更应注重对产品生命周期的研究和对企业产品或业务结构的调整。

应注重企业与所处行业领先公司的相对竞争地位,并据此制定与之抗衡的竞争策略。瞄准本行业领先公司的策略,不仅对于处在市场第二、三位的公司非常重要,对于一般的无望居于市场主导地位的企业也具有重要意义。领先企业对市场的主导地位是以其正确的经营战略、合理的经营方式,以及一流的管理水平为基础的,一般可作为本行业最高经营管理水平的基准。关注和研究领先公司,可促使企业正确认识自己与本行业最佳企业的差距。这一方面有助于这些企业改进自己的经营管理水平;另一方面也有助于它们正确估价自己在本行业竞争中的处境,以便及时做出业务结构调整。

应注重企业分部或业务组合的研究。多元化经营是现代企业,尤其是大中型企业的一种重要的经营战略。对此,企业一方面要处理好传统的多营与专营的关系;另一方面还要注意多元经营中各业务间的相互影响、相互作用以及相互转化,这样才能使企业保持合理的业务组合。这里的合理,不仅指将业务分散于不同类产业以规避和分散风险,还指应考虑使业务分部处于不同的产业或产品发展周期,以便实现不同业务或部门在资金流量方面的互补。

（六）方法特点

1. 主要特点

波士顿矩阵的最为主要的特点在于:

第一,它用一个象限图,同时表示了企业各分部所处的产业增长周期、与本行业领先公司的相对竞争地位,以及占本公司营业收入和利润总额的比重。前两项反映了分部与外部产品市场和竞争环境的关系,后两项则反映了分部在企业内部的地位或重要程度。该图可以使公司决策者综合考察各分部在企业内部和外部的地位,并据此做出公司各分部的资源配置及发展战略决策。

第二,波士顿矩阵考察业务分部在市场竞争中地位的指标不是通常所采用的绝对市场占有率,而是与本行业领先企业的相对竞争地位。这一指标有利于企业同居于市场统治地位的本行业领先企业进行比较,找到自己与领先企业的差距。这尤其适合于市场集中程度较大的寡头垄断型市场结构。而对于高度分散化的市场结构来说,这一衡量标准就不如绝对市场占有率更为有效。

第三,波士顿矩阵图中代表分部在公司营业收入与利润中比重的圆圈和圈内阴影的大小与其在矩阵中位置无必然的逻辑关系。但根据这一位置可判断和分析公司的分部结构是否合理。例如,能够给公司带来最大收入及利润份额的分部(矩阵图中面积及阴影较大的圆圈)位于矩阵图的左上角(即第二象限),说明公司的主营业务部门既处于上升产业,又处于该产业的主导地位。这反映了公司拥有动态健康的业务或部门结构。若公司的主要业务部门位于左下角,即主营业务处于低增长产业,公司则拥有静态健康的业务或部门结构和充足的现金来源,但却面临着如何保持本企业竞争优势的挑战。例如,公司的主要业务部门位于矩阵右上角,即公司主要业务处于高增长产业但与领先公司相比处于劣势,说明公司在产业增长和市场占有率两个方面都面临着很大的潜在机会,当然,同时也面临着在竞争中失利的危险。最糟糕的公司业务结构状况自然是主营业务处于右下角的第四象限,此时企业主营业务不仅处于衰退产业而且在该产业中还处于竞争劣势。这样的企业面临着被市场所淘汰的危险。

第四,处于波士顿矩阵各象限的业务分部之间存在着相互转换和相互作用的关系。各类业务分部之间的相互作用主要体现在,处于第二、三象限的明星和现金牛,尤其是现金牛,为其他类型的分部以及整个企业提供着产品或市场开发所需要的资金。而各类分部角色的相互转化一般是随着时间的推移而按逆时针的方向不断变换,即相继由瘦狗变为问题,由问题变为明星,由明星变为现金牛,再由现金牛变为瘦狗。当然在较少的情况下也会出现相反方向,即顺时针方向的转化。上述转化方向取决于两方面因素:一是总公司能否顺应产品生命周期和市场要求的变化而调整总公司的业务组合;二是各业务分部能否在市场竞争中取胜进而增强自己的市场地位。

2. 优点

波士顿矩阵分析的目的在于帮助企业确定自己的总体战略。在总体战略的选择上,波士顿矩阵优点重要的贡献:

(1)该矩阵指出了每个经营业务在竞争中的市场地位,使企业了解了它的作用或任务,从而有选择的和集中的运用企业优先的资金。例如,企业要把现金牛业务作为重要的资金来源,并放在优先的位置上;同样,企业可以考虑把资金集中在未来有希望的明星业务问题业务上;并根据情况,有选择的抛弃"瘦狗"业务和无希望的"问题"业务。如果企业对经营的业务不加区分,采取一刀切的办法,规定同样的目标,按相同的比例分配资金,配备相同数量的机器和人员等,结果往往是对"现金牛"和"瘦狗"投入了太多的资金,而对明星和问题业务投资不足。这样的企业难以获得长期的发展。

(2)波士顿矩阵将企业不同经营领域内的业务综合到一个矩阵中,具有简单明了的效果。在其他战略没有发生变化的前提下企业可以通过波士顿矩阵判断自己各经营业务的机会和威胁、优势和劣势,判断当前的主要战略问题和企业未来的竞争地位。比较理想的投资组合使企业有较多的明星和现金牛业务,少数的问题业务和极少的瘦狗业务。

3. 局限性

但是在把波士顿矩阵作为一种分析方法时,一定要注意到它的局限性,其局限性如下:

(1)在实践中,企业要确定各业务的市场增长率和相对市场份额是困难的。有时,数据会与现实不符。

(2)波士顿矩阵按照市场增长率和相对市场份额,把企业的市场业务分为四种类型,相对来说,有些过于简单。实际上,市场中还存在着很难确切归入某各象限中的业务。比如,如果金牛类业务和瘦狗类业务是互补的业务组合,如果放弃瘦狗类业务,那么金牛类业务也会受到影响。

(3)波士顿矩阵中市场地位和获利之间的关系随着行业细分市场的不同而发生变化。在有些行业里,企业的市场份额大,会在单位成本上形成优势;而有些行业则不然,过于庞大的市场份额可能会导致企业成本的增加。实际上,市场占有率小的企业,如果采用创新和产品差异化的策略,仍然能获得很高的利润。

(4)企业要对自己一系列的经营业务进行战略评价,仅仅依靠市场增长率和相对市场份额是不够的,还需要行业的技术等其他指标。

由于波士顿矩阵存在上述劣势,因此,企业在进行决策时,不能单纯依据波士顿矩阵法,而要重点考虑企业所面临的环境,分析企业的优劣式,这样才能做出正确的决策。

为了克服波士顿矩阵的缺点,科尔尼的王成老师在"追求客户份额"和"让客户多做贡献"两文中提出了用客户份额来取代市场份额,能有效地解决波士顿矩阵方法中把所有业务联系起来考虑的问题。例如,经营酒店和公园,活期存款和定期存款、信贷、抵押等业务的关系,当业务是属于同一个客户的时候往往是具有相关性的。这也许是一个很好的方法,只是如果不是通过统计行业各厂商的销售量而是统计客户数似乎一般的市场调查难以做到。

最后,对于市场占有率,波特的著作在分析日本企业时就已说过,规模不是形成竞争优势的充分条件,差异化才是。波士顿矩阵的背后假设是"成本领先战略",当企业在各项业务上都准备采用(或正在实施)成本领先战略时,可以考虑采用波士顿矩阵,但是如果企业准备在某些业务上采用差别化战略,那么就不能采用波士顿矩阵了。规模的确能降低一定的成本,但那是在成熟的市场运作环境中成立,在我国物流和营销模式并不发达成熟情况下,往往做好物流和营销模式创新可以比生产降低更多的成本。

(七)适用范围

波士顿矩阵主要为具有多个业务分部或分公司、实行多元化经营的大型公司而设计。与发达国家相比,我国的产业组合结构仍旧高度分散化,但经济发展和市场竞争也已造就了众多较大型的企业或企业集团。多元化经营也已作为一种重要的经营战略而为众多大中型企业所采用。采用这种战略或经营方式必然涉及进行正确的业务组合的问题,这就需要采用相应的现代分析与决策技术。而波士顿矩阵正好可以满足我国大中型企业在这方面的需要。但考虑到国情的不同,在引进和应用波士顿矩阵时,可对其进行适当的调整。例如,由于我国很多市场的企业组织结构仍旧相当分散,很可能还没有一家居于主导地位的公司。此时可将 X 轴的含义由相对市场份额地位改为市场份额的绝对值。又如,波士顿矩阵中的圆圈代表不同的业务分部或分公司,但在实际上对于不设立分公司或业务分部的企业,可以用圆圈代表其他形式的业务单位,如不同的产品线或利润中心。总之,应当根据我国市场和企业的具体情况因地制宜,不宜生搬硬套。

(八)实例分析:某糖果企业案例

华东某糖果企业(以下简称 A 企业),产品主要有鲜奶糖、喜糖、喉糖、咖啡糖、水果糖、软糖,产品的年销售情况如表 4-15 所示。

表 4-15 某糖果企业产品年销售情况

产品	销售额	相对市场份额	同比增长率
鲜奶糖	1 500 万	1.3	20%
喜糖	800 万	0.3	1%
喉糖	500 万	0.5	15%
咖啡糖	1 000 万	1.2	8%
水果糖	2 500 万	1.5	5%
软糖	4 000 万	2	12%

分析步骤:首先我们应该将产品在波士顿矩阵中按要求标明,如图 4-7 所示。

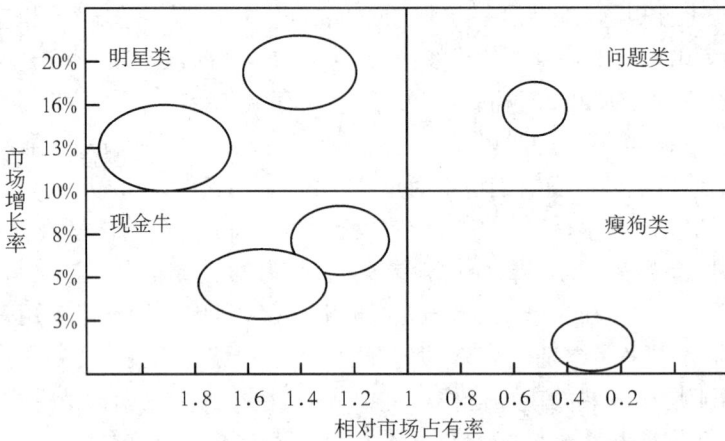

图 4-7

分析如下:

1. 单个产品分析

通过产品在波士顿矩阵中的位置,我们可以很清楚地看到不同产品所处的位置:

现金牛:水果糖、咖啡糖,这两种产品市场增长率不高,但是市场相对占有率较高,可以为企业提供较好的利润来源,这类产品通常并不需要进行过多的市场维护和资源投入,其产品销量主要来自于消费者的习惯性消费,产品的自然流动性较好,但是这类产品要随时注意竞争者的动态,以竞争为营销策略的导向。

明星类:鲜奶糖、软糖,这两种产品处于高速增长期,需要企业投入较大的资源去扶持和提升。这类产品通常会有两种情况:一种是产品随行业性普遍的增长而增长,俗语说是"搭了顺风船";第二种是行业性没有增长,而本企业产品在高速成长。两种不同的增长必定是采用不同的营销策略的,所以必须要分清楚。对于 A 企业来说奶糖这个品类的增长是行业性的增长,那么奶糖的竞争相对来说较弱,资源投入也可以相对较小些,可以做些普通的促销推广工作就可以了;而软糖这个品类是企业产品的增长,而非行业性增长,那么这个增长意味着 A 企业需要从竞争对手处抢夺市场份额,则资源投入相对来说要大得多。而能否保持持续增长也并不只是取决于 A 企业自身的市场资源投入,同时要考虑的因素还有竞争对手对于市场的投入情况,所以 A 企业的鲜奶糖可以为企业提供一定的现金流,而软糖则是需要投入大量的资源,为企业贡献的现金流和利润相对来说就小很多了。所以对于这两个产品来说,鲜奶糖是一个可以重点培养的产品,而软糖则是应该是费用控制型的产品。

问题类:喉糖,这个产品有较高的市场增长率,但是市场占有率很低,通常这种增长更多的是行业性的增长,所以对于 A 企业来说,喉糖是一个机会,但是这个机会大小取决于竞争对手实力的强弱,资源投入的大小。A 企业在喉糖的营销策略方面应该是在企业资源条件具备的前提下重点投入,有效投入。

瘦狗类:喜糖,对于 A 企业来说,喜糖是一个相对市场占有率很低,市场增长率也很低的产品,对于这个产品,A 企业进行资源投入的成效也不大,所以喜糖这个产品对于 A 企业来说应该放弃。

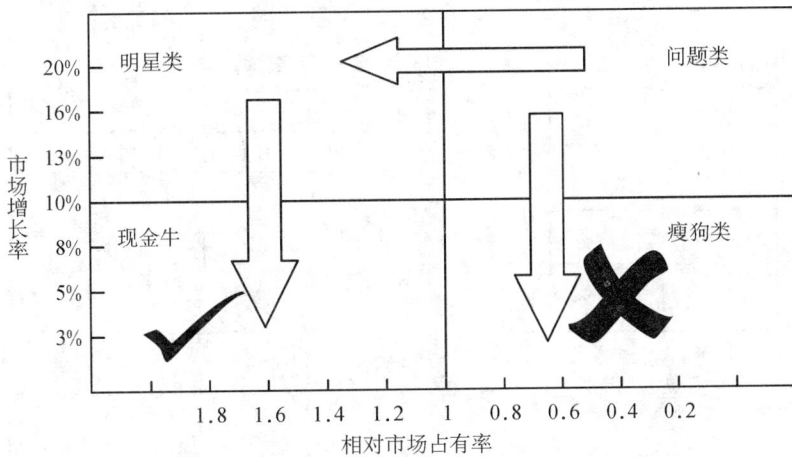

图 4-8

2. 产品规划策略分析

结合产品的生命周期来看,企业最理想的状态是没有瘦狗类产品,现金牛产品、明星类产品占绝大多数,同时还应该有相当的问题类产品预备,那么,对于 A 企业来说,现在的产品结构是否合理,产品的中长期规划应该如何去进行,这同样在波士顿矩阵中可以分析出来。

对于 A 企业来说,产品规划应该做好这么几件事情:

(1) 对于喜糖,进行详细的财务分析,在亏损的前提下将其淘汰;

(2) 如何提高喉糖的市场占有率,将其从问题产品转变为明星产品;

(3) 对于软糖和鲜奶糖,应该在稳定竞争的前提下将降低费用率,使其能为 A 企业提供较好的盈利能力;

(4) A 企业问题产品太少,无法支撑企业的长期发展,必须尽快地研发新产品上市,使产品的更新换代可以更加及时。

通过以上案例我们可以看出,营销人员掌握波士顿矩阵的分析方法是非常有用的,他可以从宏观方面对营销人员进行指导,在对产品进行梳理和产品营销策略制订的时候具有非常有效的方向指引作用。但是波士顿矩阵并不能代替全部的产品分析方法,而且波士顿矩阵分析法同样也有缺陷,所以营销人员应该定性的、定量的多种分析法相结合,这样才能建立从宏观到微观,从策略到执行,科学的、完整的、可行的营销思路。

(九) 相关工具

1. 新波士顿矩阵

1983 年,波士顿咨询公司发现波士顿矩阵有许多的局限性,因为经验效应并非总是存在,而且差异化产品也不必再像非差异化产品或大众产品那样对价格具有较大敏感性。于是,根据原波士顿矩阵的原理,波士顿又开发了新的"优势矩阵"。这种新矩阵中,横轴表示经营单位所具备的竞争地位差别的大小,纵轴表示的是在行业中取得独特竞争优势的途径的多少,如图 4-9 所示。

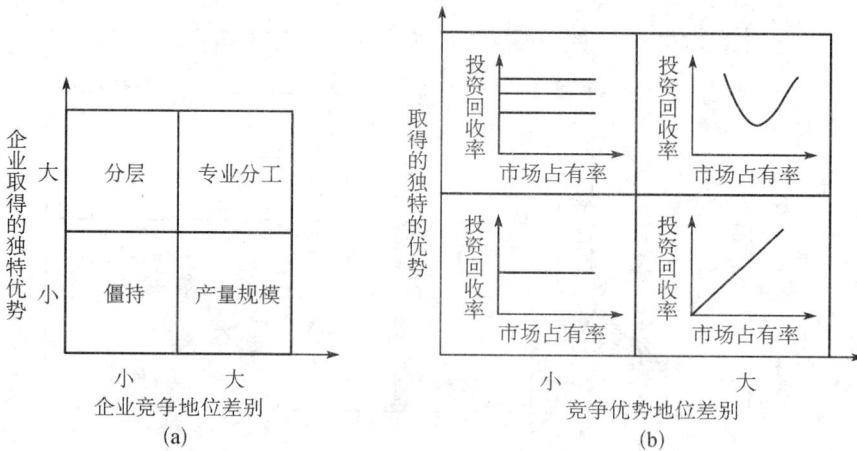

图 4-9 在新波士顿矩阵内市场占有率和利润的关系

由图 4-9 可知,只有在具备规模经济效应的行业,随着市场份额的增加,产品成本才会随之下降,并导致资金利润率增加,汽车、电视机等加工装配行业大体上可归入这一类。

"僵持"行业是指进入障碍较低或退出障碍较高的一类行业,在这类行业内所有企业不论大小其盈利能力都比较低,它们之间的竞争地位和盈利率相差不大,与市场份额基本无关,如一般产品的初加工就属于这一类。

"分层"行业内企业的盈利潜力与其是否能取得某种独特的优势直接有关,独特优势越突出,盈利越高;相反,则盈利较低。但盈利能力却与市场份额关系不大,这方面的典型例子是饮食业。

"专业分工"行业是指这样一类行业,即在行业内市场份额较小,但产品具有特色的企业盈利能力较高,同时,市场份额很大,产品成本很低的企业,盈利能力也较高,而只有处于两者之间的企业盈利能力较低。

该系统确认了四种一般的环境,确认的依据是能够产生的竞争优势的潜在规模和竞争者确立其行业领导地位的途径。在这个矩阵中,也有四个象限,从而也就有四种不同的经营单位类型及战略,如表 4-16 所示。

表 4 - 16

分散化	具有较多的实现竞争优势的途径,但企业本身现有的竞争地位差别较小	最适宜采用集中化战略
专门化	具有较多的实现竞争优势的途径,并且企业自身现有的竞争地位差别也较大	最适宜采用差异化战略
大量化	具有较多的竞争优势,但这种行业所具有的取得竞争优势的途径不是很多	最适宜采用成本领先战略
死胡同	既没有较多的竞争优势,也缺乏实现竞争优势的途径	类似于波特战略中的夹在中间战略

这四种环境是:分散化业务、专门化业务、大量化业务、死胡同业务。只有在大量化业务的业务中,传统的经验效应分析才有市场。在专门化业务中,在某些具体但不同的细分市场中规模与收益性也存在一定的关系。而在陷入死胡同业务和分散化业务中,规模本身并不一定决定了相关成本。虽然波士顿对帮助制订业务组合计划的"波士顿矩阵"做了调整,但这一调整后的矩阵的影响力远远小于前者;而且遗憾的是,人们对原矩阵的缺点的认识和讨论仍然流于肤浅。

2. 大战略矩阵

(1) 含义。

大战略矩阵是制定备选战略的一种常用工具,大战略矩阵(Grand Strategy Matrix)也称战略聚类模型,是由小汤普森(A. A. Thompson. Jr.)与斯特里克兰(A. J. Strickland)根据波士顿矩阵修改而成。这是由市场增长率和企业竞争地位两个坐标所组成一种模型,在市场增长率和企业竞争地位不同组合情况下,指导企业进行战略选择的一种指导性模型。

大战略矩阵基于两个评价数值而建立:横轴代表竞争地位的强弱,纵轴代表市场增长程度。位于同一象限的企业可以采取很多战略,图 4 - 10 例举了适用于不同象限的多种战略选择,其中各战略是按其相对吸引力的大小而分列于各象限中的。

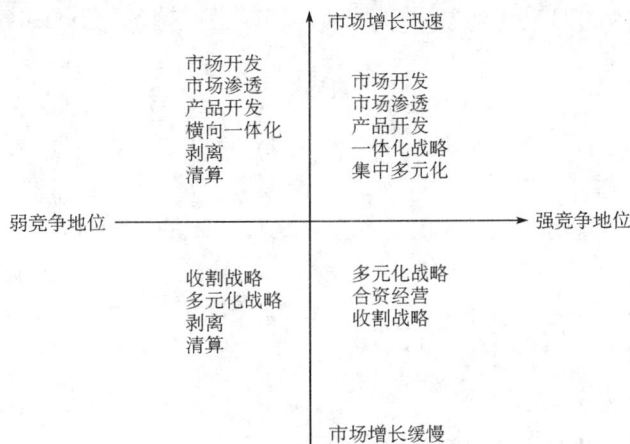

图 4 - 10

（2）内容分析。

大战略矩阵适用于各类组织，这种方法将适用于组织的战略按吸引力的大小不一排序后分列在矩阵的各象限中：

位于大战略矩阵第一象限的组织处于极佳的战略地位。对这类组织，应当继续集中经营于当现在的市场（市场渗透和市场开发）和产品（产品开发）。第一象限公司大幅度偏离已建立的竞争优势是不明智的。当第一象限公司拥有过剩资源时，后向一体化、前向一体化和横向一体化可能是有效的战略。当第一象限公司过分偏重于某单一产品时，集中化多元经营战略可能会降低过于狭窄的产品线所带来的风险。第一象限公司有能力利用众多领域中的外部机会，必要时它们可以冒险进取。

位于第二象限的组织需要认真地评价其当前的参与市场竞争的方法。尽管其所在产业正在增长，但它们不能有效地进行竞争。这类组织需要分析企业当前的竞争方法为何无效，企业又应如何变革而提高其竞争能力。由于第二象限公司处于高速增长产业，加强型战略（与一体化或多元化经营战略相反）通常是它们的首选战略。然而，如果企业缺乏独特的生产能力或竞争优势，横向一体化往往是理想的战略选择。为此，可考虑将战略次要地位的业务剥离或结业清算，剥离可为公司提供收购其他企业或买回股票所需要的资金。

位于第三象限的公司处于产业增长缓慢和相对竞争能力不足的双重劣势下。在确定产业正处于永久性衰退前沿的前提下，这类公司必须着手实施收割战略。首先应大幅度地减少成本或投入，另外可将资源从现有业务领域逐渐转向其他业务领域。最后便是以剥离或结业清算战略迅速撤离该产业。

位于第四象限的公司其产业增长缓慢，但却处于相对有利的竞争地位。这类公司有能力在有发展前景的领域中进行多元经营。这是因为第四象限公司具有较大的现金流量，并对资金的需求有限，有足够的能力和资源实施集中多元化或混合式多元化战略。同时，这类公司应在原产业中求得与竞争对手合作与妥协，横向合并或进行合资经营都是较好的选择。

大战略矩阵是一种常用的制定备选战略工具。它的优点是可以将各种企业的战略地位都置于大战略矩阵的四个战略象限中，并加以分析和选择。公司的各分部也可按此方式被定位。

（3）适用范围。

该矩阵主要应用于下列两种情形：

① 在战略制定时；

② 当企业面临着业务的重大调整，在考虑是收缩还是扩张时。

三、GE 矩阵

（一）概念含义

1. 概念

GE 矩阵（GE / McKinsey Matrix、McKinsey Matrix、Business Assessment Array、GE Business Screen）又称通用电器公司法，是麦肯锡管理顾问公司（McKinsey &

Company)在 1970 年被委托参与通用电气公司(General Electric) 战略业务单元咨询时在 BCG 矩阵的基础上共同开发了市场吸引力竞争实力矩阵,简称 GE 矩阵,所以又称麦肯锡矩阵。

通用电气公司提出该法的目的是为了克服 BCG 矩阵由于只以"市场增长率"和"相对市场占有率"两个因素来决定业务投资的分配,而忽视了在市场情况比较复杂时决定投资分配,还必须考虑更多的相关因素。BCG 矩阵所涉及的两个因素也被包含在 GE 矩阵之中,分别被作为 GE 矩阵所考察的诸多投资指标的组成部分。由于 GE 矩阵有九个象限,故也被称为九盒矩阵法。

GE 矩阵相比 BCG 矩阵,GE 矩阵使用数量更多的因素来衡量这两个变量,纵轴用多个指标反应产业吸引力,横轴用多个指标反应企业竞争地位,同时增加了中间等级。也由于 GE 矩阵使用多个因素,可以通过增减某些因素或改变它们的重点所在,很容易地使 GE 矩阵适应经理的具体意向或某产业特殊性的要求。

GE 矩阵由两大类因素构成:一是行业吸引力;二是经营实力。行业吸引力是指由影响企业生存一系列外部因素组成,经过判断决策,把行业吸引力可以分为高吸引力、中等程度吸引力和吸引力比较低。经营实力是由影响企业生存和发展的一系列内部因素组成,经过判断决策可以定出企业的经营实力是高是中还是低。GE 矩阵根据各因素对市场加以定量分析、评价,划分出九种类型,针对每一种类型列出相应的发展、维持及淘汰等对策,可以调整产品结构,确定企业发展方向。GE 矩阵分析为市场竞争环境分析提供了详细的结构框架,它一方面使用指示图测算了细分市场吸引力的大小;另一方面,估算了企业的竞争实力,为企业进入细分市场及制定相应的细分市场营销战略提供了依据。

2. GE 矩阵的做法

GE 矩阵的做法见图 4－11。

(1)"行业吸引力"作为 GE 矩阵的纵坐标,将其划分为高、中、低三个区域,其划分点是以"满分值"平均划分的(即如果评价时采用的满分是 5 分,则以被 3 的平均数来划分,其余类推)。

(2)以"业务实力"为矩阵的横坐标,也以满分值的平均数划分成高、中、低三个区域。

GE 矩阵中的"行业吸引力"和"业务实力"两个变量各自包含了一系列的评定因素。这些因素是企业对相应的经营业务,在决定应采取何种投资战略时必须要综合考虑的,由这些

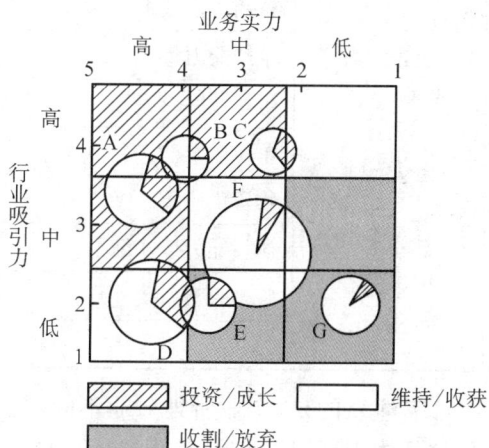

图 4－11　GE 矩阵图

因素综合构成 GE 矩阵中的两个变量。所以 GE 矩阵的两个变量实际上是一系列影响正确投资因素的综合反映。在评定每项经营业务之前,首先需要确定两个变量中所包含的每一因素的权数,以表明它们的相对重要性。对各因素所赋的权数是企业根据其重要性来确定的,如表 4－17 所示。

表 4-17 GE 矩阵中"行业吸引力"和"业务实力"所含评定因素表

		权 数	评分值	加权评分值
行业吸引力	总体市场大小	0.20	4.00	0.80
	市场增长率	0.20	5.00	1.00
	历史毛利率	0.15	2.00	0.30
	竞争密集程度	0.15	4.00	0.60
	技术要求	0.06	3.00	0.45
	能源要求	0.05	3.00	0.15
	通货膨胀	0.05	2.00	0.10
	环境影响	0.05	1.00	0.05
	社会/政治/法律 必须是可以接受的			
	∑	1.00	—	3.45
业务实力	市场份额	0.10	4.00	0.40
	份额增长	0.15	4.00	0.60
	产品质量	0.10	4.00	0.40
	品牌知名度	0.10	5.00	0.50
	分销渠道	0.05	4.00	0.20
	营销传播效果	0.05	5.00	0.25
	生产能力	0.05	2.00	0.15
	生产效率	0.05	3.00	0.10
	单位成本	0.15	5.00	0.45
	物资供应	0.05	4.00	0.25
	研发能力或实绩	0.10	4.00	0.80
	管理人员	0.05	4.00	0.20
	∑	1.00	—	4.30

需注意的是,企业所处行业不同,某项经营业务所处的市场情况不同时,构成两个变量的具体因素以及各因素所应赋予的权数应是不同的。

(3) 将企业当前所经营的每项业务,按两个变量所包含的因素逐一进行评定,每项因素的评分值和该因素的权数相乘后,再将它们进行相加求和,得到被评定的业务的综合评分值。

(4) 以每项业务所得到两个变量的综合评分值为圆心,以该经营业务所在的市场销售总规模为圆的直径,在 GE 矩阵中标出该业务的位置和圆的大小,再在圆圈中以相同的比例,标示本企业该项业务的市场占有规模(图中用阴影标示部分)。

(5)根据每项业务在矩阵中的位置,确定应采取的投资战略。

GE矩阵实际上分为三个部分:从右上角到左下角为对角线,处在对角线左上部的三个象限的业务是企业最强的经营业务,宜采取"投资/发展"的策略;处在对角线上的三个象限里的业务为中等实力的业务,应采取"维持/收获"的策略;而处在对角线右下部三个象限的业务为最弱的业务,宜采取"收割/放弃"的策略。例如,业务G处于行业吸引力和业务实力均低的象限里,虽然该项业务的市场总额销售规模大,但企业在市场中所占的份额太小,说明经营该项业务企业没有什么优势可言,应予放弃。

(二)分析应用

GE矩阵可以用来根据事业单位在市场上的实力和所在市场的吸引力对这些事业单位进行评估,也可以表述一个公司的事业单位组合判断其强项和弱点。在需要对产业吸引力和业务实力作广义而灵活的定义时,可以以GE矩阵为基础进行战略规划。按市场吸引力和业务自身实力两个维度评估现有业务(或事业单位),每个维度分三级,分成九个格以表示两个维度上不同级别的组合。两个维度上可以根据不同情况确定评价指标。

1.绘制GE矩阵

绘制GE矩阵,需要找出外部(行业吸引力)和内部(企业竞争力)因素,然后对各因素加权,得出衡量内部因素和市场吸引力外部因素的标准。当然,在开始搜集资料前仔细选择哪些有意义的战略对事业单位是十分重要的。

(1)定义各因素。选择要评估业务(或产品)实力和市场吸引力所需的重要因素。在GE内部,分别称之为内部因素和外部因素。下面列出的是经常考虑的一些因素(可能需要根据各公司情况做出一些增减)。确定这些因素的方法可以采取头脑风暴法或名义群体法等,关键是不能遗漏重要因素,也不能将微不足道的因素纳入分析中。

(2)估测内部因素和外部因素的影响。从外部因素开始,纵览这张表(使用同一组经理),并根据每一因素的吸引力大小对其评分。若一因素对所有竞争对手的影响相似,则对其影响做总体评估,若一因素对不同竞争者有不同影响,可比较它对自己业务的影响和重要竞争对手的影响。在这里可以采取五级评分标准(1=毫无吸引力,2=没有吸引力,3=中性影响,4=有吸引力,5=极有吸引力)。然后也使用5级标准对内部因素进行类似的评定(1=极度竞争劣势,2=竞争劣势,3=同竞争对手持平,4=竞争优势,5=极度竞争优势),在这一部分,应该选择一个总体上最强的竞争对手做对比的对象。

具体的方法是:

① 确定内外部影响的因素,并确定其权重;

② 根据产业状况和企业状况定出产业吸引力因素和企业竞争力因素的级数(五级);

③ 最后,用权重乘以级数,得出每个因素的加权数,并汇总,得到整个产业吸引力的加权值。

下面分别用折线图和表格两种形式来表示,如图4-12所示。

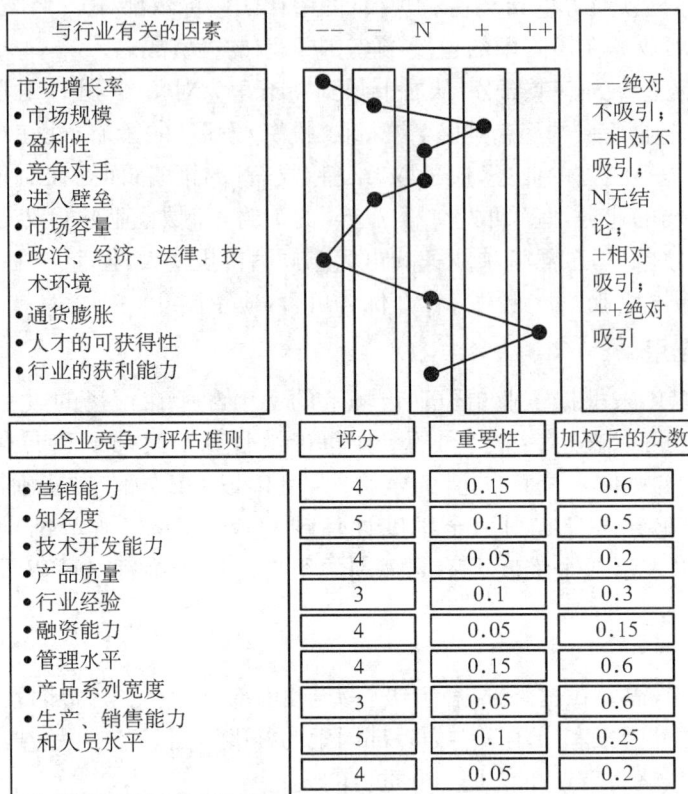

与行业有关的因素	--	-	N	+	++	

市场增长率
- 市场规模
- 盈利性
- 竞争对手
- 进入壁垒
- 市场容量
- 政治、经济、法律、技术环境
- 通货膨胀
- 人才的可获得性
- 行业的获利能力

--绝对不吸引；
-相对不吸引；
N无结论；
+相对吸引；
++绝对吸引

企业竞争力评估准则	评分	重要性	加权后的分数
• 营销能力	4	0.15	0.6
• 知名度	5	0.1	0.5
• 技术开发能力	4	0.05	0.2
• 产品质量	3	0.1	0.3
• 行业经验	4	0.05	0.15
• 融资能力	4	0.15	0.6
• 管理水平	3	0.05	0.6
• 产品系列宽度	5	0.1	0.25
• 生产、销售能力和人员水平	4	0.05	0.2

图 4 - 12

（3）对外部因素和内部因素的重要性进行估测,得出衡量实力和吸引力的简易标准。这里有定性和定量两种方法可以选择。

定性方法:审阅并讨论内外部因素,以在第二步中打的分数为基础,按强、中、弱三个等级来评定该战略事业单位的实力和产业吸引力如何。

定量方法:将内外部因素分列,分别对其进行加权,使所有因素的加权系数总和为1,然后用其在第二步中的得分乘以其权重系数,再分别相加,就得到所评估的战略事业单位在实力和吸引力方面的得分(介于1和5之间,1代表产业吸引力低或业务实力弱,而5代表产业吸引力高或业务实力强)。

（4）将该战略事业单位标 GE 矩阵上。矩阵坐标纵轴为产业吸引力,横轴为业务实力。每条轴上用两条线将数轴划为三部分,这样坐标就成为网格图。两坐标轴刻度可以为高中低或1至5。根据经理的战略利益关注,对其他战略事业单位或竞争对手也可做同样分析。另外,在图上标出一组业务组合中位于不同市场或产业的战略事业单位时,可以用圆来表示各企业单位,图中圆面积大小与相应单位的销售规模呈正比,而阴影扇形的面积代表其市场份额,如图 4 - 13 所示。这样 GE 矩阵就可以提供更多的信息。

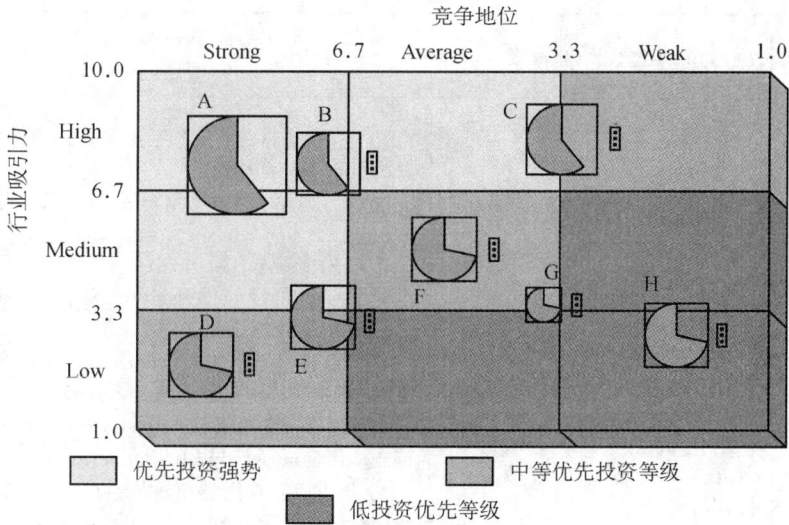

图 4-13

（5）对矩阵进行诠释。通过对战略事业单位在矩阵上的位置分析，公司就可以选择相应的战略举措。如果用图 4-13 进行分析：

① 绿色区域：采取增长与发展战略，应优先分配资源；

② 黄色区域：采取维持或有选择发展战略，保护规模，调整发展方向；

③ 红色区域：采取停止、转移、撤退战略。

比较具体的战略图如图 4-14 所示。

		高	中	低
产业吸引力	高	尽量扩大投资，谋求主导地位	市场细分为追求主导地位	专门化，采取购并策略
	中	选择细分市场大力投入	选择细分市场专门化	专门化，谋求小块市场份额
	低	维持地位	减少投资	集中无竞争对手盈利业务，或放弃

竞争力

图 4-14

2. 影响因素

影响竞争实力/市场吸引力的内部因素/外部因素，如表 4-18 所示。

表 4 - 18

影响市场吸引力的典型性外部因素	影响战略事业单元竞争实力的典型性内部因素
市场规模(Market Size) 市场成长率(Market Growth Rate) 市场收益率(Market Profitability) 定价趋势(Pricing Trends) 竞争强度(Competitive Intensity/Rivalry) 行业投资风险(Overall Risk of Returns Growth in the Industry) 进入障碍(Entry Barriers) 产品/服务差异化机会(Opportunity to Position/Cost Structure Compared Differentiate Products and Services) 产品/服务需求变动性(Demand Variability) 市场分割(Segmentation) 市场分销渠道结构(Distribution Structure) 技术发展(Technology Development)	事业单元自身资产与实力(Strength of Assets and Competencies) 品牌/市场的相对力量(Relative Brand/Marketing Strength) 市场份额(Market Share) 市场份额的成长性(Market Share Growth) 顾客忠诚度(Customer Loyalty) 相对成本结构(Relative Cost Position/Cost Structure Compared with Competitors) 相对利润率(Relative Profit Margins/Profit Margins Comparedwith Competitors) 分销渠道结构及产品生产能力(Distribution Strength and Production Capacity) 技术研发与其他创新活动记录(Record of Technological or Other Innovation) 产品/服务质量(Quality)融资能力(Access to Financial and Other Investment Resources) 管理能力(Management Strength)

3. 分析步骤

(1) 分别找出影响市场吸引力与策略事业单位竞争力的重要因素(根据以上所列典型因素去思考)。

(2) 依据所选定的每个因素的重要性,决定每项因素的加权比重分数。

(3) 针对所选定的每个因素分别给予评分。

(4) 替每个策略事业单位加权计算在市场吸引力与事业竞争力上所获得的分数。

(5) 依据坐标的高、中、低尺标,决定各 SBU 所在的象限位置。

(6) 将各 SBU 以派图表示,圆圈大小表示市场规模(Market Size),派的大小代表该 SBU 的市占率。

(7) 箭头表示这个 SBU 在未来发展的方向。

(8) 为每项经营业务制定战略。

4. 工具优势

(1) 考虑了大量的分析变量。

在界定经营优势与市场吸引力时,这种考虑融合了大量的变量的方法,使得经营分析更为有效和准确,也使得分析人员考虑到大量的彼此相关的变量,进而使之成为一个更有效率的分析工具。此外,相对于波士顿矩阵,GE 矩阵还考虑了一系列将来潜在的应用变量,GE 矩阵也与经验曲线密切相连,而且它与以大产量为特征的行业的表现更为一致,GE 矩阵更容易被接受,因为它将经营优势与行业吸引力,竞争对手的弱点统一起来,这在战略过程中是一个非常重要的环境/资源因素。

（2）灵活性。

相对于 BCG 矩阵,经营分析模型可以提高分析人员在分析时的灵活性,理由有二: ① 在界定经营优势和行业的吸引力时,包括了不同的变量,因而可以进一步地进行详细的分析;② 在分析时,可以赋予已选择好的变量不同的权重,这更为符合每个战略经营单位的独特情况。

（3）应用更直观。

经营分析给了分析人员一个更有价值的,更容易理解的综合性投资组合观点,尽管它不如 BCG 矩阵那样生动、形象,但是 GE 矩阵仍然很直观,使其在应用和沟通中相对简单。

5. 工具局限性

（1）值得怀疑的假设。

与 BCG 矩阵一样,战略经营单位的概念可能是一个错误的名称,如果许多被分析的战略经营单位的许多因素是彼此相关的(如关联成本、可支持的战略选择等),那么分析的结果也可能有误差。

（2）变量的选择。

GE 矩阵假设用于界定经营优势和行业吸引力的变量是准确的,可以理解的,因而,在权衡每个变量时容易有偏差和错误。

（3）忽略了风险。

只关注投资回报并不能清楚地说明战略经营单位与同行业竞争的情况相关的回报的风险。

6. 误用情况

GE 矩阵在以下情况下被误用:

（1）静态分析。

认识到通用电气矩阵仅给出了战略经营单位在某个时点的竞争情况是非常重要的,持续监控变量中的任何变化对于动态分析来说是必须的。

（2）依赖于通用的战略。

应认为通用电气矩阵仅是一个用于辅助战略分析的描述性模型,而通用的战略是辅助战略决策时的一种指导。

（3）在界定经营单位或行业时不正确。

即使是微小的失误,在界定战略经营单位和行业的边界时,也会使战略经营单位在九格矩阵中的定位不正确,假如在界定变量时有困难,那么分析结果出现误差及产生错误的战略的机会就增加了。

（4）过分简化的战略。

由 GE 矩阵提供的三个基本的战略有可能阻止人们突破这个思维框架,深刻的分析受到这种模型的约束。例如,模型可能提出的战略是增加投资,而不是停止在创新投入或者维持战略的灵活性,特别是,在新的市场中误用的可能性会更高一些,因为准确的评估新兴行业的行业吸引力是困难的。

（三）与 BCG 矩阵的比较

GE 矩阵比 BCG 矩阵在以下三个方面表现得更为成熟：

市场/行业吸引力（Market/Industry Attractiveness）代替了市场成长（Market Growth）被吸纳进来作为一个评价维度。市场吸引力较之市场成长率显然包含了更多的考量因素。

竞争实力（Competitive Strength）代替了市场份额（Market Share）作为另外一个维度，由此对每一个事业单元的竞争地位进行评估分析。同样，竞争实力较之市场份额亦包含了更多的考量因素。

此外，GE 矩阵有 9 个象限，而 BCG 矩阵只有 4 个象限，使得 GE 矩阵结构更复杂、分析更准确。

（四）实例分析

GE 矩阵可以用于预测 SBUs 业务组合的产业吸引力和业务实力，只要在因素评估中考虑的未来某个时间每一因素的重要程度及其影响大小，就可以建立预测矩阵。由此我们可以看出，GE 矩阵比较全面地对战略事业单位的业务组合进行规划分析，而且可以针对企业实际和产业特性，因此具有广泛的应用价值。

1. 案例 1：燃机企业的 GE 矩阵分析

燃机企业的 GE 矩阵分析，如图 4-15 所示。

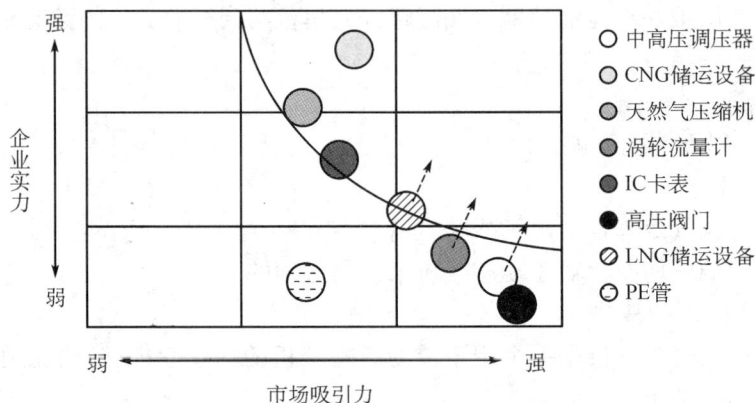

图例：
- ○ 中高压调压器
- ○ CNG储运设备
- ◐ 天然气压缩机
- ◑ 涡轮流量计
- ● IC卡表
- ● 高压阀门
- ⊘ LNG储运设备
- ○ PE管

图 4-15 燃机企业的 GE 矩阵分析

2. 案例 2：某企业 GE 矩阵分析目标市场选择

以某企业 A 对于其市场 B 的选择过程为例，说明将 GE 矩阵用于某企业目标市场选择。

（1）评估该企业在目标市场选择中的市场吸引力和竞争地位所需要的因素。

因素的选择是分析建筑市场吸引力和建筑企业竞争地位的关键。确定这些因素的方法可以采取头脑风暴法或名义小组法等，关键是不能遗漏重要因素，也不能将微不足道的因素纳入分析中，同时指标之间不能重复，影响因素如表 4-19 所示。

表 4-19 影响因素集

市场吸引力 S	企业相对竞争地位 Q
产品市场容量 S1	企业的生产能力 Q1
利润率 S2	技术力量 Q2
产值增长率 S3	市场占有率 Q3
市场垄断程度 S4	资金实力 Q4
企业进入市场的难易 S5	建筑产品品质 Q5
市场细分化的水平 S6	
社会、政治、法律等因素 S7	

(2) 确定各因素的权重。

可以采用专家意见法、德尔菲法等方法,确立各影响因素的权重。对影响 S 市场吸引力的因素和影响建筑企业 Q 在 S 市场上竞争实力的因素分别分配权重:$a1, a2, \cdots b1, b2, \cdots$,使得 $\sum a = 1, \sum b = 1$。

(3) 对各因素进行打分,确定市场吸引力和企业竞争地位的总得分。

可以采取五级评分标准。例如,对于市场容量因素:1=市场容量极小,2=市场容量较小,3=市场容量适中,4=市场容量较大,5=市场容量极大。假设市场吸引力各因素的得分分别为 Si,企业竞争地位各因素的得分分别为 Qi。根据打分结果和权重分配计算出市场吸引力和该企业竞争地位分数如下:市场 S 的市场吸引力得分 $S = \sum aiSi$,该企业在市场中的竞争地位得分 $Q = \sum aiQi$。

(4) 根据分数确定该企业在 GE 矩阵上的位置。

根据具体情况确定市场吸引力和相对竞争实力的高、中、低范围。在坐标图上以纵轴表示市场吸引力,横轴表示相对竞争实力,按照两大变量的大、中、小标准,将坐标图分成九个象限,将市场按标准分别填入相应的象限内,如图 4-16 所示。根据未来市场的发展趋势和为未来竞争状况的预测,选择合适的目标市场。

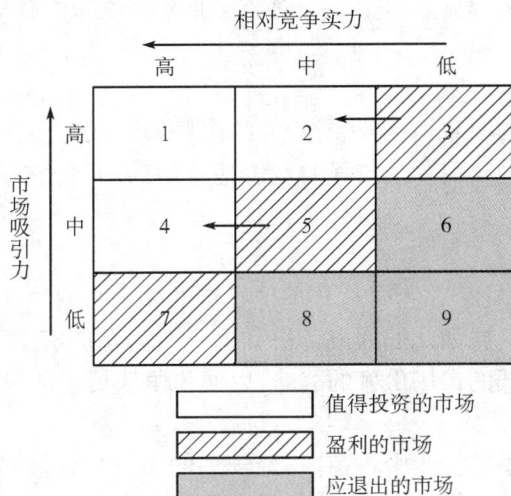

图 4-16

（5）针对不同目标市场的建筑企业策略选择。

对九个象限内的不同目标市场应采用不同的经营战略。综观各象限市场的特点，企业应将市场的发展重点放在第一、二、四象限区域内，采用积极发展战略、重点投资、重点经营；对于市场吸引力和企业竞争实力相对一般的第三、五、七象限区域，应设法提高企业的竞争实力，进一步提高其盈利水平；而对于市场吸引力弱的第六、八、九象限区域，应采取维持收益或收缩退却战略。

（五）相关工具

1. 产品/市场演变矩阵

（1）概念含义。

美国学者查尔斯霍夫（C. W. Hofer）针对 GE 矩阵的局限性，将业务增长率和行业吸引力因素转换成产品—市场发展阶段，设计出一个具有 15 个方格的矩阵，用以评价企业的经营状况，也称霍夫矩阵。其矩阵图如图 4-17 所示。

在矩阵图中，横轴表示企业的市场竞争地位，分为强、中、弱三个级别，纵轴表示产品—市场的 6 个发展阶段，分别是：开发、增长、整顿、成熟、饱和、衰退。

这样产品—市场演变矩阵共包含 15 个方格。圆圈表示行业规模或产品/细分市场。圆圈内扇形阴影部分表示企业各项经营业务的市场占有率。

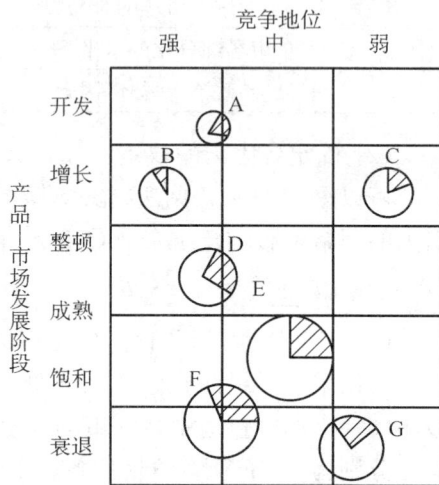

图 4-17　产品/市场演变矩阵

霍夫矩阵是从所经营产品的市场发育阶段（生命周期状态）和企业竞争地位来分析企业各项经营精力的战略位置。该方法用纵横坐标分别表示产品—市场发育阶段和企业竞争地位，产品—市场发育阶段按产品的生命周期分为五个阶段，企业竞争地位与 GE 矩阵一样分为强、中、弱三个档，这样霍夫矩阵由 15 个象限构成圆圈表示行业规模或产品/细分市场。圆圈内扇形阴影部分表示企业各项经营业务的市场占有率。

（2）内容分析。

① 业务单位 A。

看起来是一颗潜在的明星，它的相对较大的市场份额，加上它处于产品—市场发展的开发阶段以及它所具有的获得一个较强的竞争地位的潜力，使它成为接受公司资源支持的一个很有希望的候选者。

② 业务单位 B。

在某种程度上看有点像 A，然而对 B 单位投资的多少将取决于为什么 B 部门相对于其强大的竞争地位竟然具有如此低的市场份额这一个问题的答案。为此，单位 B 应当实施能够改变它的这一较低的市场份额的战略，以便为争取更多的投资提供依据。

③ 业务单位 C。

在一个增长相对较小的行业中，占有一个较小的市场份额并拥有一个较弱的竞争地位，必须实行一种能够克服其低市场份额和弱竞争地位的战略，以争取未来投资。单位 C

很可能是一个有待脱身的对象,以便将其资源运用于单位 A 或单位 B。

④ 业务单位 D。

处于一个扩展的阶段,占有一个相对大的市场份额,并处于一个相对弱的竞争地位。对单位 D 应当进行必要的投资以保持其相对强的竞争地位。从长期看,D 应当成为一头"现金牛"。

⑤ 业务单位 E 和 F。

是"现金牛",应当用来创造现金。

⑥ 业务单位 G。

看起来像波士顿矩阵中的一条"瘦狗",在短期内,它应当被监控着用于创造现金——如果可能的话;然而,长期而言,它更有可能被施以脱身战略或者清算战略。

（3）工具运用。

霍夫矩阵由于考虑了经营产品的生命周期状态,因此,它不仅反映出经营业务目前的战略位置,而且还预示着未来。这是该方法的一个重要特点。另一方面,由于产品—市场发育阶段分为 5 个等级,形成 15 个象限的矩阵,因此,它能更加细化地反映经营精力的战略位置。

企业如果需要着重分析某项或某些经营业务,则应该根据企业的类型或经营业务的集中程度来选择是使用 GE 矩阵还是选择产品/市场演变矩阵。选择的因素具体如下:

① 企业的类型。小型多种经营企业一半多采用产品/市场演变矩阵,大型多种经营企业则多运用 GE 矩阵。大部分特大型多种经营企业会同时运用这两种矩阵。不过,其运用条件有所不同,一般地讲,在特大型多种经营的企业里,GE 矩阵用来阐明企业内部各个战略经营单位的经营状况,而产品/市场演变矩阵则用来 说明每个战略经营单位中各个产品/细分市场的经营状况。

② 经营业务的集中程度。企业经营业务之间如果处于松散的状态,则应该运用 GE 矩阵确定企业的经营状况。如果企业大部分经营业务集中在少数几个密切相关的产品/细分市场上,则应该选择产品/市场演变矩阵。当经营战略单位的产品处于寿命周期的初期发展阶段时,更应该运用产品/市场演变矩阵。

五、核心竞争力

(一) 概念含义

1. 含义

核心竞争力是在 1990 年由两位管理科学家加里·哈默尔和普拉哈拉德在《哈佛商业评论》发表的"企业核心能力"一文中提出的。

他们认为,随着世界的发展变化,竞争加剧,产品生命周期的缩短以及全球经济一体化的加强,企业的成功不再归功于短暂的或偶然的产品开发或灵机一动的市场战略,而是企业核心竞争力的外在表现。他们把核心竞争力定义为"组织中的累积性学识,特别是关于怎样协调各种生产技能和整合各种技术的学识"。企业核心竞争力是建立在企业核心资源基础上的企业技术、产品、管理、文化等的综合优势在市场上的反映,是企业在经营过程中形成的不易被竞争对手仿效并能带来超额利润的独特能力。在激烈的竞争中,企业只有具有核心竞争力,才能获得持久的竞争优势,保持长盛不衰。

蒂斯、皮萨诺和舒恩则将核心竞争力定义为"提供企业在特定经营中的竞争能力和支柱优势基础的一组相异的技能、互补性资产和规则"。

而巴顿则认为,企业的核心竞争力是识别和提供优势的知识体系。

根据麦肯锡咨询公司的观点,所谓核心能力,是指某一组织内部一系列互补的技能和知识的结合,它具有使一项或多项业务达到竞争领域一流水平的能力。核心能力由洞察预见能力和前线执行能力构成。洞察预见能力主要来源于科学技术知识、独有的数据、产品的创造性、卓越的分析和推理能力等;前线执行能力产生于这样一种情形,即最终产品或服务的质量会因前线工作人员的工作质量而发生改变。企业核心能力是企业的整体资源,它涉及企业的技术、人才、管理、文化和凝聚力等各方面,是企业各部门和全体员工的共同行为。

对于什么是核心竞争力,普拉哈拉德提出了一个非常形象的"树型"理论。它认为,多样化公司就像一棵大树,树干和主枝就是核心产品,分枝是业务单元,树叶、花朵和果实是最终产品,提供养分、维系生命、稳固树身的根就是核心竞争力。

2. 属性

加里·哈默尔和普拉哈拉德提出了核心竞争力的三个属性:

(1) 核心竞争力必须为市场所认可,即能够提供进入相关潜在市场的机会;

(2) 核心竞争力必须给客户带来特别的利益,也就是说核心竞争力应当能够提高企业的效率,帮助企业通过降低成本或创造价值来扩大客户的利益;

(3) 核心竞争力必须是竞争对手难以模仿,只有这样才能保证企业基于核心竞争力的优势得以保持。

其后的研究者们,又在此基础上增加了一些判断标准:

(1) 核心竞争力应当是异质的,而且在数量上很少;

(2) 核心竞争力应当是难以替代的;

(3) 核心竞争力必须具有较强的延展性,等等。

3. 与企业竞争力的区别

企业竞争力是正常意义上所指的企业功能领域上的竞争力。企业的资源和技术等,只要有一定优势都可以具有竞争力。竞争能力在具体形式上可表现为企业的营销竞争能力、品牌竞争能力、技术竞争能力等。这些竞争能力只是企业活动在某一方面、某一领域的竞争能力,是一种相对的优势,其稳定性也相对较差。例如,一个产品的生命周期进入晚期,其竞争力也要随之减弱和消失。而企业的核心竞争力是处于企业核心地位的、使竞争对手在一个较长时期内难以超越的竞争力,它具有较长的生命周期和较高的稳定性,能使企业保持长期稳定的竞争优势,获得稳定的超额利润,具有增强企业一般竞争力的作用。例如,随着人们生活水平的提高,噪音较大而制冷效果相对较弱的窗式空调有逐渐被分体式空调取代的趋势,而海尔集团运用其核心竞争力之一的研发优势,成功地将其窗式空调机的噪音由一般窗机的 40~50 分贝降至 30 分贝左右,同时提高了窗式空调机的制冷效果,从而延长了窗式空调机的生命周期。

但是核心竞争力的形成,又依赖于企业所拥有的各种竞争力。因为,企业核心竞争力的构建过程就是企业以一般竞争力为基础,并对其进行整合,使其上升为"高级"竞争力的过程,所以,核心竞争力的形成经历是企业内部资源、知识、技术等的积累和整合的过程。

（二）内容分析

1．识别标准

核心竞争力是指企业战胜竞争者的竞争优势来源的资源和能力。企业的资源和能力所形成的核心竞争力具有高的价值性和稀缺性，竞争对手很难理解和模仿，具有高度的不可替代性。核心竞争力通常与企业的职能领域相关，当它在一家企业发展、成熟、应用后，就会产生战略竞争力。

并非公司所有的资源和能力都能转化为竞争优势。只有当这种资源和能力具备以下四个标准：

（1）价值性。

价值性是指企业借助某种资源或能力挖掘外部机会或避免威胁，从而为企业创造价值。这种能力首先能很好地实现顾客所看重的价值，如能显著地降低成本，提高产品质量，提高服务效率，增加顾客的效用，从而给企业带来竞争优势。

（2）稀缺性。

稀缺性是指资源和能力只为少数现有或潜在竞争者掌握。这种能力必须是稀缺的，只有少数的企业拥有它。

（3）不可替代性。

不可替代性是指其他企业没有与其相类似的资源或能力。它在为顾客创造价值的过程中具有不可替代的作用。

（4）难以模仿性。

难以模仿性是指企业无法获取这种资源或能力，或是需要付出多得多的成本才能得到该资源和能力。也就是说，它不像材料、机器设备那样能在市场上购买到，而是难以转移或复制。这种难以模仿的能力能为企业带来超过平均水平的利润。企业的资源和能力达到以上标准后，它们便成为企业的核心竞争力，从而使企业具有持续的竞争优势。

根据核心竞争力的四个评价标准设计"核心竞争力与竞争优势评价分析表"（见表4-20），通过该分析表，可以判定企业资源的配置整合所形成的能力是否是其核心竞争力，其资源和能力具有何种竞争优势。

表4-20　核心竞争力与竞争优势评价分析表

资源和能力的价值性	资源和能力的稀缺性	资源和能力的难模仿性	资源和能力的不可替代性	核心竞争力	业绩评价	竞争优势评价
低	低	低	低	无核心竞争力	低于平均回报	竞争无优势
高	低	低	高/低	无核心竞争力	平均回报	竞争对等
高	高	低	高/低	无核心竞争力	平均回报至高于均回报	暂时竞争优势
高	高	高	高	形成核心竞争力	高于平均回报	持续竞争优势

2. 识别

由于核心竞争力具有上述特点,因此核心竞争力的识别就变得非常困难,而且在大多数文献中引证的企业案例往往带有事后追溯的特征。也就是说,一个企业之所以成功,是因为它已经成功了;一个企业之所以具有核心能力,是因为它已经取得了竞争优势。我们的任务是从企业的成长历程出发(即从"事前"和"事中"的角度,而不仅仅是事后分析),寻找识别核心竞争力的途径,从而帮助企业培育、巩固、应用和转换核心能力,以取得持续的竞争优势。识别核心能力的基本方法有两种:一是以活动为基础;二是以技能为基础。这两种方法虽然有助于企业识别其重要活动和关键技能,但有一个很大的缺陷,就是忽略了核心能力的资产特征和知识特征,即核心能力更多表现在专用性资产、组织结构、企业文化、积累知识等隐性和动态要素方面。因此,核心能力的识别应该从有形(资产)和无形(知识)、静态(技能)和动态(活动)、内部(企业)和外部(顾客和竞争对手)等多角度、多层次着手,这样才能更好地理解和识别进而培育和保持核心能力。

(1) 核心竞争力的内部识别。

① 价值链分析。

核心竞争力的价值链分析实际上是以活动为基础的。公司是一个由一系列活动组成的体系,而不是个别产品或服务的简单组合。有些活动的经营业绩好于竞争者,并对最终产品或服务是至关重要的,这些活动就可以被称作核心竞争力。核心竞争力与活动的一个细微但却重要的差别是:活动是企业所从事的,而核心竞争力则是组织所拥有的。

价值链分析是一个很有用的工具,它能有效地分析在企业从事的所有活动中哪些活动对企业赢得竞争优势起关键作用,并说明如何将一系列活动组成体系以建立竞争优势(波特,1997)。价值链分析可以用来识别对企业产品的价值增值起核心作用的活动。真正的核心能力是关键的价值增值活动,这些价值增值活动能以比竞争者更低的成本进行,正是这些独特的持续性活动构成了公司真正的核心能力。

20 世纪 70 年代后期,美国通用电气有限公司的核心竞争力是营销和良好的产品形象,而松下公司和无线电设备公司等竞争者对 GE 公司造成很大的冲击,因为他们培育了增值较多的活动——松下公司是在零配件方面,而无线电设备公司则是在零售方面。尽管他们提供的产品相似,但是在价值链中,他们的核心价值增值活动各不相同。因此,他们的核心能力也各具特色。

② 技能分析。

从技能角度分析和识别核心能力对企业来说最容易接受和掌握,而且哈默尔和普拉哈拉德主要也是从技能着手分析核心竞争力的。大多数竞争优势源泉根植于出众的技能:业务单位制造出更高质量的产品,有更好的销售人员,并且对顾客更体贴、更周到,原因在于具有某些与众不同的诀窍。没有一个业务单位在各种职能上都有出众的技能,但成功的业务是因为在对某些业务单位战略很重要的职能上具有一定技能优势。如果这种战略是关于质量的,该单位可能在制造技能方面或全面质量管理上具有优势;如果该战略是关于服务的,那么该业务单位将需要在服务技能上,通过设计更优秀的系统或更简易的服务产品拥有某些优势。

业务单位想成功地施展一种关键业务技能,就必须成功地实施其战略的活动,大多数战略活动包括一组关键业务技能。这组关键业务技能中的每一种都能够进一步分解为"部件"和"子部件"。部件是按高标准实现关键业务技能所需要的因素。部件可以分解为子部件,甚至能进一步细分。某些部件对业务技能的总体业绩有较大的影响,我们可以把这些部件称为关键性部件。

一项业务技能的每种部件都依赖于诀窍。关键性部件中诀窍的质量对整体业绩可以产生巨大影响。在关键性部件里,公司具有能够开发某些自己特有的诀窍,以及不能被竞争对手广泛使用的出众能力或知识。通过界定"关键业务技能",精确抓住"关键部件或子部件",可以识别和培育企业核心能力,从而获得竞争优势。

③ 资产分析。

资产专用性越强,可占用性准租越多,缔约成本将超过纵向一体化的成本,企业更倾向于交易内部化。因此,企业内的专用性投资是取得和维持准租金的源泉。虽然巨额的固定资产投资可以形成进入壁垒获得超额利润,但这种有形的专用性资产产生的优势容易模仿因而难以持久,稳定而持续的竞争优势主要来自于无形资产的专用性投资。无形资产主要分为四大类:市场资产、知识产权资产、人力资产和基础结构资产。我们看到卓越公司的优势并不是体现在现代化的厂房和先进的机器设备上,而是蕴藏在下列诸多的无形资产中:

A. 市场资产:产生与公司和其市场或客户的有益关系,包括各种品牌、忠诚客户、销售渠道、专营协议等。

B. 人力资产:体现在企业雇员身上的才能,包括群体技能、创造力、解决问题的能力、领导能力、企业管理技能等。

C. 知识产权资产:受法律保护的一种财产形式,包括技能、商业秘密、版权、专利、商标和各种设计专用权等。

D. 基础结构资产:指企业得以运行的那些技术、工作方式和程序,包括管理哲学、企业文化、管理过程、信息技术系统、网络系统和金融关系等。

人力资产是整个企业运行的基础,市场资产和基础结构资产是企业赢得竞争优势的核心,知识产权资产只能取得暂时的相对优势。与其说可口可乐公司的核心竞争力是其可口可乐配方,还不如说是可口可乐公司成功地使消费者相信其具有秘密配方的能力,这个能力建立在市场资产和基础结构资产等无形资产基础之上。因此,识别企业的核心能力可以从审计企业的无形资产着手,特别是品牌、渠道、文化、结构和程序等方面,因为这些因素是企业自身长期投资、学习和积累的结果,从而具有难以模仿和复制的特征。

④ 知识分析。

正如埃里克森和米克尔森所说的那样,核心能力可以被认为是关于如何协调企业各种资源用途的知识形式。不过,波兰尼(Polanyi)关于显性知识和隐性知识的划分,尽管有利于解释企业核心能力难以模仿和复制,但对于企业进行知识分析则显得粗糙。较权威的对知识的分类来自经合组织(OECD)。OECD 将知识分为四种类型:知道是什么的知识(Know-what);知道为什么的知识(Know-why);知道怎么做的知识(Know-how);知道是谁的知识(Know-who)。其中,前两类大致属于显性知识,后两类属于隐性知识。企业知识并不是企业个体所有知识的总和,而是企业能像人一样具有认知能力,把其经历储存于"组织记忆"(Organizatlonal Memory)中,从而拥有知识。

(2) 核心竞争力的外部识别。

核心竞争力的识别也可以从企业外部着手,即从竞争对手和顾客的角度分析,企业之所以具有核心能力,它提供的产品和服务以及对顾客所看重的价值与竞争对手相比有多大程度的差异;然后,分析为什么会产生这些差异,对重要差异起关键作用的驱动力有哪些。核心能力的外部识别方法有两种:一是核心竞争力的顾客贡献分析;二是核心竞争力的竞争差异分析。

① 核心竞争力的顾客贡献分析。

顾客贡献分析与价值链分析的主要区别在于顾客贡献分析是从企业的外部出发,分析在带给顾客价值中哪些是顾客所看重的价值,那么带给顾客核心价值的能力便是核心能力,而不是从企业内部价值创造的全过程分析。从这个角度看,可以把本田公司在发动机方面的技能看作是核心竞争力,因为顾客购买本田车,是由于本田车在发动机和传动系统方面的能力确实为顾客提供了如下好处:极省油,易发动,易加速。因此,要识别核心竞争力就必须弄清:顾客愿意付钱购买的究竟是什么;顾客为什么愿意为某些产品或服务支付更多的钱;哪些价值因素对顾客最为重要,也因此对实际售价最有贡献。经过如此分析,可以初步识别能真正打动顾客的核心能力。

② 核心能力的竞争差异分析。

波特教授认为,一个企业的竞争优势取决于两个因素:所选择产业的吸引力;既定产业内的战略定位。也就是说,企业要取得竞争优势,一方面要有能够进入具有吸引力的产业的资源和能力,即战略产业要素(Strategic Industrial Factors);另一方面拥有不同于竞争对手且能形成竞争优势的特殊资产,即战略性资产(Strategic Assets)。因此,从与竞争对手的差异性角度分析核心能力有两个步骤:

A. 分析企业与竞争对手拥有哪些战略产业要素,各自拥有的战略产业要素有何异同,造成差异的原因何在;

B. 分析企业与竞争对手的市场和资产表现差异,特别是企业不同于竞争对手的外在表现,如技术开发和创新速度、产品形象、品牌、声誉、售后服务、顾客忠诚等,识别哪些是企业具有的战略性资产,根植于战略性资产之中的便是核心能力。

3. 构成要素

具体地讲,核心竞争力包括下列一些构成要素:

(1) 企业的战略决策能力。

企业的战略决策决定了企业核心资源的配置。在产业发展相对稳定的时期保持企业核心能力和积累的一致性,准确预测产业的动态变化,适时进行企业核心能力的调整。企业决策后应从企业核心能力的培育、成长和积累的角度来考虑企业的战略问题。

(2) 研究开发能力。

即企业所具有的为增加知识总量以及用这些知识去创造新的知识而进行的系统性创造活动能力。研究开发包含基础研究、应用研究和技术开发三个层次。

(3) 不断创新能力。

即企业根据市场环境变化,在原来的基础上重新整合人才和资本,进行新产品研发并有效组织生产,不断开创和适应市场,实现企业既定目标的能力。所谓创新,包含技术创新、产品创新和管理创新三个方面的内容。

(4) 组织协调各生产要素有效生产的能力。

这种能力不仅仅局限于技术层面,它涉及企业的组织结构、战略目标、运行机制、文化等多方面,突出表现在坚强的团队精神和强大的凝聚力、组织的大局势和整体协调以及资源的有效配置上。

(5) 企业的核心市场营销能力。

它涉及企业营销网络及渠道的管理和控制。运用科学的营销方案,培养优秀的营销队伍,配合各级营销点,有效利用广告效应,将企业的技术优势外化为市场竞争优势。

(6) 应变能力。

客观环境时刻都在变化,企业决策者必须具有对客观环境变化敏锐的感应能力,必须使经营战略随着客观环境的变化而变化,即因时、因地、因对手、因对象而变化。

(7) 有特色的企业文化。

以共同价值观、企业精神为主要内容的企业文化,是构成企业核心竞争力的个性化、深层次的重要因素之一,它强烈地影响着企业员工的行为方式,并通过经营决策过程和行为习惯等体现在企业的技术实践和管理实践中。

4. 产生来源

(1) 企业核心竞争力产生于技术创新。

创新是企业的灵魂,创新是企业产生核心竞争力和保持企业核心竞争的至关重要的因素。创新是企业核心竞争力最强有力的保障。技术创新是培植核心竞争力基础的关键,尤其是对核心技术的创新,更是如此。重点解决的问题有:创新资金的投入、创新人才的引进和培养、科技创新机构的组建,以及产品的创新。

通过坚持不懈的技术创新,使企业长期保持领先地位,使企业有竞争优势,由此形成企业的核心竞争力。例如,日本的 SONY 公司,通过不断的技术创新,使其产品更精、更细、更领先,成为世界家电业的顶尖产品,从而使该企业的核心竞争力得以形成。

(2) 企业核心竞争力产生于组织创新。

企业的组织机构,实质是企业大厦的架构。企业就是在这个架构下运行的。对国企而言,股份制改造后规范的法人制度结构的设立与运行是重点,而且它必须符合现代企业的要求,根据本企业的特点,在组织机构上面实施一系列的创新,这样才能产生和保持、提升企业的核心竞争力。

(3) 企业核心竞争力产生于价值创新。

价值观在企业内部是占统治地位的规范、态度和行为,它是企业文化的一部分。在企业中占主导地位的价值观念是构成企业核心竞争力的无形因素,它通过影响企业员工的行为方式与偏好,具体体现在企业经营决策和管理实践中。价值观念的更新是企业核心竞争力不断创新的动力。企业价值观的不断创新,才会使核心竞争力保持长久的竞争优势。

(4) 企业的核心竞争力产生于管理创新。

管理创新是培育企业核心竞争力的保证。持续的核心技术能力、企业的组织管理模式也必须是独特的,是不断创新的,因而它不是一般意义上的管理。企业只有根据自身的特点,在原来管理模式的基础上进行扬弃,在现有的基础上创新,才能保证企业机构合理、管理规范化。这样,企业在竞争中才具备真正意义上的核心竞争力。否则,如果不注重管理理念、管理模式的创新,核心技术就会被别人赶超或模仿。如此一来,企业不仅核心技术不保,恐怕连竞争力都将失去。到那时,企业不光失去了原有的市场,还失去了生存发展的能力和企业的未来。

(5)企业核心竞争力产生于知识创新。

企业的核心产品依赖于其研发能力。世界知名的大企业之所以能在自己的行业中站住脚,很关键的一点,便是他们能保证其核心产品的更新换代,而这技术更新本身就是知识创新的过程和结果。知识创新构成了技术应用与保护的前提。知识创新增强了企业的应变能力,所以企业的发展依赖于核心竞争力的提升,而知识创新又是企业核心竞争力的发动机。因此,我们要大力进行知识创新,从而提升企业的核心竞争力。

(6)企业核心竞争力产生和保持的前提是体制和机制的创新

核心竞争力是企业技能和技术的集合体,是企业持续竞争优势的源泉。但如果没有相应的体制和机制来保证,核心竞争力就难以形成。企业核心竞争力的形成是建立在现代企业制度的基础上的。而现有的许多企业还在政企不分的落后的企业制度中艰难地生存着,这种情况在落后地区更加严重。它主要表现在企业仍然是政府的附属品,就连企业发展的战略、策略都难以自主制定。

企业文化是孕育企业核心竞争力的土壤。建设学习型组织,是企业核心竞争力的力量源泉。而在旧的体制和运行机制下难以形成良好的企业文化和建立学习型组织,所以企业就不可能有较强的核心竞争力。

5. 表现形态

迄今为止,关于企业核心竞争力的理论都是围绕着核心竞争力的构成要素进行分析和论述的,但具备核心竞争力构成要素实际上是仅仅具有构成要素的内含效应,在企业竞争中真正具有核心竞争力不仅仅是拥有这些要素本身,而是一种要素效应的衍生物,表现出某种区别于要素的个性形态,这就是企业核心竞争力的表现形态。企业核心竞争力一般分为三种表现形态:要素整合力、要素转化力、要素运营力。

(1)要素整合力。

所谓整合,就是有机组合各种要素,激活要素效应,衍生一种新的集合效应,表现出企业在科技、运营和产品上具有不可模仿和超越的优势。因此,企业核心竞争力不在于拥有构成要素,而在于要素的整合力,即在构成要素的整合方式、整合效应上的优势能力,这才是企业的一种核心竞争力。

(2)要素转化力。

要素效应是单一的和相对静态的价值效应,只有通过转化才能形成生产、产品和企业的综合效应。要素的转化是要素的质的转化,表现为科技知识转化为生产技术、科技能力转化为生产力,资源转化为产品、品牌转化为效益等。而企业的优势能力就在于转化的力度和效果。因此,要素转化力才是企业的一种核心竞争力。

（3）要素运营力。

市场经济的特点是企业之间既相互依赖，又相互竞争。竞争的实质是市场和效益的争夺，竞争的目的通过企业运营来实现。企业运营包括企业自身运营和核心竞争力构成要素的运营，其中，主要是核心竞争力构成要素的运营。这种要素运营力是对要素的管理、运用和市场运作的能力。因此，构成要素的运营力才是企业的一种核心竞争力。

企业核心竞争力是一种企业综合能力的表现，要素整合是一种效能创造力，要素转化力是一种质能创造力，要素运营力是一种动能创造力，而市场经济规律决定了这三种企业能力关系到企业的优劣和死亡。因此，这三种企业能力即构成了企业核心竞争力的体系。

（三）工具构建

首先，构建企业核心竞争力，要树立全新的企业管理理念。也就是要进行管理观念更新。知识经济的到来，使得企业管理的对象、范围、环境发生了深刻的变化。在工业经济时代，企业以资本管理为中心，以扩大企业规模、降低产品成本等为手段，形成规模经济和范围经济，从而在市场竞争中获得竞争优势。知识经济时代是以知识和人才为基础，企业管理逐步向人性化、知识化、网络化和柔性化发展。无形资本，尤其是知识资本成为企业管理的重点。企业应从原来的以"硬管理"为主转变为以"软管理"为主，从资本管理转变为人本管理，从而为企业构建核心竞争力树立全新的观念。

其次，构建企业核心竞争力，必须制定一个比较完善的培育核心竞争力的战略规划。在战略规划中，首要的是明确培育核心竞争力的目标，并将目标按阶段和步骤进行分解和落实。当然，确定这一奋斗目标是在对企业核心竞争力现状分析和未来发展要求的基础上提出来的。比如，企业现实的核心竞争力是否存在；具体表现在哪些方面；在未来若干年内，企业的某项业务要在市场中具有竞争优势，应该形成什么核心专长；发展哪些核心能力；企业要保持可持续发展，又必须具备哪些可持续的竞争优势，而这又需要什么核心能力给予支撑；等等。

再次，要把核心竞争力的构建与企业的经营战略紧密联系起来。因为核心竞争力一旦形成，企业就有了生存发展的力量源泉；企业在激烈的市场竞争中才会有持续的竞争优势；企业的经营目标才能得以实现。为此，企业应认真分析经营环境现状、前景、内部独特能力等，开展有选择的多角化经营，把企业核心竞争力延伸到力所能及的范围，从而使企业在各相关领域取得成功。

1. 如何构建

构建企业核心竞争力要从两个方面实施：一是构建的硬件，即技术创新。企业的技术创新，主要是把基础研究和应用研究的技术成果转化为可以直接使用的新技术、新工艺和新材料。企业技术创新与核心竞争力之间存在着互动关系。技术创新提高了市场竞争优势，从而提高了核心竞争力。而核心竞争力的提高又促使企业不断推陈出新，加快了技术创新的步伐。二是构建的软件，即组织创新。技术与组织在构筑企业的核心竞争力中具有不同的功能，技术的作用在于为组织提供实现其目标的潜在的可能性，为构筑核心竞争力打下基础。而组织的作用则在于采用适当的方式去具体实现其潜在的可能性，形成真正的核心竞争力。简言之，技术的价值体现在其组织的管理之中。

具体来说，营造企业竞争优势，构建企业核心竞争力，必须做好以下几个方面的工作：

（1）开发企业核心竞争力。

构建企业核心竞争力，就是要将潜在的核心能力转化成现实的核心能力。核心竞争力作为企业能力中最根本的能量，是企业成长最有力、最主要的驱动力，它提供竞争优势的源泉。因此，开发核心竞争力首先要明确战略意图。核心竞争力突出体现着企业的战略意图，企业在全面、深入地分析市场未来发展趋势的基础上，通过特定的发展战略形式的拟定，确定企业的战略目标，明确企业核心能力的技术内涵，如何将核心竞争力实现为核心产品。其次，建立合理战略结构。企业根据既定的战略意图，协调管理人员的工作，优化配置企业的各种资源。设立相应的协作组织，平衡内部资源的分配，同时更有效吸收企业外部的可用资源。再次，实行战略实施。企业根据既定的战略意图和战略结构，具体组织开发核心竞争力，对开发进行实时控制。

（2）维护和巩固企业核心竞争力。

核心竞争力是通过长期的发展和强化建立起来的，核心能力的丧失将给企业带来无法估量的损失。例如，通用、摩托罗拉公司从 1970 年至 1980 年间先后退出彩电行业，丧失了该部分的核心竞争力，则必然失去了企业在影像技术方面的优势。显然，企业必须通过持续、稳定的支持、维护和巩固企业的核心竞争力，确保企业核心竞争力的健康成长。

① 实施企业战略管理。企业通过本行业的专注和持续投入、精心培育核心竞争力，把它作为企业保持长期充分的根本战略任务，从时间角度看，培育核心竞争力不是一日之功，它必须不断提炼升华才能形成。

② 加强组织管理体系的建设。客观上，随着时间的推移，企业核心能力可能会演化为一般能力。这就要求企业安排专职管理队伍全面负责，加强各部门沟通。将各种分散的人力和技术资源组织起来，协同工作，形成整体优势。定期召开企业核心竞争力评价会，保持企业核心竞争力的均衡性。

③ 信息体系的培育。企业在整个生产经营过程中，不断收到来自企业内外的各种信息。信息作为重要的战略资源，其开发与利用已成为企业竞争力的关键标志。企业更多、更早获取信息，并在组织内部准确、迅速地传递和处理，是巩固企业核心竞争力的基本条件。

④ 知识技能的学习和积累。要让企业核心竞争力永不削弱，企业员工的个人知识技能，整体素质与知识技能结构尤为重要。通过各渠道培训员工技能，积累企业的技术和管理经验，是企业在市场竞争中能够凭借的优势之一。例如，长春一汽、北京开关厂等，能够以较少投入成功进行技术改造，其中重要的一点就是平时注意提高员工知识技能。

（3）再创新的核心竞争力。

① 增强企业再研发能力。企业要生存，就要不断开发新产品。这要求企业不断增强研究与开发能力，满足顾客不断变化的需求。增强研发能力是企业核心竞争力提升、发展的动力。当然，企业再研发必须以核心竞争力为基础，在资源共享前提下展开。

② 寻找培育核心竞争力的新生长点。在自身核心竞争力的基础上，寻找新的生长点，并把生长点培育成企业的核心竞争力。通过企业管理、技术、营销人员，细分市场，找出本企业产品领先的竞争优势所在，对构成上述优势的技术和技能进行分解、归纳。经过界定测试，确定为核心竞争力的生长点。借用科研机构、高等院校科技优势建立研究与开

发联姻关系,引进相关的技术人才,将该生长点培育成企业核心竞争力。

③ 塑造优秀的企业文化和价值观。以价值观为核心,激发员工责任心和创造性是提高企业集体效率的一项基础管理工作。企业的软件就是培育和强化企业核心竞争力的构建是通过一系列持续提高和强化来实现的,它应该成为企业的战略核心。从战略层面来讲,它的目标就是帮助企业在设计、发展某一独特的产品功能上实现全球领导地位。企业高管在 SBU 的帮助下,一旦识别出所有的核心竞争力,就必须要求企业的项目、人员都必须紧紧围绕这些竞争核心。企业的审计人员的职责就是要清楚围绕企业竞争核心的人员配置、数量以及质量。肩负企业核心竞争力的人员应该被经常组织到一起,分享交流思想、经验。

2. 构建意义

(1) 阐述了企业生存与发展的动因,企业的核心竞争力是企业的持续发展的源泉。具有核心竞争力的企业能在长时期内保持超过同行业平均水平的投资回报率,这是因为核心竞争力能为企业创造出可持续性的竞争优势,使企业能在竞争中保持长期主动性。

(2) 为企业制定竞争战略指明了方向。具备了强势企业核心竞争力的企业就能在竞争中取得可持续性竞争优势,把握住长期性竞争主动权。对企业竞争本质的这一认识,要求企业把培育和提升企业核心竞争力作为企业重要的发展战略目标之一。

(3) 有助于企业优化资源配置,降低竞争成本。通过对企业经营结构调整,突出主业,培育企业核心竞争力,并可以通过兼并、收购、联合,以扩展获取战略资源的最优组合。这样可以剔除非营利和没有前景的业务,通过关闭、合并、出售、合作等方式,收缩集中战略资源,形成有竞争力的主业,降低企业的竞争成本。

(四) 实例分析:华为的核心竞争力分析

分析中国电子百强企业承包排行榜,2000 年百强企业有 15 家出局,2001 年更有 26 家出局。是什么原因使得在激烈的市场竞争中,有的企业如昙花一现,有的企业却能茁壮成长呢? 出现这种现象的原因固然很多,但最关键的还是归结为企业有无核心竞争力。1988 年,与华为同时创业的通信公司绝大多数都已悄然退出,唯独华为脱颖而出,华为的核心竞争力由以下几方面构成。

1. 企业家素质

华为的创始人任正非是出身于军队的技术官员,既秉承了军人的气质,又具有优秀知识分子不断学习,精益求情的优良品德。任正非思维敏捷,具有典型的企业家素质,诸如创新意识,勇于承担风险,决策果断,有强烈的个人魅力。任正非还是个杰出的思想家,属于具有政治家头脑的企业家,善于从一些细节中发现商机。任正非个人从不担任任何社会职务,不接受任何社会荣誉,也不接受任何媒体采访。正是由于任正非几十年来的睿智、果敢,和他设计的那一套激励机制,使华为一年一个台阶,迅速成长为中国高科技企业的一面旗帜。

2. 体制创新

体制创新是华为核心竞争力的源泉。华为的创始人在创业之初就设计了一套创新的体制,在国内率先实行员工内部持股制。任正非将企业的大部分利润作为内部股份奖励给员工,股份多少根据员工的贡献大小来分配,从而将员工的利益与企业的发展紧密联系在一起。由于没有给予现金奖励,企业的现金流并没有减少,但员工有权享受年终分红和公司给予的配股权。由于是内部持股,员工在离职时按规定必须退回股权,兑换现金,这样的设计使得在华为没有游离于公司之外的资方股东,公司的管理层和公司的员工形成了一个利益共同体。在华为唯有兢兢业业工作,才能确保个人利益的增长,进而推动公司全体利益的增长。

3. 核心技术

核心技术是华为核心竞争力的主要内容。在华为进入电信领域之前,国内通信设备市场几乎完全为国外企业所垄断。其原因有两个:一个是技术领先;另一个是切入市场早。在这种情况下的进入,只有两条路可以选择:一是以市场换技术;二是掌握自主核心技术和自主知识产权。前者虽然难度小,但从国外厂商那里寻求的只会是过时的技术,而后一条路则荆棘密布。

华为选择了后一条路。华为有员工2万多人,研发人员占40%。从1992年起,华为每年将销售额的10%以上作为研发投入。2000年,公司研发支出20.7亿元,2001年研发支出为30.5亿元,2002年为30.6亿元,2003年为38.5亿元,均列国内企业研发投入的第一或第二位。国内除深圳总部外,在北京、上海等地都设有研究所,研究机构甚至发展到美国、瑞典、俄罗斯、印度等国家。正是由于这种知难而进的勇气和对研发的极端重视,使得华为终于在国外通信设备巨头一统天下的国内电信市场,打开了局面,并一步步取得技术优势。目前,华为在SDH光网络、接入网、智能网、信令网、电信级Internet接入服务器等领域开始处于领先地位,DWDM光输设备、千兆比路由器等系统产品与世界优秀公司处于同一水平,国际权威机构Dittbermer认为,华为是"世界上少数几家能提供下一代交换系统的厂家"。

广泛吸取世界电子信息领域的最新研究成果,虚心向国内外优秀企业学习,是华为另一条技术发展之路。华为先后和世界一流企业广泛合作,如与TI、摩托罗拉、IBM、SUN等公司成立联合实验室,广泛开展技术和市场方面的合作。

4. 管理创新

管理创新是华为竞争力的重要内容。当企业高速发展时,往往管理相对滞后,企业发展到一定规模后,最大的挑战往往来自于管理,许多企业都是在歌舞升平中,由于管理的不善而破产倒闭了,而华为始终以超前和主动的心态,对过去成功经验不断扬弃、超越,不断探索、学习、引进和总结,把管理的调整和创新摆在了重要位置。

(五)相关工具:核心竞争力识别工具

1. 概念含义

核心竞争力并不是企业内部人、财、物的简单叠加,而是能够使企业在市场中保持和获得竞争优势的,别人不易模仿的能力。美国战略学家哈默认为:"企业是一个知识的集体,企业通过积累过程获得新知识,并使之融入企业的正式和非正式的行为规范中,从而成为左右企业未来积累的主导力量,即核心竞争力。"企业间的竞争最终将体现在核心竞争力上。

通用电气凭借其核心竞争力,推行其"数一数二"战略,在多个领域成为了世界领先者,并确保相当大的领先优势。核心竞争力识别工具一直是该公司管理层最重要的战略工具之一。

2. 主要内容

企业核心竞争力识别工具,如图 4-18 所示。它可以帮助我们认识企业自身所蕴含的核心竞争力。方法很简单:企业的内部资源中"与竞争对手相似的或比较容易模仿的"就属于一般的必要资源,"比竞争对手好的或不容易模仿的"就属于企业独一无二的资源。在企业的能力中与"竞争对手相似的或比较容易模仿的"就是一般的基本能力;而"比竞争对手好的或不容易模仿的"能力就是企业的核心竞争力了。

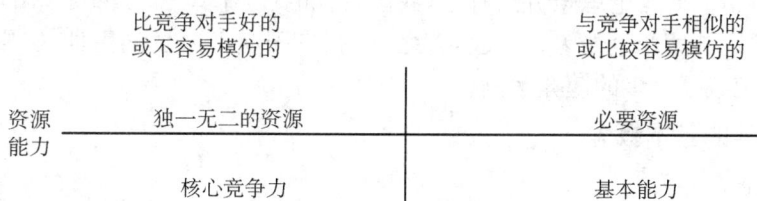

	比竞争对手好的 或不容易模仿的	与竞争对手相似的 或比较容易模仿的
资源	独一无二的资源	必要资源
能力	核心竞争力	基本能力

图 4-18　企业核心竞争力识别工具

企业在识别核心竞争力时,需要区别资源和能力这两个概念。如果企业具有非常独特的价值资源,但是企业却没有将这一资源有效发挥,那么,企业所拥有的这一资源就无法为企业创造出竞争优势。另外,当一个企业拥有竞争者所不具有的竞争能力时,那么,该企业并不一定要具有独特而有价值的资源才能建立起独特的竞争能力。

除了上述工具外,还有一些识别核心竞争力的方法,即比较法,如表 4-21 所示。

表 4-21　识别核心竞争力的方法

方　法	说　明
历史性对比法	通过将企业的资源和表现同企业过去的经历对比,从而来看企业是否发生变化,这种对比的目的就是看一下企业的表现是否比过去有所提高
行业标准对比法	将自己企业的资源和能力与同行业中的其他企业进行对比,来看自己的企业与同行业内的企业的差距在哪里,差多少
最优对比法	将自己的企业与行业中最好的企业进行对比,从而发现自己的企业与行业最好的企业之间的差距有多大

3. 工具应用

当企业制订竞争战略,以及进行投资分析时,都需要用到核心竞争力识别工具,只有充分发挥自己的核心竞争力的战略方案,才可能取得竞争胜利,也只有充分发挥自己的核心竞争能力的投资方案,才可能获取理想的回报。

当一个企业培养核心竞争能力时,也首先要进行核心竞争能力的识别工作。

七、博弈论

某公司在面试新职员的时候有这样一道测试题。假设你开着一辆车,在一个暴风骤雨的晚上经过一个车站。车站上有几个候车的人,一个是疾病发作的老人,很是可怜;一个是医生,他曾经救过你的命;还有一个是你心仪已久,并渴望与之结识的美丽姑娘。此时已经没有公交车了,这里也不可能有其他的车辆经过,而你的车只能捎带一个人上路。那么你会如何选择呢? 人都有怜悯之心,救人一命胜造七级浮屠,如此你该带上老人上路;可是考虑到报恩,你应带捎上那个医生,因为毕竟他救过你;但是如果放弃那位姑娘,也许下次再也难遇到这样认识并博取她好感的绝佳机会。怎么办?

最佳答案是:你把车钥匙留给那位医生,让他带着老人去医院,而你,则留下来,与美丽的姑娘享受一个浪漫而温馨的雨夜。

这就是博弈,一个运用你的智慧和理性思维,在纷繁复杂的事件中选择能够使你的利益最大化的科学。博弈论思想古已有之,我国古代的《孙子兵法》不仅是一部军事著作,而且算是最早的一部博弈论专著,四大名著之一的《三国演义》,虽是用计,实则也是一部博弈论,因为它记载了太多的博弈案例。

(一)博弈的基本概念

1. 博弈论的定义

博弈定义:博弈是指一些个人、团队或其他组织面对一定的环境条件,在一定的约束条件下,依靠所掌握的信息,同时或先后,一次或多次,从各自可能的行为或策略集合中进行选择并实施,各自从中取得相应结果或收益的过程。

博弈是一种非常普遍的现象。在经济学中,博弈论是研究当某一经济主体的决策受到其他经济主体决策的影响,同时,该经济主体的相应决策又反过来影响其他经济主体选择的决策问题和均衡问题。

从上述定义中可以看出,一个标准的博弈应当包括:博弈方、行为、信息、策略、次序、收益、结果、均衡8个方面。

(1)博弈的参与人(Player),又称"博弈方",是指博弈中独立决策、独立承担后果,以自身利益最大化来选择行动的决策主体(可以是个人,也可以是团体,如厂商、政府、国家),博弈方以最终实现自身利益最大化为目标。在一个博弈中,不管一个组织有多大,哪怕是一个国家,都可以作为博弈中的一个博弈方。一旦博弈的规则确定之后,各参加方都是平等的,大家都必须严格按照博弈规则行动。为统一起见,本书将博弈中的每个独立参加人都称为一个"博弈方"。

(2)博弈行为(Action),是指参与人所有可能的策略或行动的集合,如消费者效用最大化决策中的各种商品的购买量;厂商利润最大化决策中的产量、价格等。根据该集合是有限还是无限,可分为有限次博弈和无限次博弈,后者表现为连续对策、重复博弈和微分对策等。

(3)博弈信息(Information),是指参与人在博弈过程中所掌握的对选择策略有帮助的知识,特别是有关其他参与人(对手)的特征和行动的知识。信息在博弈中是一个重要的变量,信息结构变化了,博弈的一切结果都可能发生改变。比如人们在经济活动中之所以要签订合同,就是为了防止因为信息结构变化而带来的损失。

(4)博弈策略(Strategies),又称战略,是指博弈方可选择的全部行为(Actions)或策略的集合,也就是指博弈方应该在什么条件下选择什么样的行动,即规定每个博弈方在进行决策时,可以选择的方法、做法或经济活动的水平等,以保证自身利益最大化。在不同的博弈中可供博弈方选择的策略或行为的数量很不相同,在同一个博弈中,不同博弈方的可选策略或行为的内容和数量也常常不相同,有的只有有限的一种或几种可选策略或行为,有的可能有许多种,甚至无限多种可选策略或行为。

(5) 博弈次序(Order),即博弈方做出策略选择的先后顺序。在现实的各种决策活动中,当存在多个独立决策方进行决策时,有时候需要这些博弈方同时做出选择,这样可以保证公平合理,而且许多博弈中博弈方的决策也有先后之分,并且有时一个博弈方的选择往往不止一次,这就存在博弈的次序问题。因此,在分析博弈时必须规定博弈中博弈各方进行策略选择的次序,策略选择次序不同就是不同的博弈,即使博弈的其他方面都相同。

(6) 博弈方收益(Payoff),又称支付,是指博弈方从博弈中做出决策后的所得或所失,它是所有博弈方策略或行为的函数,是每个博弈方真正关心的东西,如消费者最终所获得的效用、厂商最终所获得的利润。由于我们对博弈的分析主要是通过数量关系的比较进行的,因此我们研究的绝大多数博弈,本身都有数量关系的结果或可以量化为数量的结果,如收入、利润、损失、个人效用和社会效用、经济福利等,即"得益"。得益可以是正值,也可以是负值,它们是分析博弈模型的标准和基础。

(7) 博弈结果(Outcome),是指博弈者感兴趣的要素集合,如选择的策略、得到的相关得益、策略路径等。

(8) 博弈均衡(Equilibrium),是指所有博弈方的最优策略或行动的组合。这里的均衡特指博弈中的均衡,一般称为"纳什均衡"。

以上八个方面是定义一个博弈时必须首先设定的,确定了上述八个方面就确定了一个博弈。博弈论就是系统研究可以用上述方法定义的各种博弈问题,寻求在各博弈方具有充分或者有限理性(Full or Bounded Rationality)、能力的条件下,合理的策略选择和合理选择策略时博弈的结果,并分析这些结果的经济意义、效率意义的理论和方法。

2. 博弈论的特征

博弈论已形成一套完整的理论体系和方法论体系。博弈论分析具有下列特征:

(1) 假设的合理性。博弈论的基本假设有两个:一是人理性,假设博弈者在进行决策时能够充分考虑到博弈者之间行为的相互作用及其可能影响,能够做出合乎理性的选择;二是博弈者最大化自己的目标函数,选择使自身收益最大化的策略。

(2) 研究方法的独特性。作为一种重要的方法论体系,博弈论有其独特的研究方法,主要运用集合论、泛函分析、实变函数、微分方程等现代数学知识和分析工具来分析博弈问题,具有明显的数学公理化方法特征,使博弈论所分析的问题更为精确。同时,其研究方法还具有抽象化、模式化特征,涉及经济学、管理学、心理学和行为科学等多学科的理论和方法。

(3) 研究内容和应用范围的广泛性。博弈论的研究内容和应用范围十分广泛,涉及政治学、社会学、外交学、生物学、伦理学、经济学、管理学、工程学、军事学等许多领域,在经济学、管理学中的应用尤为突出。博弈论中的最佳策略就是指经济学意义上的最优化。

(4) 研究结论的真实性。博弈论分析强调当事人之间行为的相互依赖和影响,同时把信息的完全性程度作为博弈分析的重要条件。这使得博弈论所研究的问题及所给出的结论与现实非常接近,具有真实性。

3. 纳什均衡中的博弈

在博弈论中,纳什均衡是一个重量级的概念,它主要描述双方博弈的这样一种对局形势:任何一方单独改变策略,都不会得到好处。当博弈双方的参与者处于对抗的条件下,双方都可以通过向对方提出威胁和要求,找到双方能够接受的解决方案,而不至于因为各自追求自我利益最大化而无法达成妥协,甚至两败俱伤。稳定的均衡点建立在找到各自的"占优策略",即无论对方作何选择,这一策略始终应优于其他策略。所以,也可以说纳什均衡状态是外界力量相互作用的稳定结局。

为了进一步说明纳什均衡的意义,现在让我们看一个杂货铺定位博弈。由于商品一样,价格也一样,居民到哪个杂货铺买东西,就看哪个杂货铺距离自己较近。因此,对于每个杂货铺而言,都希望靠近自己一边的居民比较多一些。

我们可以假设,把这条马路四等分,第一家杂货铺可设在 1/4 的位置,第二家杂货铺可设在 3/4 的位置上。这应该是一种很好的配置方案。按照这种配置,每个杂货铺的"势力范围"都是这条公路的 1/2。

可是,如果杂货铺如果只以自己赢利为目的,是不会安于这样的位置的。如果第一家决定扩大自己的"势力范围",其市场份额和经济利益也必将会有所提升。当然,这种想法也同样适用于第二家杂货铺。

那么,哪些位置才是稳定的位置呢?在两个杂货铺定位的市场竞争博弈中,位于左边的要向右靠,位于右边的要向左挤,最后的结局是两家杂货铺紧挨着位于中点 1/2 的位置。这是纳什均衡的位置。因为在这个位置,谁要是单独移开"一点",就会有丧失部分市场份额之虞,因此谁也不会想偏离中点的位置。这时候,每个杂货铺的"势力范围"仍然还是原来的 1/2,每个杂货铺的势力范围仍然还是原来的势力范围。

上面这样推论"只有两家杂货铺都紧挨着在中点开张"才是稳定的"纳什均衡"结局,前提是每家杂货铺都是只关心自己眼前商业利益的"理性人"假设。在这种情况下,"理性人"的特征就是"唯利是图"。既然唯利是图,就要千方百计挤占对方的地盘,最终造成两家"剑拔弩张"挤在中点的结局。

现在我们一些管理不好的摊贩市场就是这样,摊贩都要往好地方挤,谁也不肯礼让。如果上面讲的杂货铺注意树立亲民形象,不希望居民认为他唯利是图,那么设在道路上的 1/4 和 3/4 的位置是有道理的。但是在实际生活之中,如果第一家杂货铺有步步紧逼的情况,第二家杂货铺则往往会采取相应的措施予以应对。所以,只要承认"理性人"假设,则两家挤在中点就是唯一稳定的策略选择和唯一的纳什均衡。

纳什均衡的思想其实并不复杂,在博弈达到纳什均衡时,局中的每一个博弈者都不可能因为单方面改变自己的策略而增加获益,于是各方为了自己利益的最大化而选择了某种最优策略,并与其他对手达成了某种暂时的平衡。在外界环境没有变化的情况下,倘若有关各方坚持原有的利益最大化原则并理性面对现实,那么这种平衡状况就能够长期保持稳定。

再简单一点说,一个策略组合中,所有的参与者面临这样的一种情况:当其他人不改变策略时,他此时的策略是最好的。也就是说,此时如果他改变策略,他的收益将会降低。在纳什均衡点上,每一个理性的参与者都不会有单独改变策略的冲动。

（二）博弈论的典型模型

1. "囚徒困境"模型

在博弈论中，含有占优战略均衡的一个著名例子是由塔克给出的"囚徒困境"（Prisoner's Dilemma）博弈模型。该模型用一种特别的方式为我们讲述了一个警察与小偷的故事。假设有两个小偷 A 和 B 联合犯事、私入民宅被警察抓住。警方将两人分别置于不同的两个房间内进行审讯，对每一个犯罪嫌疑人，警方给出的政策是：如果两个犯罪嫌疑人都坦白了罪行，交出了赃物，于是证据确凿，两人都被判有罪，各被判刑 8 年；如果只有一个犯罪嫌疑人坦白，另一个人没有坦白而是抵赖，则以妨碍公务罪（因已有证据表明其有罪）再加刑 2 年，而坦白者有功被减刑 8 年，立即释放。如果两人都抵赖，则警方因证据不足不能判两人的偷窃罪，但可以私入民宅的罪名将两人各判入狱 1 年。表 4 - 22 给出了这个博弈的支付矩阵。

表 4 - 22 "囚徒困境"支付矩阵

A ＼ B	坦　白	抵　赖
坦　白	(−8,−8)	(0,−10)
抵　赖	(−10,0)	(−1,−1)

那么，这两个囚犯该怎么办呢？是选择互相合作还是互相背叛？从表面上看，他们应该互相合作，保持沉默，因为这样他们俩都能得到最好的结果——只判刑 2 年。但是，两个犯罪嫌疑人同样是聪明而精明的，他们在做决定的时候肯定也会仔细斟酌对方可能采取的策略。问题就这样开始了，A、B 两个人都十分精明且有私心（这或许也是人类的通病），他们都只关心减少自己的刑期，并不在乎对方被判多少年。

A 会这样推理：假如 B 不招，我只要一招供，马上可以获得自由，而不招却要坐 2 年牢，显然招比不招好；假如 B 招了，我若不招，则要坐 10 年牢，显然还是招供好。无论 B 招与不招，我的最佳选择都是招供。自然，B 也同样精明，也会如此推理。于是两人都做出招供的选择. 这对他们两个人来说都是最佳的，即最符合他们个体的理性选择。按照博弈论的说法，这是这个问题的唯一平衡点，只有在这一点上，任何一人单方面改变选择，他只会得到较差的结果。而在别的点，比如两人都拒绝承认的情况下，都有一人可以通过单方面改变选择，来减少自己的刑期。

也就是说，对方背叛，你也背叛将会更好些。这意味着，无论对方如何行动，如果你认为对方将合作，你背叛能得到更多；如果你认为对方将背叛，你背叛也能得到更多。你背叛总是好的——这确实是一个让有些让人寒心的结论。

为什么狡猾的囚犯，无法得到对于他们来说最佳的结果呢？在这个案例中，两个人都招供，对这两个人而言并不是集体最优的选择。无论对哪个人来说，两个人都不招供，要比两个人都招供好得多。

在"囚徒困境"中，当各方在博弈之中处于不对等地位的时候，博弈的局势就会很容易发生偏移，即从合作型的博弈走向非合作型的博弈。不过，这种偏移并非必然发生，因为影响博弈走向的，不仅仅是双方的地位对比，还有局面的变化。产生不良结局的原因是因为囚犯二人都基于自私的角度开始考虑,这最终导致合作没有产生。如果你处于这样类似的困境中,你又应当如何做呢?设想你认为对方将合作,你可以选合作,那么你将得到"对双方合作的奖励"。当然,你也可以选背叛,得到"对双方背叛的惩罚"。

为了继续阐明这个问题,我们再援引一个流传在哈佛大学的小故事:在物理系有两位过从甚密的学生,他们的成绩一直非常优异,小考、实验和中考成绩都是 A,但在期末考试的前一天晚上,由于同学聚会睡过了头,来不及准备参加第二天上午的化学期末考试了。他们只好向教授撒谎说,他们原本从位于郊外的别墅往学校赶,并且已经安排好了时间复习准备考试,但是在赶回途中车胎爆了。由于没有备用胎,他们只好整夜待在路边等待救援。他们现在实在是疲惫不堪,并请求教授允许他们隔天补考。教授想了想,点头同意了。第二天补考,教授安排两个人分别坐在两间教室作答。第一个题目在考卷第一页,占了 10 分,非常简单。两人都非常轻易地写出了正确答案,心情舒畅地翻到了第二页。在第二页上只有一个问题,占了 90 分,题目是:"请问爆的是哪只轮胎?"结果,自然两个学生只能乖乖认错。

2. 智猪模型

假设猪圈里有一头大猪、一头小猪。猪圈的一头有猪食槽(两猪均在食槽端),另一头安装着控制猪食供应的按钮,按一下按钮会有 10 个单位的猪食进槽,但是在去往食槽的路上会有两个单位猪食的体能消耗,若大猪先到槽边,大小猪吃到食物的收益比是 9∶1;两只猪同时行动(去按按钮),收益比是 7∶3;小猪先到槽边,收益比是 6∶4。那么,在两头猪都有智慧的前提下,最终结果是小猪选择等待。

"智猪博弈"由纳什于 1950 年提出。实际上小猪选择等待,让大猪去按控制按钮,而自己选择"坐船"(或称为搭便车)的原因很简单:在大猪选择行动的前提下,小猪选择等待的话,小猪可得到 4 个单位的纯收益,而小猪行动的话,则仅仅可以获得大猪吃剩的 1 个单位的纯收益,所以等待优于行动;在大猪选择等待的前提下,小猪如果行动的话,小猪的收入将不抵成本,纯收益为 −1 单位,如果小猪也选择等待的话,那么小猪的收益为零,成本也为零,总之,等待还是要优于行动。用博弈论中的报酬矩阵可以更清晰地刻画出小猪的选择,详见表 4 − 23。

表 4 − 23　智猪模型矩阵表

大猪＼小猪	行　动	等　待
行　动	(5,1)	(4,4)
等　待	(9,−1)	(0,0)

从矩阵中可以看出,当大猪选择行动的时候,小猪如果行动,其收益是 1,而小猪等待的话,收益是 4,所以小猪选择等待;当大猪选择等待的时候,小猪如果行动的话,其收益是 −1,而小猪等待的话,收益是 0,所以小猪也选择等待。综合来看,无论大猪是选择行动还是等待,小猪的选择都将是等待,即等待是小猪的占优策略。

在小企业经营中,学会如何"搭便车"是一个精明的职业经理人最为基本的素质。在某些时候,如果能够注意等待,让其他大的企业首先开发市场,是一种明智的选择。这时候,有所不为才能有所为。

高明的管理者善于利用各种有利的条件来为自己服务。"搭便车"实际上是提供给职业经理人面对每一项花费的另一种选择,对它的留意和研究可以给企业节省很多不必要的费用,从而使企业的管理和发展走上一个新的台阶。这种现象在经济生活中十分常见,却很少为小企业的经理人所熟识。

3. 斗鸡模型

假设某一天在斗鸡场上有两只好战的公鸡发生遭遇战。每只公鸡有两个行动选择:一是退下来,一是进攻。如果一方退下来,而对方没有退下来,对方获得胜利,这只公鸡则很丢面子;如果对方也退下来,双方则打个平手;如果自己没退下来,而对方退下来,自己则胜利,对方则失败;如果两只公鸡都前进,那么则两败俱伤。因此,对每只公鸡来说,最好的结果是,对方退下来,而自己不退。支付矩阵如表4-24所示。

表4-24　斗鸡模型

A ＼ B	前　进	后　退
前　进	(-2,-2)	(1,-1)
后　退	(-1,1)	(-1,-1)

表4-24中的数字的意思是:两者如果均选择"前进",结果是两败俱伤,两者均获得-2的支付;如果一方"前进",另外一方"后退",前进的公鸡获得1的支付,赢得了面子,而后退的公鸡获得-1的支付,输掉了面子,但没有两者均"前进"受到的损失大;两者均"后退",两者均输掉了面子,获得-1的支付。当然表中的数字只是相对的值。

斗鸡博弈在生活中也是普遍存在的,在大学里面,经常要进行团队合作,往往对考试成绩不在乎并表示"鱼死网破"的同学可以轻松的获得搭便车的机会,因为重视学习、重视成绩的人在团队中更没有理由的把作业做好。

斗鸡博弈强调的是,如何在博弈中采用妥协的方式取得利益。如果双方都换位思考,它们可以就补偿进行谈判,最后造成以补偿换退让的协议,问题就解决了。博弈中经常有妥协,双方能换位思考就可以较容易地达成协议。考虑自己得到多少补偿才愿意退,并用自己的想法来理解对方。只从自己立场出发考虑问题,不愿退,又不想给对方一定的补偿,僵局就难以打破。

用这个博弈来解释20世纪60年代初发生在美苏两个超级大国之间的一场导弹危机,是最合适不过的了。

"二战"结束后,形成了对峙的两个超级大国,美国和前苏联。这两个超级大国是两个核心,在其周围有各自的盟友,它们一起组成了两大敌对的阵营。1962年,赫鲁晓夫偷偷地将导弹运送到加勒比海上的岛国古巴,卡斯特罗政权是前苏联这个超级大国的盟友,是美国的敌人。前苏联的目的是将导弹部署在美国的眼皮底下,以对付美国。然而前苏联的行动被美国的U-2飞机侦察到了,美国发现古巴建立了导弹发射场。此事震动美国,肯尼迪总统指责前苏联,并发出严重警告,而前苏联方面矢口否认。美国决定对古巴进行军事封锁,派遣了舰艇、空军及航空母舰,并集结了登陆部队。美国进入戒备状态,美苏之间的战争一触即发。

面对美国的反应,前苏联面临着是将导弹撤回国还是坚持部署在古巴的选择;而对于美国,则面临着是挑起战争还是容忍前苏联的挑衅行为的选择。也就是说,这两只"大公鸡"均在考虑采取进的策略还是退的策略?

战争的结果当然是两败俱伤,而任何一方退下来(而对方不退)则是不光彩的事。结果是前苏联将导弹从古巴撤了下来,做了丢面子的"撤退的鸡"。美国坚持了自己的策略,做了"不退的鸡"。当然,为了给前苏联一点面子,同时也担心前苏联坚持不退而发生美苏战争——这是美国不愿意看到的,美国象征性地从土耳其撤离了一些导弹。古巴导弹危机是冷战期间美苏两霸之间发生的最严重的一次危机。这就是美国与前苏联在古巴导弹上的博弈结果。

对于前苏联来说,退下来的结果是丢了面子,但总比战争要好;对美国而言,既保全了面子,又没有发生战争。这就是这两只"大公鸡"博弈的结果。

4. 性别战模型

在博弈中,双方存在一定的共同利益,但是具有共同利益的不同结果又有着相对冲突的偏好。比如,夫妻两人都宁愿在一起看同一个电视节目,而不愿意分开各自看各自喜欢的电视节目;但是给定大家看同一个节目,夫妻两人又各自偏好于能够看自己喜欢的节目。

有一对夫妻,丈夫喜欢看足球赛节目,妻子喜欢看肥皂剧节目,但是家里只有一台电视,于是就产生了争夺频道的矛盾。假设双方都同意看足球赛,则丈夫可得到2单位效用,妻子得到1单位效用;如果都同意看肥皂剧,则丈夫可得到1单位效用,妻子得到2单位效用;如果双方意见不一致,结果只好大家都不看,各自只能得到0单位效用。这个博弈的策略式表达如表4-25所示。

表4-25　性别战模型

丈夫 ＼ 妻子	足球赛	肥皂剧
足球赛	(2,1)	(0,0)
肥皂剧	(0,0)	(1,2)

这个博弈的一个典型特征是,如果对方一意坚持,则顺从对方比与对方抗争要好。一方坚决选择自己喜欢的节目时,顺从至少可以得到1单位效用,而抗争则只能得到0单位效用。这与现实中的故事是一致的,夫妻双方一方坚持己见的时候,另一方常常会迁就一些,做出让步。

性别战博弈结构的显著特点是,博弈有两个均衡,博弈双方各自会偏爱一个均衡,比如丈夫偏爱(足球赛,足球赛)均衡,而妻子偏爱(肥皂剧,肥皂剧)均衡;不过他们还是有一些共同利益的,因为任何一个均衡中,他们都可以得到比非均衡状态更多的赢利。

性别战博弈的启示是:在对方不会拆台的情况下,都有共同达到赢利的目标时,成功达到均衡的关键是谁先采取行动,谁就能够占领先机,获得优势。

5. 猜硬币模型

猜硬币是我们经常玩的一种游戏,两人通过猜硬币的正反面赌输赢,其中一人用手盖住一枚硬币,由另一方猜是正面朝上还是反面朝上,若猜对,则猜者赢1元,盖硬币者输1元;否则,猜者输1元,盖硬币者赢1元。如果赢1元得益为1,输1元得益为-1,我们可用表 4-26 的得益矩阵表示这个猜硬币博弈问题。

表 4-26　猜硬币游戏模型

猜方 ＼ 盖方	正　面	反　面
正　面	(-1,1)	(1,-1)
反　面	(1,-1)	(-1,1)

表 4-26 中"盖硬币方"和"猜硬币方"为本博弈的两个博弈方；他们各有"正面"和"反面"两种可选择的策略；由于每一方都不会让对方在选择之前知道自己的选择，因此可看作两博弈方是同时做决策的；矩阵中数组元素表示所处行列对应的两博弈方的策略组合下双方各自的得益，其中前一个数字表示盖硬币方的得益，后一个数字表示猜硬币方的得益。

这个游戏博弈中，双方的利益也是严格对立的，取胜的关键都是不能让另一方猜到自己的策略而同时自己又要尽可能猜出对方的策略。在一次性博弈中结果取决于机会，在多次重复中，如果双方的决策方式都正确，则我们可求得平均的双方得益，彼此的得益相同，大家不输不赢。

6. 寡头竞争模型

在市场竞争中寡头之间通过竞价，尤其是通过降价争夺市场是十分普遍的行为。但削价竞争并不一定是成功的策略，因为一个寡头的降价往往会引起竞争对手的报复，此时降价不仅不能扩大销量，而且还可能会降低利润率。下面我们用一个双寡头两种价格的价格竞争模型来说明上述现象。

设寡头 1 和寡头 2 是双寡头市场上的两个寡头，它们共同用相同的价格销售相同的产品。现在假设这两个寡头不满足它们各自的市场份额和利润，都想通过降价来争夺更大的市场份额和更多的利润。如果只有一方降价而另一方维持原来的高价，则降价方的目的显然是可以达到的。然而当一方的降价引起对手的报复时，这种目的就不一定能达到。假设两寡头在原来的"高价"策略下各可以获得 80 万元的利润；如果某个寡头单独降价，那么它可以获得 130 万元利润，此时另一寡头由于市场份额缩小，利润也下降到 20 万元；如果另一寡头也跟着降价，则两寡头都只能得到 60 万元利润。用表 4-27 表示该博弈的得益矩阵。

表 4-27　寡头竞争模型

寡头 1 ＼ 寡头 2	高　价	低　价
高　价	(80,80)	(20,130)
低　价	(130,20)	(60,60)

假设寡头 2 采用"高价"策略，若寡头 1 采用"高价"策略，则寡头 1 采用"高价"得 80 万元，采用"低价"策略得 130 万元，显然寡头 1 应该采用"低价"。假设寡头 2 采用"低价"策略，那么寡头 1 采用"高价"策略得益为 20 万元，采用"低价"策略得益 60 万元，显然寡头 1 也应该采用"低价"策略。用同样的方法分析寡头 2 的情况，也可知道不管寡头 1 的

策略是什么,寡头2都应该选择"低价"策略。因此,这个博弈的最终结果一定是两寡头都采用"低价"策略,各得到60万元的利润。

由于本博弈是一个非合作博弈问题,且两博弈方都肯定对方会按照个体行为理性原则决策,因此虽然双方采用"低价"策略的均衡对两个博弈方来说都不是理想的结果,但因为两博弈方都无法信任对方,都必须防备对方利用自己的信任(如果有的话)谋取利益,所以双方都会坚持采用"低价"策略,各自得到60万元的利润,各得80万元利润的结果是无法实现的。因此这种双寡头竞价博弈也算是一种"囚徒困境"式的博弈关系。

课后案例

空城计

在《三国演义》里,诸葛亮误用马谡,致使街亭失守,司马懿的15万大军长驱直入。当时诸葛亮坐镇阳平。身边只有5 000余士兵,还分一半运粮草去了。前线密探来报司马懿,阳平城内守军兵少力弱,正是进攻的好机会。司马懿听闻此消息,甚为高兴,欲一举攻下阳平城,活捉诸葛亮。

此时,阳平城里的诸葛亮也获得情报,司马懿大军杀来。情势万分危急,众人得知,尽皆失色。诸葛亮登城观望,果然尘土冲天,魏兵分两路杀来。以2 000余人抵抗15万大军,无异于螳臂当车。因此,有人主张赶紧撤退,但司马懿的大军马上就兵临城下,想安全撤退比登天还难。

诸葛亮眉头一皱,计上心来,下令将所有的旗帜和锣鼓都收藏起来,兵士们不准在城外扎营;又下令将四面的城门打开,叫20个老弱残兵扮成平民在城门口扫地。他自己则在城头上,悠然自得地弹起琴来。

这时,已逼近阳平城的司马懿又接到探子来报:阳平城是一片寂静,全无半点恐慌;而且,城门洞开,城楼上琴声悦耳,城门外,几个老百姓在清扫路面。

司马懿闻听此报,不禁满腹狐疑:"诸葛亮向来是个谨慎稳重的人,而如今阳平城空荡荡的,我的大军直逼城下,他竟毫不介意,这是为什么呢?"

司马懿提马上前,远远望去,见诸葛亮果然焚香操琴,阳平城寂静得吓人。司马懿顿时怀疑其中有诈,立即命令部队,后军作前军,前军作后军,急速撤退。司马懿之子司马昭问:"儿怀疑诸葛亮无军,故作此态,父亲何故要退兵?"司马懿说:"亮平生谨慎,不曾弄险,今大开城门,必有埋伏。我兵冒进,中其计也。"

诸葛亮见司马懿军已远去,抚掌而笑,众官无不骇然。诸葛亮说:"司马懿料吾平生谨慎,必不弄险;见如此模样,必疑有伏兵,所以不敢轻易冒进,而选择退去。吾非行险,盖因不得已而用之。且我兵只有二千五百;若弃城而去,必为之所擒。"

【案例分析】 这就是广为流传的空城计。这里,司马懿不知道诸葛亮摆的是"空城计",主观地以为一定会中计,所以不敢进攻;而诸葛亮是知道整个局势的。他二人对这场博弈结构的了解是不对称的,诸葛亮拥有比司马懿更多的信息。当然,这种信息的不对称完全是诸葛亮制造出来的,同时司马懿又没有分辨出真相才会有这种结果。

在这里,诸葛亮可以选择的策略是"弃城"或"守城"。其实在这场博弈中,无论是"弃城"还是"守城",只要司马懿洞悉诸葛亮的行动策略,那么诸葛亮必为司马懿所擒。诸葛亮唯一的办法就是不让司马懿知道自己的策略,所以他采用了空城计,以迷惑司马懿,使司马懿错误认为自己是中了诸葛亮的诡计了。

在诸葛亮与司马懿的这场博弈中,诸葛亮了解双方的局势,制造空城假象的目的就是让司马懿感到进攻存在较大失败的可能。此时,在司马懿看来,进攻失败的可能性较大,而退兵的期望效用大于进攻的期望效用,也就是进攻的期望效用低于退兵的效用。诸葛亮深知司马懿对自己的了解,故布疑阵,使得司马懿朝着自己想象的方向发展——退兵。

当然,司马懿对局势的判断也不是完全没有道理的,因为他和诸葛亮交手多次,并深知诸葛亮一生谨慎,不做险事。因此,这一次,诸葛亮只有设定埋伏才可能如此镇定自若,焚香操琴。所以,司马懿觉得自己"退"比"进攻"更合理。二人博弈的结果是司马懿引军退去,诸葛亮得以逃脱。

第五章　商业机会与计划书

学习目标

通过本章内容的学习,学生将了解和掌握以下内容:

1. 了解商业机会的基本含义;
2. 掌握如何识别商业机会;
3. 了解商业机会的来源和商业机会的识别方法;
4. 掌握商业机会评级指标体系的基本内容;
5. 了解波特的五力分析模型和产品生命周期理论;
6. 掌握商业策划书的编写内容。

引入案例

大学生巧用身边项目创业,月入过万

开学一个多月,就在各社团忙着争抢社员的时候,大学毕业生朱伟穿梭各社团间,联系自己的业务。瞅准了社团招新这个商机,几个月下来,他已经净赚5万多元。朱伟2011年6月毕业,大学期间,他曾加入过"轮滑协会",当时发现很多学生组织和班级,都想设计一套符合自己特色的统一服装。武汉这么多高校,市场肯定很大。经过商讨后,朱伟与同班同学张鹏一起注册公司,成为"个体户",专门给大学生定制服装,包括运动装、正装、T恤,还可以团购体育用品。"今天我的主要工作是联系一下各个社团的负责人,看他们是否需要定制社服。"朱伟说。相对于其他店,他们有很大的优势:一是可以提供上门服务,只需要报上尺码,定做或购买都行;二是他们有专业的成员帮忙设计Logo,所以更受学生青睐。由于价格低,质量有保证,他们的定制业务非常受欢迎。目前,武大唐人街、轮滑协会等社团的社服,政治与公共管理学院等四个学院的院服都是由朱伟一手包办的。他的业务已经扩展到了武汉理工大学、华中科技大学等高校。经过4个月左右,他已经盈利5万多元,平均每月上万元。

第一节 商业机会的识别

经常有自信满满的大学生神秘兮兮地请老师承诺保密之后,才展示他们发现的绝妙创意,信誓旦旦地说找到了"空白市场",简直是"前无古人,后无来者",融资到位就能一马平川,一飞冲天。

但是,投资公司的风险投资(VC)们对大学生提交的计划书往往颇为无奈,戏称:"满纸荒唐言,一把辛酸泪,一干就玩完!"他们认为,绝大多数创业者的想法都过于主观,沉醉于自己编织的美妙想法中,只能是"纸上谈兵",没有可行性。那些大学生信誓旦旦声称填补空白的绝佳点子、全新项目,实际上很可能就是凭空想象的海市蜃楼,没有现实可行性,所以才在市场上看不到。说不定早就有很多抱着同样想法的管理者已经干过了,而且失败了。

因此,有了选择项目的方向后你会罗列出若干可能进行的项目,但并不是每个项目都是切实可行的,不是每个项目都能取得很好的成绩。那究竟怎么样的项目才能算是好项目呢?

一、商业项目识别的含义

作为管理者,难能可贵的地方就在于他能发现其他人所看不到的优秀项目,并迅速采取行动来把握机会,实现项目的价值。在很长一段时间里,人们认为一般人群不可能找到优秀的商业项目,发现项目已成为创业者的特殊享赋,识别优质项目更是难以模仿,不可学习。但是,随着学术研究的深入,人们逐渐总结出了一些识别商业项目的规律和技巧。正如不可能指望每个物理学教授都成为爱因斯坦一样,掌握有关识别项目的知识,虽然不能保证能够发现优秀商业项目,但确实能给人们的行动提供思路和指导。

然而目前尚未有相关权威专家对项目识别下过一个明确的定义,故本书结合相关的知识对商业项目识别下一个简单的定义。所谓商业项目识别,就是在罗列出若干个商业项目的基础上,通过对每个项目进行必要的考察和分析,选择出比较可行的项目的过程。

二、影响商业项目识别的因素

对于是什么因素导致一些人更善于识别出有价值的商业项目,不少学者进行过研究,下面是取得共识的三类主要因素。

(一)先前经验

在特定产业中的先前经验有助于创业者识别出商业项目,这被称为走廊原理。它是指创业者一旦创建企业,他就开始了一段旅程,在这段旅程中,通向商业项目的"走廊"将变得清晰可见。这个原理认为,某个人以前如果在某产业有相关的经验,这个人将比那些从产业外观察的人,更容易看到产业内的新项目的优势与局限性,因而更容易识别出该产业领域好的商业项目。

（二）认知因素

有些人认为，创业者有"第六感"，能使他们看到别人错过的项目。多数创业者以这种观点看待自己，认为他们比别人更"警觉"。警觉很大程度上是一种习得性的技能；拥有更多某个领域知识的人，比其他人对该领域内的项目更警觉。

（三）社会关系网络

社会关系网络能带来承载商业项目的有价值信息，个人社会关系网络的深度和广度影响着项目识别。也就是说，个人对商业项目的选择不仅仅取决于个人的观点，还会受到社会关系网的成员的左右，若该项目提出后有90%的社会关系网络成员反对，那么该项目被放弃的几率将非常之大。研究已经发现，社会关系网络是个体识别商业项目的主要因素。

三、商业机会的来源

（一）困惑（问题）

创业的根本目的是满足顾客需求。而顾客需求在没有满足前就是问题。寻找创业机会的一个重要途径是善于去发现和体会自己和他人在需求方面的问题或生活中的难处。比如，上海有一位大学毕业生发现远在郊区的本校师生往返市区交通十分不便，于是创办了一家客运公司，就是把问题转化为创业机会的成功案例。

（二）变化（技术变化、政策变化、人口结构变化）

创业的机会大都产生于不断变化的市场环境。环境变化了，市场需求、市场结构必然发生变化。著名管理大师彼得·德鲁克将创业者定义为那些能"寻找变化并积极反应把它当作机会充分利用起来的人"。这种变化主要来自于产业结构的变动、消费结构升级、城市化加速、人口思想观念的变化、政府政策的变化、人口结构的变化、居民收入水平提高、全球化趋势等诸方面。比如居民收入水平提高，私人轿车的拥有量将不断增加，这就会派生出汽车销售、修理、配件、清洁、装潢、二手车交易、陪驾等诸多创业机会。

新知识、新技术的产生。例如，随着健康知识的普及和技术的进步围绕"水"就带来了许多创业机会。上海就有不少创业者加盟"都市清泉"而走上了创业之路。

（三）对信息的准确把握

发现商业机会的最根本一点是深入市场进行调研。要了解市场供求状况、变化的趋势，顾客的需求是否得到了满足，竞争对手的长处与不足。

"要多看、多听、多想"，我们常说见多识广，识多路广。我们每个人的知识、经验、思维以及对市场的了解不可能做到面面俱到。多看、多听、多想能使我们广泛获取信息及时从别人的知识、经验、想法中汲取有益的东西，从而增强发现机会的可能性和机率。

（四）竞争

如果你能弥补竞争对手的缺陷和不足，这也将成为你的创业机会。看看你周围的公司，你能比他们更快、更可靠、更便宜地提供产品或服务吗？你能做得更好吗？若能，你也许就找到了机会。

四、商业机会的识别的方法

(一)结合政策法规

现行的政策和法规对商业机会识别有着重要的影响。那些符合政策法规的行业和项目,通常可以享受很多优惠,诸如税收、管理、场地、资金、人才、配送、服务等。因此,管理者选择的项目如果符合国家的政策法规,那么,成功的可能性较大;反之,则容易以失败告终。所以,商业管理者要关注国家的相关政策,为自己的商业成功寻找有利的条件。

对于资金有限的管理者来说,结合上面的优惠政策可以考虑如下行业进行创业:一是需要投资不多的劳动密集型行业,如服装制造、食品加工、印刷包装、工艺礼品、电子仪器等;二是为大型企业进行零配件加工的行业;三是信息、咨询、中介、广告等服务行业;四是维修、快递、家政、清洗、保洁等便民利民的服务行业;五是与绿色环保相关的公益类行业。

管理者要加强对政策导向和行业前景的关注,可以通过订阅行业期刊、参加行会和相关行业团体、有效地利用网络资源来搜集和积累相关信息,为自己的识别机会做好准备。

(二)结合行业发展情况

行业发展情况主要包括该行业的发展前景,具体为盈利率、风险性、创新性进入壁垒、竞争强度等。选择创业行业的时候不能只注重行业目前的发展情况,行业还要根据该行业现在的发展势头、政府的相应政策、世界经济的发展趋势、高科技产业的发展速度、该行业自身特色和经营模式等一系列外在因素综合考虑该行业在未来的世界发展浪潮中所占据的位置,换句话说,就是要关注一下行业的发展前景。

(三)结合项目扩张性

管理和做人一样,必须不断成长壮大,商业管理成功的过程往往就是管理者到企业家的成长过程。这就要求管理者注重商业项目做大做强的发展潜力,这就是商业项目的扩张性原则。商业项目的扩张性与技术可标准化程度、员工培训难度、产品种类等因素密切相关,因此考察商业项目的扩张性需要从这几方面进行。

1. 技术可标准化程度

标准化是指在经济、技术、科学和管理等社会实践中,对重复性的事物和概念,通过制定、发布和实施标准达到统一,以获得最佳秩序和社会效益。公司标准化是以获得公司的最佳生产经营秩序和经济效益为目标,对公司生产经营活动范围内的重复性事物和概念,制定和实施公司标准,以及贯彻实施相关的国家、行业、地方标准等为主要内容的过程。若该项目可标准化程度高,则说明该项目以后可以比较容易地进行复制,若项目成功后可以比较容易地扩张到其他地区或其他产品线上,故可说明该项目的扩张性比较强;反之,说明该项目扩张性比较弱。

2. 员工培训难度(员工需要掌握的技能难度)

企业最重要的资产并不是它拥有的建筑、机器设备、存货或应收款,而是它的员工。

找到合适的人员并通过培训把他们安排在恰当的工作岗位上,这将给企业带来良好的利益。企业如果需要进行扩张,那更少不了大量能胜任岗位工作的员工,而企业扩张的速度也取决于合适员工的匹配程度。如果该项目扩张所需的员工需要掌握的技能难度较低,进行培训的难度也就相应较低,培训时间也就较短。这样的话企业就能够有比较充足的人力资源支持企业的快速扩张。所以说在一定范围内,企业员工培训难度越低,企业可扩张的速度就越快;反之,说明该项目扩张性越弱。

3. 产品种类

随着创业的不断深入,企业竞争的能力与层次也在不断提升,差异化竞争是确保企业竞争优势的有效途径之一,而丰富的产品种类,能够明显提高产品的差异性,增加企业的差异化竞争优势,使企业在竞争中处于有利地位。因此,在项目的萌发期,创业项目对产品种类的规划直接体现了项目的扩张性。

(四) 通过市场吸引力分析

实际上,绝大多数的项目都可以通过市场吸引力分析进行进一步识别。前面我们从项目的国家政策、行业情况、项目扩张性等进行了分析,接着我们可以从项目的市场吸引力(市场规模、市场结构、商机持续时间等)的角度对商业项目进行综合分析,进一步识别商业项目。

五、商业机会评价指标体系

评估商业机会的价值要从商机的吸引力和可行性两个方面进行。吸引力的评价指标为市场需求规模、利润率和潜力;可行性由企业内部条件、外部环境两方面决定。

我们以创业机会评价指标为指标库,在实证和理论分析的基础上,借鉴平衡积分卡的原理,从财务、顾客、内部因素、创新与成长四个维度,构建了商业机会评价指标体系,如表5-1所示。

表 5-1　商业机会评价指标体系

财　务	顾　客	内部因素	创新与成长
预期内部回报率 预期投资回报率 投资回收周期 销售增长 销售净利润	市场接受性 市场规模 市场结构 成本价格	创业者素质 管理层素质 创业者资源 致命缺陷	创业者潜力 创业团队的潜力 机会的持续性 环境的适应能力 抗风险能力

(一) 财务

其目标是解决"股东如何看待我们"这一类问题。告诉创业者及创业团队他们的努力是否会对新创企业的经济收益产生积极的作用,因此财务方面是其他三个方面的出发点和归宿。总之,财务方面是描述预期的投资回报及财务风险,主要包括预期内部回报率、预期投资回报率、投资回收周期等。

（二）顾客

其目标是解决"顾客如何看待我们"这一类问题。顾客方面指标主要解决企业为谁提供及提供什么的问题。顾客评价是通过顾客的眼睛来看一个企业，从价格、质量、服务和成本几个方面关注市场份额以及顾客的需求和满意程度。顾客评价是衡量创业机会的最重要的标准，也是创业机会能持续存在的根本。

（三）内部因素

内部因素的目标是解决"我们擅长什么"这一类问题。顾客和财务因素都属于外部因素，为了满足股东投资和顾客的需求，创业者必须创造性地整合其内部资源，这些资源包括人的因素，如创业者、创业团队、组织文化等，也包括物的因素，如创业资源、创业者的网络等内部因素反应了新创企业的核心竞争力。

（四）创新与成长

其目标是解决"我们是在进步吗"这一类问题，将注意力引向企业未来成功的基础，涉及人员、信息系统和市场创新等问题。主要包括创业团队是否有持续进步的潜力、创业机会是否有增长的潜力、创业机会对环境的适应能力及创业者抗风险的能力等。

六、商业机会的评价方法

（一）竞争的五力分析模型（波特的竞争分析模型）

波特五力分析模型最早出现在哈佛大学商学院教授迈克尔·波特（Michael Porter）于 1979 年发表在《哈佛商业评论》中题为"竞争力如何塑造战略"（How Competitive Forces Shape Strategy）的论文中。该论文的发表，历史性地改变了企业、组织乃至国家对战略的认识，被评为《哈佛商业评论》创刊以来最具影响力的十篇论文之一。在他 1980 年出版的《竞争战略》一书中，波特将分析中的三个关键区域——行业结构分析、竞争者分析和行业演化分析整合为一个新的分析竞争行业的模型，这个模型就是广为人知的波特五力分析模型。

针对工业分析以及商业策略发展的框架。波特五力分析模型采用了由工业组织（Industrial Organization，IO）经济学中发展起来的概念来驱动决定竞争强度，进而产生市场吸引力的五种力量。波特为了使其与更为一般化的宏观环境区分开来，将所谓的这五种力量称为是微环境。这五种力量能够十分贴切地反映出能够影响一个公司服务于它的客户并且从中获利的能力。其中任何一个力量的改变通常都需要该公司对其市场位置进行再评估。

该模型的主要思想是：企业获取竞争优势的关键在于企业所处行业的盈利能力（行业的吸引力）和企业在行业内的相对竞争地位。因此，企业战略管理的首要任务是通过分析供应商、购买者、当前竞争对手、替代产品和潜在进入者等五种因素，选择具有潜在高利润的行业。选定行业后，企业应根据自身力量与五种力量的对比情况来选择低成本、差异化或集中化等三种战略之一作为自己的竞争战略。

波特五力分析模型对企业战略制定产生全球性的深远影响。用于竞争战略的分析，可以有效地分析客户的竞争环境。在相当长的一段时期里，波特五力分析模型作为企业外部分析事实上的标准,其应用范围从最初的制造业逐渐涵盖了金融服务、高新技术等几乎所有的行业。在企业管理咨询领域,波特五力分析模型也早已成为重要的基本分析工具。

波特五力分析模型将大量不同的因素汇集在一个简便的模型中,以此分析一个行业的基本竞争态势。波特五力分析模型确定了竞争的五种主要来源,即供应商的讨价还价能力、购买者的讨价还价能力、潜在进入者的威胁、替代品的威胁,以及最后一点,来自目前在同一行业的公司间的竞争。一种可行战略的提出首先应该包括确认并评价这五种力量,不同力量的特性和重要性因行业和公司的不同而变化,一般说来,一个产业内部竞争激烈程度以及效益水平受到五种竞争力量的共同影响,波特的五种竞争力量分析的要点如图 5-1 所示。从图中可以对产业竞争环境分析有一个整体的框架性认识。

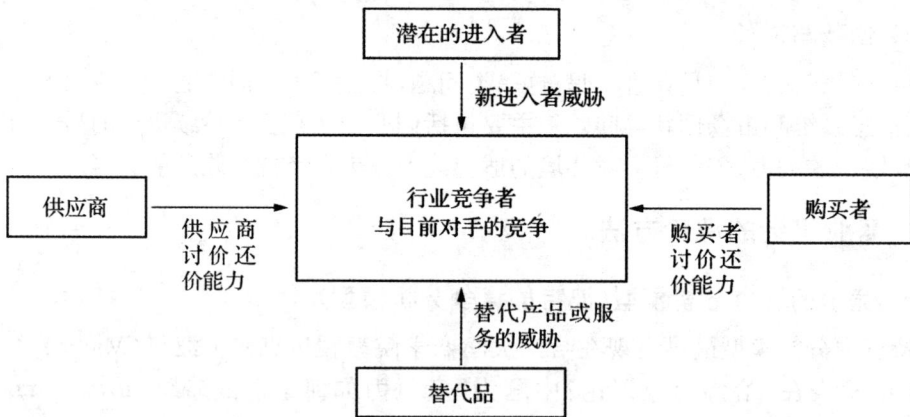

图 5-1 波特的竞争分析模型

1. 内容分析

波特五力分析模型为我们认识机遇和威胁提供了依据,分析不是要简单地描述五个方面,而是希望借此澄清,它们对企业成本和收益结构的影响,对市场地位(特别是谈判地位)的影响,以及企业面对各方面挑战可以采取的对策。

(1)供应商的讨价还价能力。

供方主要通过其提高投入要素价格与降低单位价值质量的能力,来影响行业中现有企业的盈利能力与产品竞争力。供方力量的强弱主要取决于他们所提供给买主的是什么投入要素,当供方所提供的投入要素其价值构成了买主产品总成本的较大比例、对买主产品生产过程非常重要或者严重影响买主产品的质量时,供方对于买主的潜在讨价还价力量就大大增强。

一般来说,满足如下条件的供方集团会具有比较强大的讨价还价力量:

① 供方行业为一些具有比较稳固市场地位而不受市场剧烈竞争困挠的企业所控制,其产品的买主很多,以致每一单个买主都不可能成为供方的重要客户。

② 供方各企业的产品各具有一定特色,以致买主难以转换或转换成本太高,或者很难找到可与供方企业产品相竞争的替代品。

③ 供方能够方便地实行前向联合或一体化,而买主难以进行后向联合或一体化。

下面一些因素决定它的影响力：

① 供应商所在行业的集中化程度。

② 供应商产品的标准化程度。

③ 供应商所提供的产品在企业整体产品成本中的比例。

④ 供应商提供的产品对企业生产流程的重要性。

⑤ 供应商提供产品的成本与企业自己生产的成本之间的比较。

⑥ 供应商提供的产品对企业产品质量的影响。

⑦ 企业原材料采购的转换成本。

⑧ 供应商前向一体化战略意图。

（2）购买者的讨价还价能力。

购买者主要通过其压价与要求提供较高的产品或服务质量的能力，来影响行业中现有企业的盈利能力。一般来说，满足如下条件的购买者可能具有较强的讨价还价力量：

① 购买者的总数较少，而每个购买者的购买量较大，占了卖方销售量的很大比例。

② 卖方行业由大量相对来说规模较小的企业所组成。

③ 购买者所购买的基本上是一种标准化产品，同时向多个卖主购买产品在经济上也完全可行。

④ 购买者有能力实现后向一体化，而卖主不可能前向一体化。

以下因素影响购买者集团的议价能力：

① 集体购买。

② 产品的标准化程度。

③ 购买者对产品质量的敏感性。

④ 替代品的替代程度。

⑤ 大批量购买的普遍性。

⑥ 产品在购买者成本中占的比例。

⑦ 购买者后向一体化的战略意图。

（3）新进入者的威胁。

新进入者在给行业带来新生产能力、新资源的同时，将希望在已被现有企业瓜分完毕的市场中赢得一席之地，这就有可能会与现有企业发生原材料与市场份额的竞争，最终导致行业中现有企业盈利水平降低，严重的话还有可能危及这些企业的生存。竞争性进入威胁的严重程度取决于两方面的因素，这就是进入新领域的障碍大小与预期现有企业对于进入者的反应情况。

进入障碍主要包括规模经济、产品差异、资本需要、转换成本、销售渠道开拓、政府行为与政策（如国家综合平衡统一建设的石化企业）、不受规模支配的成本劣势（如商业秘密、产供销关系、学习与经验曲线效应等）、自然资源（如冶金业对矿产的拥有）、地理环境（如造船厂只能建在海滨城市）等方面，这其中有些障碍是很难借助复制或仿造的方式来突破的。预期现有企业对进入者的反应情况，主要是采取报复行动的可能性大小，则取决于有关厂商的财力情况、报复记录、固定资产规模、行业增长速度等。总之，新企业进入一个行业的可能性大小,取决于进入者主观估计进入所能带来的潜在利益、所需花费的代价与所要承担的风险这三者的相对大小情况。

进入障碍的构成因素:

① 规模经济(Economic of Scale):随着经营规模的扩大,单位产品成本下降的产业特性。产业的最低有效规模越高,进入障碍越大,如图5-2所示。

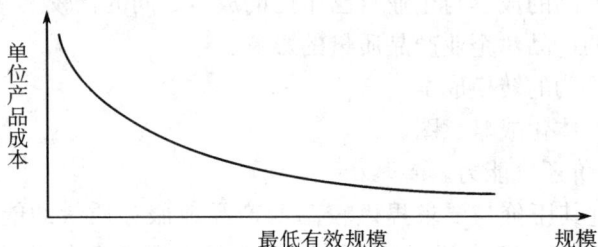

图 5-2

每个经营环节都存在着规模经济,但程度不同。在不同的产业领域中,规模经济往往突出的表现在某些不同环节上。

② 差异化程度。差异化指的是产品与服务对顾客需求的独特针对性。差异化程度越高,进入障碍越大。例如,独特质量与性能;品牌、形象;服务;产品组合等。

③ 转换成本。一般顾客或买方的转换成本,是指顾客为了更换供应商而必须付出的额外费用。转换成本包括以下方面:重新培训自己的员工所需的成本;新的辅助设备的成本;检验考核新购产品所需的时间、风险和成本;需要销售者提供技术上的帮助;新销售的产品需要买方重新设计产品,或改变使用者的角色;建立新关系、断绝旧关系的心理代价等。

④ 技术障碍:专利技术;专有技术(Know-how 技术);学习曲线。学习曲线即随着时间的推移,单位产品成本下降的产业特性。学习曲线的作用:使最早进入某个领域的企业享有特殊的、与规模无关成本优势。

⑤ 对销售渠道的控制:企业独自建立的分销渠道,良好的合作关系和声誉、品牌等,如汽车的专销商体制。

⑥ 政策与法律:国家政策对某些产业进行保护,如金融业。

(4) 替代品的威胁。

两个处于不同行业中的企业,可能会由于所生产的产品是互为替代品,从而在它们之间产生相互竞争行为,这种源自于替代品的竞争会以各种形式影响行业中现有企业的竞争战略。

首先,现有企业产品售价以及获利潜力的提高,将由于存在着能被用户方便接受的替代品而受到限制;第二,由于替代品生产者的侵入,使得现有企业必须提高产品质量、或者通过降低成本来降低售价、或者使其产品具有特色,否则其销量与利润增长的目标就有可能受挫;第三,源自替代品生产者的竞争强度,受产品买主转换成本高低的影响。总之,替代品价格越低、质量越好、用户转换成本越低,其所能产生的竞争压力就强;而这种来自替代品生产者的竞争压力的强度,可以具体通过考察替代品销售增长率、替代品厂家生产能力与盈利扩张情况来加以描述。

识别替代品的步骤：

① 列出替代清单。

例：打火机的替代物，如何识别？电子书的替代与互补产品有哪些？

图书馆的阅览设备？

口袋丛书？

英语学习用书？

② 如何使替代清单完整。

顾客的需求是什么？

哪些产品能够满足这些需求？

它们的功能特征是什么？

③ 产品的价值是通过一组性能表现出来的。价值是产品所具有，并且顾客愿意为之支付货币的一组功能，价值可以通过"价值曲线"来描述。

决定替代品压力大小的因素主要有：

① 替代品的盈利能力。

② 替代品生产企业的经营策略。

③ 购买者的转换成本。

（5）行业内现有竞争者的竞争。

大部分行业中的企业，相互之间的利益都是紧密联系在一起的，作为企业整体战略一部分的各企业竞争战略，其目标都在于使得自己的企业获得相对于竞争对手的优势，所以，在实施中就必然会产生冲突与对抗现象，这些冲突与对抗就构成了现有企业之间的竞争。现有企业之间的竞争常常表现在价格、广告、产品介绍、售后服务等方面，其竞争强度与许多因素有关。

一般来说，出现下述情况将意味着行业中现有企业之间竞争的加剧：行业进入障碍较低，势均力敌竞争对手较多，竞争参与者范围广泛；市场趋于成熟，产品需求增长缓慢；竞争者企图采用降价等手段促销；竞争者提供几乎相同的产品或服务，用户转换成本很低；一个战略行动如果取得成功，其收入相当可观；行业外部实力强大的公司在接收了行业中实力薄弱企业后，发起进攻性行动，结果使得刚被接收的企业成为市场的主要竞争者；退出障碍较高，即退出竞争要比继续参与竞争代价更高。在这里，退出障碍主要受经济、战略、感情以及社会政治关系等方面考虑的影响，具体包括资产的专用性、退出的固定费用、战略上的相互牵制、情绪上的难以接受、政府和社会的各种限制等。

行业中的每一个企业或多或少都必须应付以上各种力量构成的威胁，而且客户必须面对行业中的每一个竞争者的举动。除非认为正面交锋有必要而且有益处，如要求得到很大的市场份额，否则客户可以通过设置进入壁垒，包括差异化和转换成本来保护自己。当一个客户确定了其优势和劣势时（参见 SWOT 分析），客户必须进行定位，以便因势利导，而不是被预料到的环境因素变化所损害，如产品生命周期、行业增长速度等，然后保护自己并做好准备，以有效地对其他企业的举动做出反应。

　　根据上面对于五种竞争力量的讨论,企业可以采取尽可能地将自身的经营与竞争力量隔绝开来、努力从自身利益需要出发影响行业竞争规则、先占领有利的市场地位再发起进攻性竞争行动等手段来对付这五种竞争力量,以增强自己的市场地位与竞争实力。波特五力分析模型及影响因素如图5-3所示。

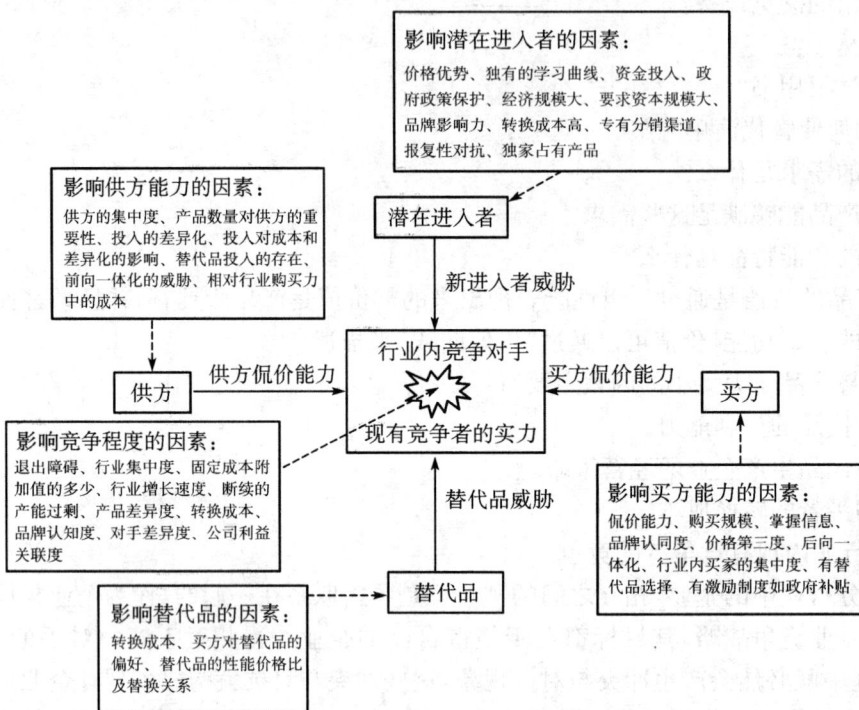

图中文字:

影响潜在进入者的因素:
价格优势、独有的学习曲线、资金投入、政府政策保护、经济规模大、要求资本规模大、品牌影响力、转换成本高、专有分销渠道、报复性对抗、独家占有产品

影响供方能力的因素:
供方的集中度、产品数量对供方的重要性、投入的差异化、投入对成本和差异化的影响、替代品投入的存在、前向一体化的威胁、相对行业购买力中的成本

潜在进入者

新进入者威胁

供方　供方侃价能力　行业内竞争对手　买方侃价能力　买方

现有竞争者的实力

影响竞争程度的因素:
退出障碍、行业集中度、固定成本附加值的多少、行业增长速度、断续的产能过剩、产品差异度、转换成本、品牌认知度、对手差异度、公司利益关联度

影响买方能力的因素:
侃价能力、购买规模、掌握信息、品牌认同度、价格第三度、后向一体化、行业内买家的集中度、有替代品选择、有激励制度如政府补贴

替代品威胁

替代品

影响替代品的因素:
转换成本、买方对替代品的偏好、替代品的性能价格比及替换关系

图5-3　波特五力分析模型及影响因素

2. 工具特点

　　波特五力分析模型为企业对所在产业进行深入分析提供了工具,有助于企业了解整个竞争环境,正确把握企业面临的五种竞争力量,制定出有利于企业竞争地位的战略。总体看,波特五力分析模型有如下特点:

　　(1)以竞争为导向。波特将企业置于五种力量对立的焦点位置,企业战略的目的即是如何从这五种力量的包围中突围,比较少地考虑企业同其他竞争力量的合作问题。

　　(2)以现存产业为研究对象。在波特看来,产业是企业环境的最关键部分,产业结构强烈影响竞争规则及可供企业选择的竞争战略,其分析的隐含前提即是产业界限相对明晰。

　　(3)关注产业盈利潜力。波特提出的五力分析模型为战略理论研究打开了另一扇窗,其意义不可低估。然而战略环境的变化、战略实践积累及研究进展等使得波特的五种力量模型也需要发展,这首先表现在其研究的某些假设前提发生了变化。

　　例如,在产业划分上,由于技术的进步,原先不同的产业彼此交融,界限变得模糊;替代品既由同产业的厂商生产,还由不同行业的厂商生产,而后者往往更具威胁性;从战略导向上看,企业之间不可避免地要相互学习及借鉴,除竞争之外,企业之间的协作思想亦随之产生。波特五力分析模型的分析焦点集中在企业外部利益相关者身上,如现实及潜在竞争对手、供应商、顾客等,而对企业内部诸如股东、员工等利益相关者考虑较少。

3. 优势

波特五力分析模型的成功,很大程度上是由于它能够将理论性与工具性融为一体,简洁明晰,操作性强,易于被企业经理人阶层认同,在实践中有一定的优势。

(1)波特五力分析模型是企业多元经营的决策工具。尤其当企业准备进入与其核心能力关系不大的行业时,依据波特五力分析模型分析行业特点,可帮助企业了解和控制投资风险。

(2)波特五力分析模型是企业市场定位的分析工具。在选定低成本、差异化或集中化等战略的同时,企业作为领导者、竞争者、追随者的角色也在很大程度上被确定下来。

(3)波特五力分析模型是企业利润分析的辅助工具。通过对五种因素的分析,可明确维持企业利润来源的关键因素,有针对性地制定提高利润率的措施。

4. 静态分析

静态分析将会帮助分析人员设计一个相应的定位战略,使企业的优势和劣势与目前的行业结构相匹配,竞争力量分析用于确认竞争力量的主要来源和与力量共在的压力的大小,竞争力量比较重要,因为若想成功,战略必须被设计得可以有效地应对这些竞争压力,所以波特五力分析模型的最终目的是在竞争优势的基础上,为企业建立一个坚固的市场位置。

如果竞争很激烈,进入壁垒低,来自替代品的竞争威胁较强,供应商与客户有较强的议价能力,那么竞争环境就不具有吸引力;如果竞争程度一般,进入壁垒相对较高,没有好的替代品,供应商与客户的议价能力也不强,那么竞争环境就具有很强的吸引力。

竞争作用越弱,则行业的利润越高,如果一个企业的战略和市场位置能使企业有效地应对这五种作用力,那么该公司就可以获得超额利润,即使五种作用力中的一个或多个比较强,波特五力分析模型可帮助分析人员在制定战略时进行必要的初步分析,使企业从这些竞争作用力中隔离出来,为企业在竞争游戏中提供一个较好的平台,进而获得竞争优势。

5. 动态分析

波特五力分析模型还需要进行动态行业发展分析,动态分析可以使分析人员为企业量身定制一个积极主动的战略来影响行业的竞争规律,从而有利于公司的发展。行业评估是波特五力分析模型中一个重要的组成部分,因为它能使分析人员利用行业结构的五种作用力的变化,识别出机会的战略之门。

行业发展理论由哈佛大学经济学家约瑟夫·熊彼特(Jaseph Schumpeter)于1943年第一次正式提出,正是他发展了"创造性破坏"这一概念,他最为基本的论点是认为资本主义经济的优势在于因引入技术和概念的创新而导致的不断变化,不断地创新或被更好的业务模型所取代。在20世纪60年代,产品生命周期理论对破坏创新理论与经验曲线理论相结合之后,一个用于战略性地管理行业发展的早期模型就形成了,但是如果对产品生命周期的有效性有所怀疑,那么行业发展近程就不具有普遍性,而且经验曲线的用处也不大,波特认为五力分析模型是一个很好的掌握行业发展近程的分析框架。

行业发展的核心是要一种清楚的认知,即五种作用力之间是相互依赖的——一个作用的变化将会影响其他作用力的变化,最终导致行业结构和边界范围都发生相应的变化。

分析行业发展时的基本分析任务是：

（1）预测每个竞争作用力在将来可能发生的变化；

（2）这些变化将如何影响其他的作用力；

（3）当这些彼此相关的变化发展到顶峰时，它们将如何影响行业的未来利润；

（4）如果仍然采用目前的战略，预测企业在其所处的位置未来应该具有的实力？

通过采取行动应对竞争对手的行动，或者主动地进行战略变化来获得竞争优势，找出如何调整战略以利用正在变化的行业结构的方法。

6. 局限

波特五力分析模型作为一种分析工具，虽然可以帮助企业分析行业环境并制定针对性的一般战略，但是，近年来的实践表明，这种看似简洁明快的战略过程隐藏着一些难以克服的先天缺陷，甚至可能对企业的战略制定产生严重的误导。

第一，关于不同行业的竞争模型之间的内在联系和相互影响，波特五力分析模型缺乏清楚的解释。

波特五力分析模型没有明晰地解释不同行业的竞争模型之间的内在联系和相互影响，没有说明该模型的不同行业之间会产生怎样的联系，一个行业的竞争会怎样影响另外一个行业和竞争结构。例如，考虑国家竞争力的时候，行业之间的有机联系决定着一个企业的竞争实力，并由此决定了一个国家的竞争力。而在网络技术高度发达的今天，企业的竞争问题则是在相互联系和动态的基础上进行的。

第二，波特五力分析模型没有直接说明五种竞争者地位的多重性问题。

实际上一个竞争参与者可能在一个竞争模型中充当多个角色，如既是购买者又是供应者。它可能既要向计算机厂商购买计算机，又要向计算机制造商供应软件，软件制造商既是用户又是供应者。同时，该软件制造商可能还向潜在的进入者、替代品生产者和用户提供相应的软件，所以其角色可能是多重的。在现代经济生活中，这种多重性的表现可能更为突出。

第三，波特五力分析模型没有用不同行业的竞争分析模型之间的联系来说明竞争者角色转换问题。

一个模型中的竞争参与者，同时也可能参与另外一个行业的竞争模型，而在此两个模型中其角色定位是不同的。例如，一个购买者可能在一个行业的竞争模型中充当购买者的角色，而在另外一个行业的竞争模型中充当供应者角色。例如，烤烟生产企业，要向烟农买来原烟，经过自己的加工制成烤烟，再把烤烟销售给卷烟厂。这一过程描述为图5-4所示。

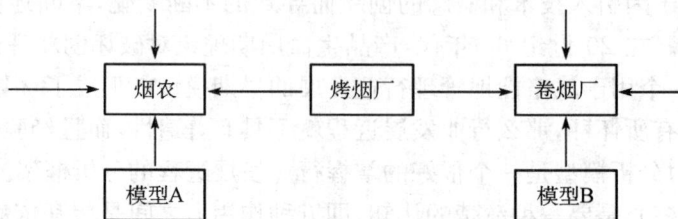

图5-4 竞争角色转换模型

在竞争模型 A 中,烤烟厂是购买者,在竞争模型 B 中,烤烟厂成为供应者。这将对竞争结果产生影响。这一概念的延伸可以推广为一个竞争力量可能同时参与几个竞争模型的构造,在不同的竞争模型中扮演不同的角色,并且正是由于这样才使得竞争模型之间发生了复杂动态的联系。

第四,波特五力分析模型是静态而非动态的。

从时间的角度看,企业在一个竞争模型中某一个时段是供应者,而在另外一个时段可能成为购买者;从空间的角度看,企业在一个竞争模型中是一个角色,如是购买者,而在另一个竞争模型则为另外一个角色,如为供应商。但是,波特五力分析模型没能就企业的竞争角色在时间与空间上的动态性加以分析。

(二)产品的生命周期理论

1. 产品生命周期基本概念

市场营销学认为产品是有生命的。新产品的构想和开发就是产品生命的孕育。新产品投入市场以后,经过一定时间的成长,逐渐成熟,接着慢慢衰退,直至最后退出市场,呈现一个从产生到消亡的过程。但所谓的产品生命周期,并不包括产品的孕育期,它是指产品从进入市场到最后退出市场所经历的市场生命循环过程,一般分为导入期、成长期、成熟期和衰退期四个阶段。

产品的生命周期与产品的使用寿命是两个不同的概念。产品的使用寿命是指产品从开始使用到磨损、消耗、废弃为止所经历的时间。产品是使用价值和交换价值的统一体。从使用价值消失的过程看,是产品的使用寿命。从产品交换价值消失的过程看是产品的生命周期。产品的使用寿命是具体的、有形的,是由消费过程中的时间、使用强度、维修保养等因素决定。

2. 产品生命周期各阶段的划分

产品的生命周期,一般可分为四个阶段,即导入期(也称为引入期、介绍期)、成长期、成熟期和衰退期,如图 5-5 所示。

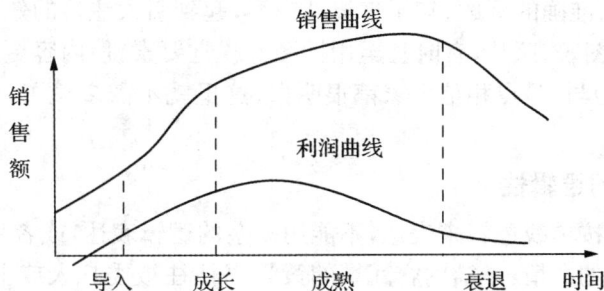

图 5-5　产品的生命周期

由图中可以看到总销售额曲线与总利润额曲线变化的趋势是大体相同的,但变化的时间却有所不同。例如,总销售额曲线还在上升时,总利润额曲线已开始下降。产品的导入期是新产品投入市场的初级阶段,销售量和利润的增长都比较缓慢,利润一般为负;产品进入成长期后,市场销量迅速增长,公司开始盈利;市场销量在成熟期达到顶峰,但此时

进入成长期后,市场销量迅速增长,公司开始盈利;市场销量在成熟期达到顶峰,但此时的增长率较低,利润在后期开始下降;之后,产品的销量和利润显著下降,产品将退出市场,这时候就处于最后的衰退期。

第二节　商业策划书的撰写

一、策划书的作用

并非是所有策划都需要撰写策划书的。那么什么情况下需要写策划书呢? 我们从下面几种情况来考虑:

(1) 有必要说服他人的时候;

(2) 必须将策划意图告知许多人的时候;

(3). 要准备实现某一目标需要得到有关部门和上司的批准但手续繁杂而口头又不能表达清楚的时候;

(4) 有必要分数次、分几个阶段进行研讨或需要集思广益,因而必须将策划内容书面记录并保存下来。

其实,最根本的一点,写策划书就是为了让阅读者赞同你的策划内容,起"说服的作用"。从这个意义上来说,上述第一点是策划书最重要的作用。

为了让阅读者懂得并赞同你的策划意图,应尽量将策划书写得明白易懂。说起明白易懂,一般会让人想到写文章。但是,明白易懂的文章也并非轻而易举就可以写成。

我们必须让策划书的内容结构明白易懂。为此,要注意以下几个方面:

(1) 结构尽可能按单线逻辑来展开,严禁逻辑重复发展。

(2) 策划书中必不可少的基本要素一定不要忘记。

(3) 使用简洁、准确的标题、句子来概括内容,起到引人注目的效果。

(4) 巧妙应用图表、照片,有时甚至用插图等视觉要素,使内容更加明白易懂。

上述第(2)、(3)与(4)点相信大家都很明白,这里就不需多说了,在下面将第(1)点加以简单说明。

(一) 策划书的逻辑性

策划书要尽量按单线逻辑来表达,不能用复杂的逻辑表达,或者将逻辑颠倒、重复。

常常会有这样的事情:一篇内容冗繁的策划书往往被委托人或上司弃之不用。究其原因,就是策划书的逻辑太乱,令人费解。让人看了之后无法将其中的内容装进大脑中。更有甚者,阅读者往往一边骂"搞不清楚!"一边将还没读完的策划书扔在了一边。所以,策划书必须写得通顺流畅,言辞简洁。

那么,要写好策划书,最要紧的是使逻辑结构简明扼要。对初学者来说,最容易犯的错误就是劲憋得过足,在策划书中容纳了太多的内容。这些内容主要是些用于说明的数据、参考资料等。这样做往往让阅读者受不了,无法把握策划书的要点。

　　并非数据和参考资料都没有必要,能够增强说服力的数据和参考资料则应多多益善。但是,切忌将其列入正文之中。正文中写的是概要部分。除此之外的,不妨在句子旁边画一条线,注明"参考资料"等。

　　还有一个初学者易犯的毛病。特别是没怎么写过文章的人更容易犯此错误,那就是逻辑颠倒重复。举例来说,明白易懂的文章应该按起承转合这样的顺序。按照此顺序写,阅读者容易把握逻辑发展,理解起来也很容易。

　　如果按起、承、起、转、合这样的顺序写会怎么样呢? 首先论述策划的背景即社会形势(起),然后论述该形势对本公司有何影响(承),论述到此并没有什么问题,可接着话题一转,又重复论述社会形势(起)。如此一来,读者就会感到混乱不堪,这叫作"逻辑的颠倒重复"。同样的内容尽量要归纳到一起,否则,就会变成一份杂乱的策划书。

(二) 优质策划案的特征

(1) 浏览一遍就能够了解主要精神。

(2) 使用对方熟悉的词汇,令人能够感觉到事先做过充分的准备。

(3) 差别性和优越性一目了然,让人充满兴趣。

(4) 除了用文字清晰地表达内容以外,还巧妙地利用图表和图案。

(5) 整体的逻辑、主旨非常明确。

(三) 失败策划书的特征

(1) 没有内涵,令人缺乏看下去的意愿,了无新意。

(2) 策划书的内容丝毫不顾及对方的情况完全从策划者的立场考虑问题,在词汇的运用上也显得很"自以为是"。

(3) 内容乏善可,缺乏说服力。

(4) 整份策划案中,挤满了文字,令人兴趣索然。

(5) 内容缺乏逻辑性和现实性。

二、策划书的制作

　　策划书不同于一般的文章,它是一种异想天开构思的书面化。为了使策划能准确而细致地表达你天才的构思,你必须思考成熟,并在草稿纸上写出要点和画出素描后才能开始着手写作策划书。其顺序是:

(1) 首先撰写整个策划书的大纲;

(2) 列出大纲中各章的大致内容;

(3) 检查大纲中各部分是否平衡;

(4) 重新调整后确定各章节分配;

(5) 将自己收集的资料和构思的要点进行升华,写进各章节。

　　这样第一稿的策划书就出来了,这时还要统一策划书的体裁及记述方法。尤其是几个共同执笔的情形,必须留意主要细节,前后呼应,然后再正式撰写策划书:

(1) 制作封面;

(2) 编撰目次;

（3）将各章节统一起来。

策划书的基本结构,可分为下列十项。

（一）封面

封面不要特别精美,但上面要注明下列四点:策划的形式;策划的主体(策划者及所在公司或部门);日期;编号。此外,还可考虑在封面简洁地附加兼有说明的内文简介,字数在 300 字内。

（二）序文

序文是指把策划书所讲的概要加以整理,内容简明扼要,最多不超过 400 字,视情况可加此说明,不过也不要超过 500 字为佳,让人一目了然。

（三）目录

目录的内容必须下工夫,序文使人开始感兴趣,那么,目录就需务求得读过后能让人了解策划的全貌,目录具有与标题相同的作用,这点十分重要。

（四）宗旨

这是策划的大纲。策划的必要性、社会性、可行性等问题的具体解说,都要包含在宗旨中。

（五）内容

内容是策划书中最重要的部分。内容因策划种类的不同而有所变化,但必须以让第三者能一目了然为原则,切忌过分详尽。下笔欲罢不能、过分拉杂的内容,有如学术论文般枯燥,会令读者感到难以下咽。此外,还要注意避免强词夺理的内容。

（六）预算

策划是一项复杂的系统工程,它需要一定的人力、物力和财力,必须进行周密的预算使各种花费控制在最小规模上,以获得最优的经济效益。

在预算经费时,最好给出表格,列出总目和分目的支出内容,以便核算,又便于以后查对。

（七）策划进度表

策划活动起讫全部过程拟成时间表,何月何日要做什么,加以标示清楚,作为策划进行的检查。如未按表行事,但一旦完成日期已定,便须重新制订进度表。进度表最好在一张纸上拟出,以作一览表之用

（八）有关人员职务分配表

此项非常重要。何人负责何事。一旦发生权责不分,可马上更换。

（九）策划所需的物品及场地

在何时、何地提供何种方式的协助,需安排什么样的布置,这虽不如预算奖金那么困难,耽误了时机,策划的效果就要大打折扣,所以也要细致安排。

（十）策划的相关资料

主要是给策划参与者提供决策参考,资料不能太多。

三、商业策划书的编制技巧

商业策划书是整个策划实施工作的指南,它同时决定策划人的创意和工作能否得到客户以及客户所期望的受众的认可。可见,策划书编制的好坏优劣影响巨大。策划书内容的编制过程中,应该注意把握以下技巧。

(一)封面

策划的名称:要尽可能具体地写出。比如,"培训策划书",仅仅这样写还不行,必须要清楚地写明:××××年××月"××公司财务人员第×期软件培训策划书"。当然,也可以把名称简单写为"公司第一期财务软件培训策划书",但一定要加上副标题"于××××年××月以全体财务人员为对象"。

策划者的姓名:写明所属部门、职务、姓名。若是小组形式,就写出小组的名称、负责人、成员的姓名(包括所属部门、职务)。如果有外界人员参与的话,也应清楚记载。

策划书制作的年、月、日:这是指编制完成时的日期。为方便起见,通常都以评审日或送交评审的前3日为准。如果完成时间已久的话,可以写为某年某月某日编制,某月某日修正,较接近评审日期,则印象较为深刻。

策划书的编号:这主要是为了规范策划书的档案管理。

(二)正文

摘要:策划目的以及策划内容的简要说明。要很技巧地把策划目的、要点用简短的几行文字写出,同时也把策划的核心构想或画龙点睛之处明确地写出,通常三四百字就可以了。

目录:与一般的书籍或报告需要目录一样,策划书中也需要目录,它能起到提纲携领的作用,让人对整个策划书的整体结构以及策划人员的思路有一个清晰的把握。

前言:简要说明策划项目的背景和经过。策划主题为什么被提出,策划活动为什么会进行,又是经过何种程序去完成等。可以采用一些比较技巧的方式将其表达出来。策划内容的详细说明:这是说明策划内容的具体部分。表现方式要简单明了不要过分专业化,要使评审的人一看就很容易明白。不要单单用文字表示,可适当地加入一些图表。这时尤其要考虑对方的理解力和习惯,不要只站在自己的立场考虑问题。

策划实施步骤以及包括时间、人员、费用在内的具体内容说明:策划的实施操作步骤、程序、日程安排都要写进策划书里。费用预算、人员安排、对外委托部分等,也都要在策划书中详细说明。

效果与结果预测的说明:费用与效果所表示出来的效率,以及对公司内外无形有形的效果等也要说清楚。

对策划中的关键环节、注意事项以及问题症结的说明:策划中的关键环节,需要实施者给予充分的重视,应该特别提出来。策划书是以实施为前提而编制的,有许多要特别注意的事项,对这些要做成备忘录,并且很有技巧地把它们整理出来附在策划书上。另外,不论什么策划,要达到完美是很困难的。对策划中出现的短处、问题症结不应回避,要在策划书中一一列明,并写出自己的想法。

（三）附录

一般可以列出策划书编制过程中可供参考的文献和案例。如果公司有许多相关的策划案例的话，不妨将它们列在附录中，可以增加客户对公司的信任度。

另外，还可以列出一至两个备选方案的内容简要，说明它们与策划书中所优选的方案的区别以及在何种条件下备选方案可以成为被考虑的对象。

（四）突出策划主题，满足客户需求

在策划过程中，一定要注意时刻关注策划主题，不要期望在一个策划书中纳入太多的想法。不要让太多的目标淹没了主题。一个好的策划书一定是策划人员将与主题相关的构想全部浓缩在其中，所有与策划主题无关的想法，即使再精彩，也不应加以考虑。总之，策划书的内容，一定要突出主题、简洁明了。记住，一个优秀的策划人必然是懂得"集中的精神，舍弃的智慧"的。

策划书的编制要注意突出主题的一个深层次含义就是要反映和满足客户的需求，要尽可能地表达他们的心声，这样才能取得比较好的效果，也会很容易获得评审通过。大家熟悉的歌手毛宁2002年个人巡回演唱会由江苏省演艺集团全权代理。自从2001年毛宁正式复出，他先后在香港和美国举行了小型歌会，演出很成功。与此同时，全国多家演出单位找到了毛宁，希望承接他的个人演唱会，有的甚至随身带着巨额现金，毛宁都没有接受。江苏省演艺集团是如何获得此机会的呢？据报道，这主要是因为毛宁最终被江苏演艺集团精心准备的策划书所打动了。江苏演艺集团精心准备的策划书恰如其分地表达出了毛宁之所以选择重返舞台的原因，策划书表达了他的心声。比如策划书中"带着无比的赤诚和无法表达的对歌迷的谢意，毛宁再一次在舞台上出现"等字句就正贴合了他的心声。他说："我的复出不是为了钱。"

四、策划书的表现和介绍技巧

策划书的表现技巧是指策划书的书面表达形式方面的技术。策划书的介绍技巧是指策划书的口头介绍方面的技术。

策划一经提出，就应以获得采用为目标。而获得采用的成功率在很大程度上取决于策划书的表现技巧。

策划书编制要有一定的表现技巧。为了让策划书的内容更加简明易懂，策划人员除了在文字、语言上下工夫外，还应该努力尝试各种可以将策划内容形象化的表现方法。比如，运用框图、数据、图片、装帧、计算机工具等，可以调动读者的阅读兴趣，有助于理解策划的内容，而且还能增加美观性。在运用文字表达时，需要注意有效、合理地利用版面，这些细节都很重要。

五、内部策划书与外部策划书

商业策划书的内外之别主要是根据不同的使用者来区分的。内部策划书主要是供高层决策者参考的，因此内容往往涉及对策划者或客户而言较为机密的内容。正因为此，内部策划书的重要特点是，不对外公开，只在小范围内使用。

一般来讲，内部策划书涉及的关键环节或内容主要有以下几个方面：策划实施上的人

际关系对策;策划实施上的相关组织和团体的对策;策划实施中的资金对策;策划实施中的公共关系对策;策划实施上的障碍因素及消除对策;与策划有关的政府机构对策;与策划实施有关的法律问题;其他重要问题。

外部策划书主要是供策划的外部参与人员参考的手册,在较大的范围内被加以使用,因此不涉及重大决策等机密内容,但也是对一般公众保密的。

编制外部策划书时要注意以下几个方面的问题:在外部策划书中不能透露策划的核心机密,同时又必须让外围的参与者对策划产生兴趣,明确自己在此项活动中的职责与行动方案;编制风格应该清楚、简洁、明了,尽量采用提纲式;对与具体外围参与者相关的策划内容应该进行深入、详细的记述。

无论内部策划书还是外部策划书,都应在封面上标明密级或使用与公开的范围。

课后案例

暖儿安奶瓶商业策划书

行业

美国的婴儿奶瓶行业由几家大生产厂商组成,即 Playtex、Evenflo、Gerber、Munchkin、NUK、Chubs 和 Ansa。美国现在的婴儿奶瓶市场预计为 1.54 亿美元。其中,可重复使用的奶瓶占了市场的 52%,即 8 000 万美元,剩下的 48% 是一次性奶瓶。一次性奶瓶市场曾经高达整个美国婴儿奶瓶市场的 53%,但是近年来,其占整个市场的百分比呈现出了稳定的下降趋势。暖儿安奶瓶最初会设计成可重复使用的奶瓶。但是,公司将在以后对进入一次性奶瓶市场的可行性进行评估。

市场调研与分析

顾客

婴儿奶瓶产品的大多数顾客是二三十岁的职业女性。婴儿奶瓶的大多数顾客的平均家庭收入为 36 120 美元。因为大部分的婴儿奶瓶顾客都是职业人士,所以奶瓶加热的时间及便利性十分关键。

市场规模和趋势

继 1990 年婴儿出生高峰期为 416 万人之后,美国的新生儿数量预期将会稳定在 400 万人左右,并将在世纪之交保持这一水平。美国现在的婴儿奶瓶市场大约为每年 1.54 亿美元,或者是 7 300 万个奶瓶。

现在,可重复使用的奶瓶占整个婴儿奶瓶市场的 52%,或者是每年 3 860 万个。在过去几年里,可重复使用的奶瓶相对于一次性奶瓶,市场份额平均每年提高 2%。预计在未来几年里可重复使用的奶瓶仍将保持这种增长趋势。

竞争情况和竞争优势

虽然在婴儿奶瓶市场上有几个主要的竞争者,但没有任何一个厂商经销的产品可以显示瓶子里的液体的温度。暖儿安奶瓶仅在生产成本上比标准奶瓶提高了一点点,就提供了这一重要功能。

除暖儿安公司以外,只有一家公司试图推广可测量温度的婴儿奶瓶。Ansa Bottling 生产过这样一种产品,最初的商标名称为 Heat Sensitive,后来改为 Comfort Temp。这一产品是由该公司目前的所有者 Ansa Bottling 的总裁约翰·艾奥迪斯(John Iodise)在购买该公司时进行生产和推广的。

Ansa 设计的奶瓶忽略了婴儿奶瓶使用中的一个重要事实:有时奶瓶是在外部加热的(沸水),而有时是在内部加热的(微波炉)。他们的设计只是运用奶瓶的表层塑料来指示温度。当瓶子里的物质过热时,透明的蓝色或粉色塑料就会变成白色。这就忽略了这样一个事实,即微波炉是从中心进行加热,所以只有在奶瓶受到振动以后,它才能提供精确的指示。由于其不精确的操作,这种产品已经从市场上撤出。虽然他们的结果很令人失望,但是 Ansa 的努力还是确认了根据市场调研,确实存在对具有温度传感器的奶瓶的市场需求。此外,Iodise 认为他们没有成功是由于设计上的漏洞,而不是因为缺乏市场需求。暖儿安奶瓶在其温度指示装置的设计上克服了这一缺点。

预计市场份额和销量

根据特种婴儿奶瓶头号制造商 Munchkin 瓶业公司(Munchkin Bottling Company)销售副总裁理查德·亨利(Richard Henry)提供的市场信息,一家不在现有奶瓶品种上增加任何关键性性能或便利而仅提供装饰型奶瓶的制造商在开业第一年能够占据市场 1%~2% 的份额。在其后几年,该市场份额可能维持在 2% 左右。

Muchkin 市场数据还指出,如果一个公司所生产的产品,与现有的装饰型奶瓶相比,具有显著特色或者图形,则该公司预计能够在开业第一年占据 6% 的市场份额。此后各年,其市场份额可能以每年 30% 的速度增长。但是,前提是其产品必须与众不同。

在进行试算财务报表预测时,出于保守性原则,暖儿安公司假设公司可以在经营的第一年和第二年里,分别获得可重复使用的奶瓶的市场总额的 2% 和 4%,并假设在第三年到第五年,每年的增长率为 30%。

后续的市场评估

公司打算改进暖儿安奶瓶的外观和营销方式,以满足顾客的不断变化的人口统计特征。公司将为顾客安装 1 部 800 电话,便于顾客有问题或者有什么建议时打电话。另外,公司计划要定期进行营销集体讨论,获得对新的图案及设计上的变化的反馈意见。

企业的经济状况

这种创新型的暖儿安奶瓶的成本,每个要比标准型奶瓶高出 0.35 美元。然而,产品的新的特色可以让公司和零售商以高于目前能够买到的其他奶瓶的性价比来销售这种产品。建议零售价为 3.99 美元,而零售商的成本为 2.19 美元,生产商制造和运送这种产品的成本为 0.92 美元,所以暖儿安公司和零售商的预期毛利分别为 58% 和 45%。

一开始,公司会生产一种无装饰的优质塑料奶瓶,可以让消费者们看到暖儿安的产品与其他奶瓶的不同之处。装饰型奶瓶会掩盖公司所研制的特色,结果成为"仅仅是又一个婴儿奶瓶"。一旦公司及其奶瓶在市场上得到了认可和接受,暖儿安接下来就将要考虑在产品上加上图案,虽然会增加额外的成本,但会被视为对于消费者的附加值。

营销计划

整体营销战略

公司的整体营销战略是将我们的婴儿奶瓶作为"安全、便捷而放心"的产品推向市场。我们的独一无二的温度计将会使暖儿安奶瓶与市场上的其他婴儿奶瓶相比,具有战略性的竞争优势。在产品的最终研制和测试完成之后,我们将接受一位专业经纪人的服务,他将致力于美国销售我们的产品并建立销售婴儿奶瓶的零售渠道。在对美国市场进行大量渗透之后,公司将积极在国外取得专利权进行分销。

定价

可重复使用的奶瓶的平均零售价为:高级奶瓶为 3.99 美元,标准型奶瓶为 2.99 美元。高级奶瓶与标准型相比,所配备的塑料材料更重一些,还可能包含硅树脂奶嘴,而不是橡胶奶嘴,奶瓶上还会有彩色图画。暖儿安奶瓶也会配备更重的塑料及硅树脂奶嘴。这种特色,加上我们的温度指示装置,将使我们可以按照高级奶瓶的价格零售,即建议零售价为 3.99 美元。我们给予零售商的成本是 2.19 美元,已经包括了运费,这就使得零售商可以获得 45% 的毛利,足可以与其他的婴儿奶瓶产品的毛利相媲美。

销售策略

公司预计,暖儿安奶瓶具有的独一无二的特征将会鼓励消费者们购买这种产品。我们将设计并研制一种包装,强调暖儿安奶瓶的温度计,并且以"安全、便捷而放心"这一口号对这种产品进行营销。最初,公司将在尽可能多的零售店里对这种产品进行分销,以便消费者尽快地接触到我们的产品。为了有助于达到这一目标,公司将向零售商提供价格上的折扣。为了避免全职销售人员的招聘、培训及雇佣成本,公司将选择一位专业经纪人,建立一支有经验的销售队伍作为我们的销售代表。这位专业经纪人将在美国为每位销售代表建立销售领域,并且在需要时增加额外的销售代表。这位专业经纪人将会提取总销售额的 10% 及其销售代表的销售额的 5% 作为佣金。销售代表可以获得经纪人的销售代表的销售额的 5%,销售代表还可以获得他们自己的销售额的 5%。这些销售成本将包括在预计损益表中。

品质保证政策

公司将对那些对产品表现不满意的顾客实行退款的保证。为了方便消费者,暖儿安将在所有的包装上提供 1 个 800 号码。另外,公司将向零售商保证对退回的奶瓶实行退款。

广告和促销

公司预期在第一年的销售之后,在美国做区域性而后是全国性的广告。销售第一年的广告费将是销售额的 5%,包括在零售商店的产品上或附近所放置的销售材料。对于第二年和第三年,公司预计广告费用分别为销售额的 4% 和 3%。公司计划聘请一个外部广告代理商,来协助尽可能有效地使用这些广告费。

分销

暖儿安产品的运输主要是从生产厂商运到零售商,这就只需要公司提供最低限度的仓储空间。公司的仓储设备只需要保持最低限度的存货,以应对紧急运输。这就消除了公司为大量存货而进行融资的需要,还可以将运输成本保持在最低水平。

【小结】　这是一份商业策划书,重点落在营销方面。一份成功的商业策划,要建立在对现实情况的科学分析之上,应包括大量的事实材料对之的评估和论证,应提出切实可行的具体方法。既要有说服力,又要有可操作性。

第六章　管理决策软件介绍

第一节　创业之星的三大模块

创业之星是基于商业模拟(Business Simulation)体验式学习技术开发的一套完整的模拟经营与竞争对抗系统,该系统通过对参与学生分组角色扮演(RPG),以分组为团队经营一家完整的模拟创业公司,通过内部的部门协作与管理决策,完成公司的多个连续周期的完整经营管理,并在市场环节与其他分组团队管理的模拟公司进行市场化竞争对抗与合作。

创业之星主要包含了为老师设计使用的一系列功能详尽的教学实训管理相关模块。同时也为学生设计了一个完整的商业模拟经营模型,其中包含消费群体模拟、市场机会模拟、设计研发管理、生产采购管理、生产制造管理、市场推广管理、产品销售管理、招聘培训管理、财务控制管理、竞争对抗模拟等。每个学生团队通过不同部分的经营管理决策,最终都将反映到整个模拟公司的整体经营结果中。

创业之星的系统设计以培养学生系统的管理决策能力为目标,并通过学生之间的人与人之间的竞争对抗,引入了高度不确定性的市场环境,这种高度不确定性充分体现了创业过程中的本质特征,学生需要在这样的学习环境中时刻综合分析各种信息,不断做出自己团队及角色切实有效的决策。

系统提供给学生的模拟经营环境往往进行了大量的具体形象化设置。例如,会以设计研发生产销售一种玩具为背景行业,也会以设计研发生产销售一种数码产品为背景行业。但这样的具体化"行业模板"的用意并非让学生去真实了解该行业本身的个性化部分内容,同时也并非让学生在未来的发展中去实际经营管理与模拟企业完全一样的公司,通过这种具体直观的内容让学生真正深刻理解隐藏在任何一个行业或企业背后本质的经营管理部分的精髓。这种通行于不同行业、企业之间的知识内容,方能为每个学生未来的人生事业发展过程中的各种可能性提供更有价值的能力保障,"授人以鱼不如授人以渔",能精确地概括本系统设计的初衷与理念。

图 6-1

创业之星涵盖了从计划、准备到实施的创业全过程,主要包括三大部分功能模块:创业计划、创业准备、创业实践。

一、创业计划

根据创业之星整个训练系统平台的商业背景环境与数据规则,完成创业计划书的编写。创业者首先对背景环境进行商业机会分析,组建经营团队,制订资金筹措计划,撰写公司名称,制订公司章程,并编写一份完整的创业计划书。

组成创业公司的训练团队首先要对市场商业机会进行研究,并分析市场竞争形势,从而制订出合理的创业计划书。创业计划书的内容主要包括:摘要、公司简介、市场分析、竞争分析、产品服务、市场营销、财务计划、风险分析、内部管理等方面,如图 6-2 所示。

图 6-2 创业计划书的内容

二、创业准备

当创业者有了想法,并已经做好了资金、人员、技术、场地、设备、公司名称等方面的各项准备工作后,就进入了企业的初创阶段。参加训练的学生需要独立完成公司注册审批流程的所有工作。公司注册的整个流程主要包括的工作如图 6-3 所示。

```
                           ┌──────────┐
                           │  工商注册 │
                           └──────────┘
  ┌─────┬─────┬─────┬─────┬─────┬─────┬─────┬─────┬─────┐
┌────┐┌────┐┌────┐┌────┐┌────┐┌────┐┌────┐┌────┐┌────┐
│名称││银行││验资││工商││税务││质量││申请││银行││社会│
│审  ││注资││报告││登记││登记││监督││刻章││开户││保险│
│核  ││    ││    ││    ││    ││    ││    ││    ││    │
└────┘└────┘└────┘└────┘└────┘└────┘└────┘└────┘└────┘
```

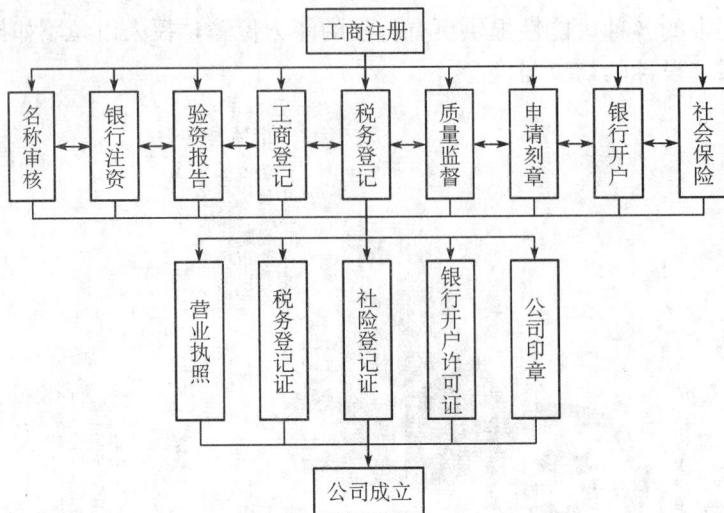

图 6-3　公司注册的整个流程

三、创业实践

企业的生存发展如同一个生命的有机体一样,也会经历初创、成长、发展、成熟、衰退等阶段,即企业发展的生命周期。创业之星在创业管理模块环节就是让学生实战中模拟企业的运营管理,围绕企业发展的生命周期,制定各项决策,并最终推动企业成长壮大。

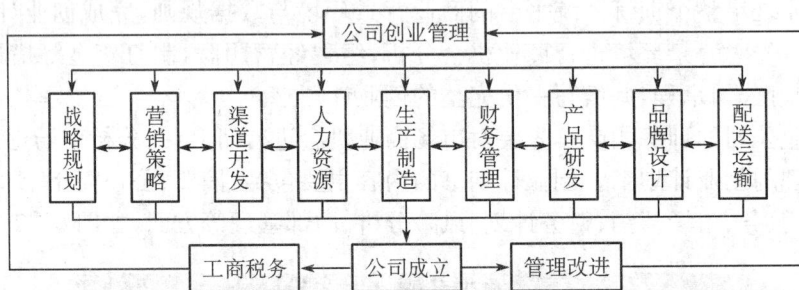

图 6-4

第二节　创业之星的操作入门

一、系统登录

(1)运行教师端程序,连接访问地址例如 192.168.97.18,连接端口使用:8088。如图 6-5 所示,如教室有密码无法进入,请及时联系我们的技术支持人员申请体验教室号码。

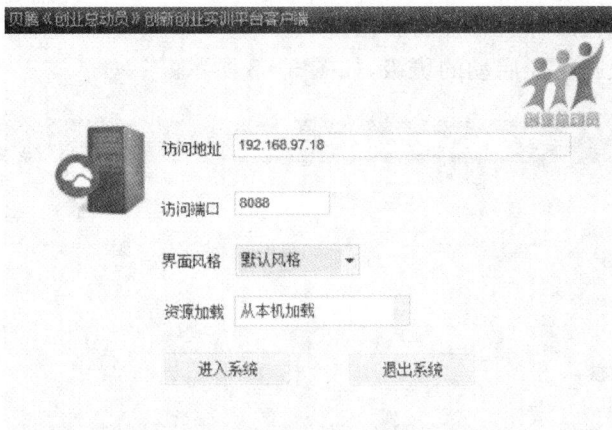

图 6-5

（2）在出现的教室列表中选择需要登录的教室号，点击"进入教室"；或新建立一个班级，再选择新建立的班级，点击"保存"，如图 6-6 所示。

图 6-6

（3）点击左边菜单"系统参数设置—批量增加小组"，创建小组序号和小组名称。如图 6-7 所示。创建成功后会在中间列表中显示已创建的小组序号及名称。

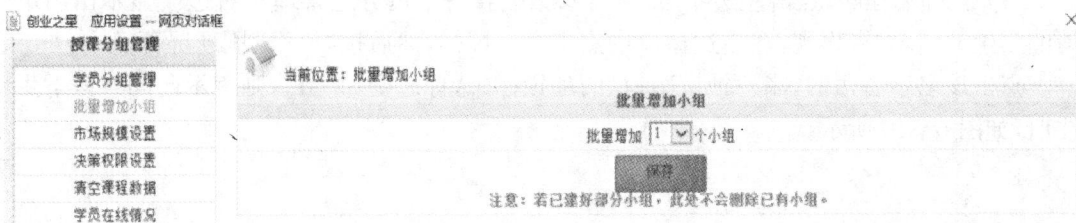

图 6-7

（4）运行学生端程序，点击"注册新用户"。

（5）进入前面教师已经启动的班级，如图6-8所示。

图 6-8

（6）在出现的注册页面输入登录的学生信息，选择教师已经创建的小组号（新建的学生必须要加入小组，教师未创建小组则学生无法注册），选择班级名称，点击"申请教室"，如图6-9所示。

图 6-9

（7）教师端程序，点击左边菜单"系统参数设置→学员分组管理"，右边会显示出新申请的学生姓名，如未出现，在右边窗口中点击一下鼠标，然后按"F5"键刷新屏幕。

点击该名字右边的"账户锁定"一栏的加锁标志，标志变为"🔓"，则表示已同意该学生注册，如图6-10所示。

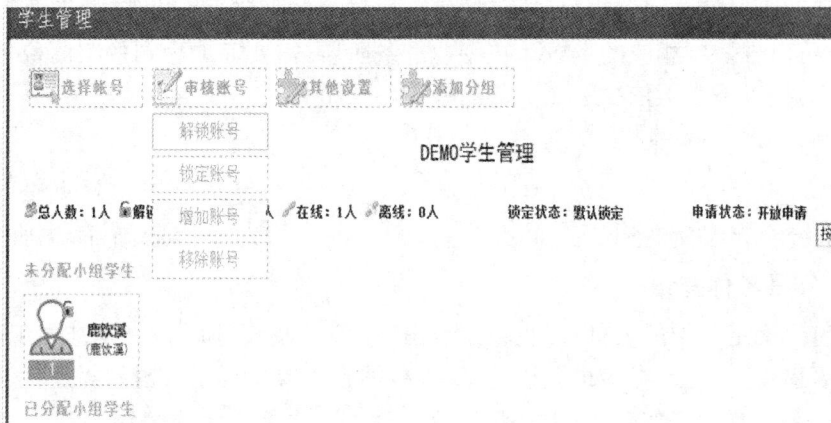

图 6 - 10

（8）在学生端，按"F5"刷新屏幕，或重新启动程序，会看到申请已获教师批准。选择刚申请注册的名字，点击登录，即可进入学生端程序的主场景。

二、创业计划

由 4～6 名学生组成一个小组，每个小组初始时均拥有一笔投资。在开始时，各小组团队成员针对整个市场环境背景资料及规则，撰写创业计划书。由于撰写一份完整的创业计划书需要不少时间，这部分工作主要在课前完成。

完成的创业计划书可粘贴到"公司内部—会议室—创业计划书"部分。

三、创业准备

学生端进入的主场景如图 6 - 11 所示。

图 6 - 11

每幢楼的入口处有一个进入标志"　　"，鼠标移至此处，当出现提示"进入"时，点击鼠标左键，可以进入到相应的场景。在创业准备阶段，需要完成公司的工商税务登记注册的所有内容，按以下步骤依次去相关部门办理各项事务。

（一）租赁办公场所

点击"创业大厦"的入口处，由于是第一次进入，会提示是否租赁办公场所，点击"确定"，系统会自动为你分配一间办公室，记下办公室地址信息，后面注册会用到。

（二）公司名称登记

小组讨论确定公司的名称，在主场景点击"工商行政管理局"入口，进入工商局内部。会看到办事窗口有三个，点击最左边的，窗口根据弹出窗口提示，选择"指定代表证明"，按要求填写相关信息，并签字。再选择第一个菜单" 名称审核 "，完成公司名称预先审核申请书的信息填写。

（三）撰写公司章程

退出工商行政管理局回到主场景中，点击进入创业大厦；或直接在下面的导航仪表盘上点击"公司"，直接快速跳转到公司场景，如图 6-12 所示。

图 6-12

点击"会议室"，点击菜单"公司章程"，完成公司章程的编写，并在最后签名确认。

（四）公司注册资金

进入"创业银行"，点击" 对公业务 "窗口，在弹出窗口中点击"股东资金存款"菜单，确认将股东资金存入银行。

（五）领取验资报告

进入"会计师事务所"，点击前台位置，弹出窗口中点击"出具验资报告"，完成公司注册资金的验资。

（六）公司设立登记

退出公司回到主场景，点击进入工商行政管理局；或直接在下面的导航仪表盘上点"工商"，进入工商局内部。

点击"公司设立"窗口在弹出窗口中,依次点击"指定代表证明""董事经理情况""公司股东名录""法定代表登记""发起人确认书",根据窗口提示信息完成相关内容填写,注意输入信息的正确性。全部完成后,最后点击"公司设立申请",注意办理工商营业执照所需的各项材料是否都已准备好,如准备好会标志"√"。按要求填写完所有内容,最后点击"申领营业执照",点击"办理营业执照"菜单,领取已办好的企业法人营业执照。

(七) 刻制公司印章

进入"刻章店",凭营业执照刻制公司章、财务章、法人章。

(八) 办理机构代码

进入"质量技术监督局",办理公司组织机构代理证。

(九) 办理税务登记

进入"国家税务局",点击"税务登记"窗口,按要求填写完相关信息,领取国税登记证。

进入"地方税务局",点击"税务登记"窗口,按要求填写完相关信息,领取地税登记证。

十、开设公司账户

进入"创业银行",点击"对公业务"窗口,在弹出窗口中点击"开设银行账户"菜单,开设公司银行账户。

十一、办理社会保险

进入"人力资源和社会保障局",点击登记"社会保险",完成"用人单位社会保险登记表"的填写。再点击"社会保险开户",完成"企业社会保险开户"登记表填写。

至此,已完全完成公司工商税务登记所有流程工作,公司正式成立,可以开张营业了。接下来将进入到创业企业运营管理阶段。

四、创业管理

学生全部完成企业的创业准备工作后,接下来可以进入创业管理阶段。首先,在教师端程序点击"任务进度控制"菜单,点击"进入第 1 季度经营",结束创业准备阶段的各项工作,进入创业企业运营管理阶段。

如不需要做前面的工商税务登记流程任务,教师可以控制直接跳转到后面的创业管理环节。在教师端点击"系统参数设置→基本环境设置",将"是否跳过公司注册流程"一项选择"是",再按上面步骤点击"任务进度控制"菜单,点击"进入第 1 季度经营",即可跳过工商税务登记注册环节。

在创业管理阶段,在每一季度时间截止前,小组成员可以反复对决策的内容进行调整修改。一旦教师端控制结束该季度运营,则不能再修改已完成的所有决策。

在每一季度需要完成的决策除个别任务外,大部分不分先后次序,可由每位成员根据公司讨论好的策略同时去制订相关决策。

（一）研发部

研发部负责公司新产品的研究与开发工作。点击"研发部"，弹出窗口会显示研发部需要完成的决策任务以及相关操作。

产品设计：点击"决策内容—产品设计"，根据消费者需求分析的情况及公司发展战略设计需要生产的产品，产品名称由公司自己取名，并确定产品原料配置清单及计划针对的消费群体，如图 6-13 所示。设计好后点击"保存"。

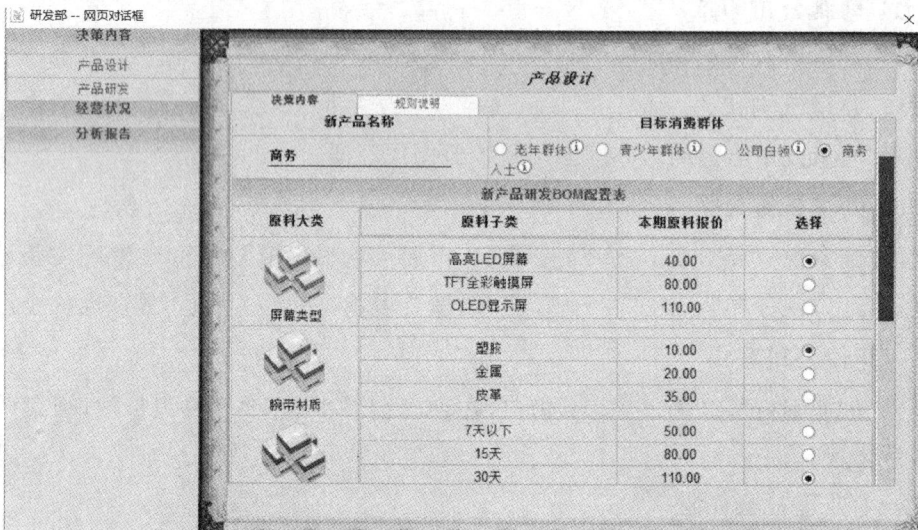

图 6-13

完成设计的产品，在窗口最下面有所有产品列表，将鼠标移到产品名称旁的"①"标志上，会显示出该产品的原料配置清单及研发进展等信息，如图 6-14 所示。

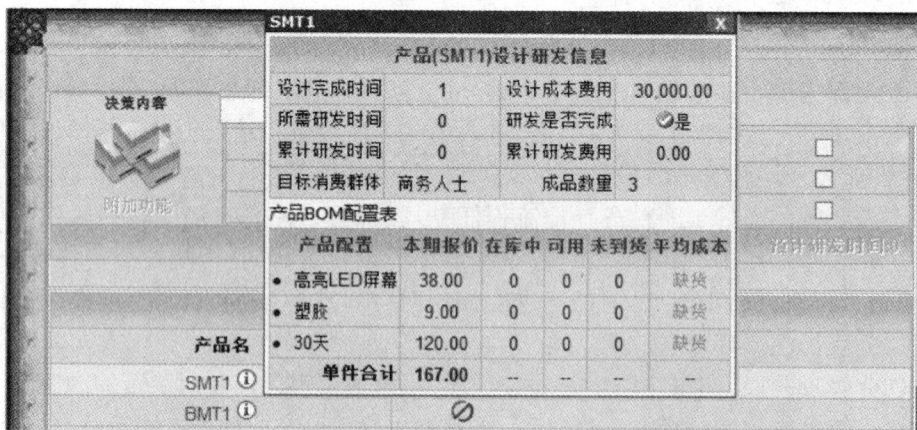

图 6-14

产品研发:不同设计的产品根据复杂程度,其需要投入的产品研发时间也不相同。点击"决策内容—产品研发",根据窗口提示完成已设计好的产品的研发投入。

(二)制造部

制造部门负责公司产品的生产制造工作,包括原料采购、厂房添置、设备添置、资质认证、工人培训、产品交货等决策。

原料采购:根据公司设计的产品原料配置情况,采购生产产品所需要的原材料,如图6-15所示。

图 6-15

厂房购置:公司可以购买或租用厂房,用来放置生产设备,如图6-16所示。

图 6-16

设备购置:在拥有了厂房后,可以购买设备安置到指定的厂房中,如图6-17所示。

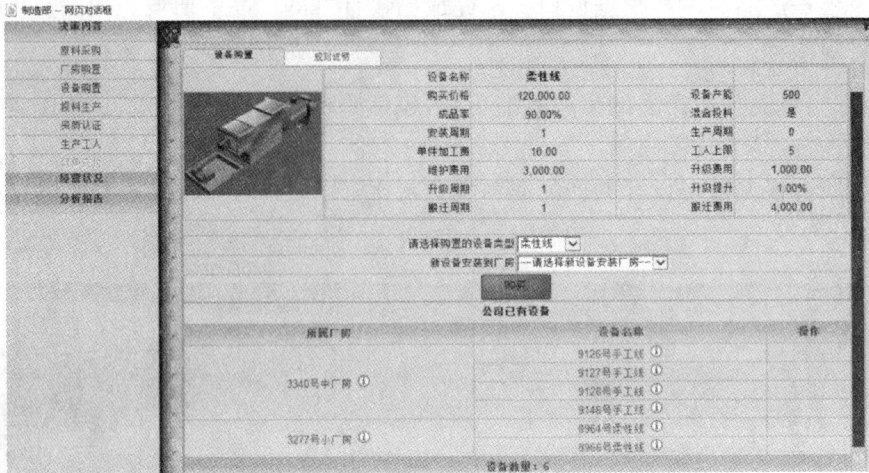

图6-17

资质认证:部分市场需要通过认证才能进入。根据商业新闻资料的提示,安排公司的认证。

生产工人:安排工人的培训计划,提交给人力资源部安排培训,提升技能。

订单交货:公司拿到销售订单后,根据存货情况安排订单交货。输入要交付的订单数量,点击"发货"即可,如图6-18所示。

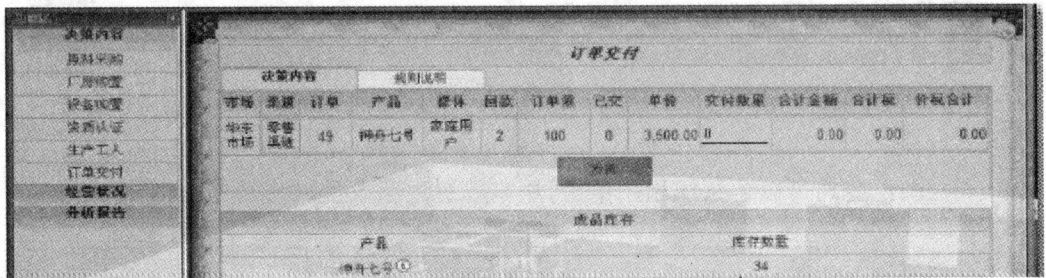

图6-18

(三)生产车间

如需要进行生产排产,需要首先进入到"生产车间",点击后会跳出厂房选择窗口,如图6-19所示。

图6-19

选择需要进入的厂房,点击"进入",进入到厂房内部后可以看到该厂房内的所有生产设备,如图 6－20 所示。点击要安排生产计划的生产线,在弹出的窗口中对该生产线进行生产排产或相关操作。

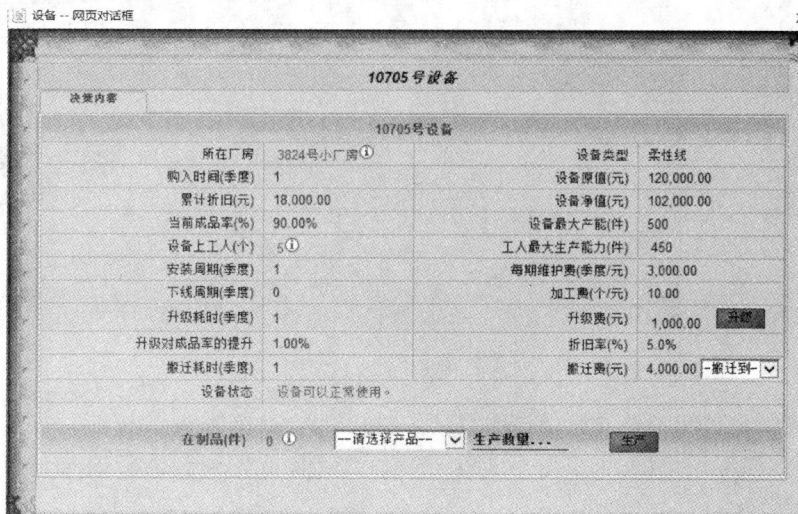

图 6－20

(四) 人力资源部

人力资源部负责公司人员的招募工作,包括生产线上的操作工人和销售部的销售人员。

为招募到的人员签订合同,办理保险。并根据制造部和销售部提出的培训计划,对相关人员安排技能培训。

人员招募:根据制造部和销售部的用人计划,到人才市场招募生产工人和销售人员,如图 6－21 所示。

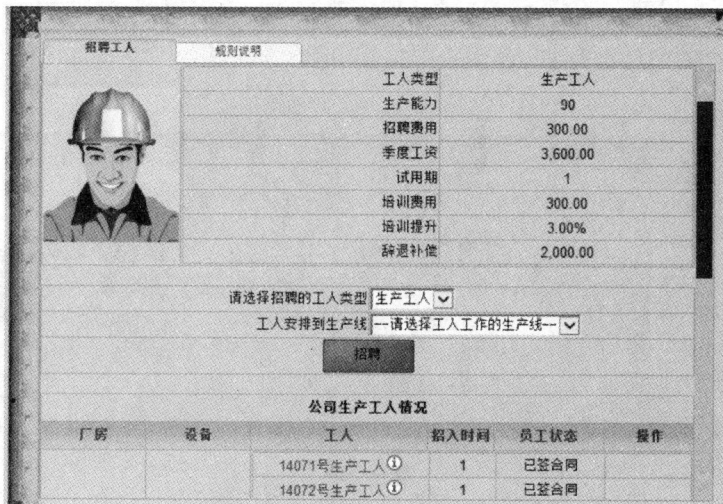

图 6－21

签订合同：为公司所有人员签订劳动合同，办理养老保险，包括所有管理层人员、招募的生产工人和销售人员等，如图 6－22 所示。

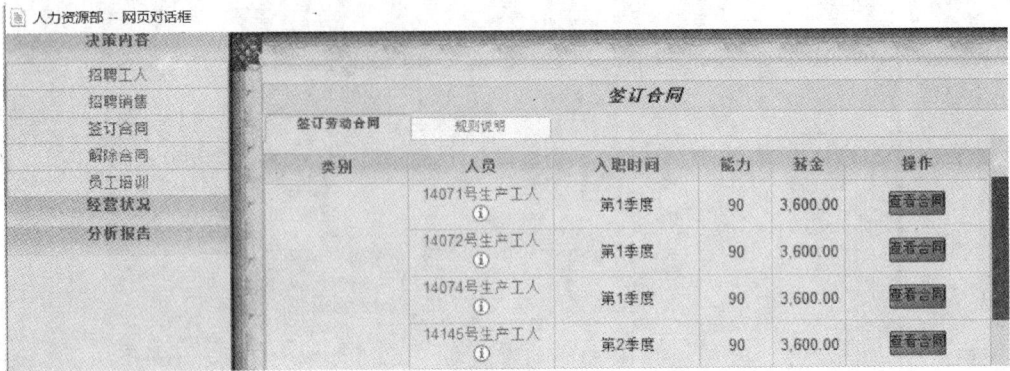

图 6－22

员工培训：可以为操作工人和销售人员安排培训，以提升人员技能。如要安排培训，首先由相关部门提交培训计划，如要对生产工人培训，首先到制造部安排培训计划，如图 6－23 所示。

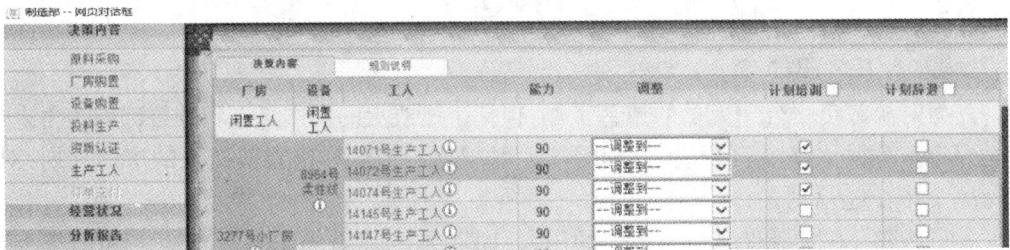

图 6－23

再转到人力资源部，可以看到制造部提交的生产工人培训计划。点击"培训"按钮，即可安排对该名工人的技能培训，如图 6－24 所示。

图 6－24

（五）市场部

市场部负责公司市场整体推广工作,包括区域市场的开发以及产品在市场上的广告宣传投入。

市场开发:根据公司战略,选择相关的市场投入费用开发,如图 6－25 所示。

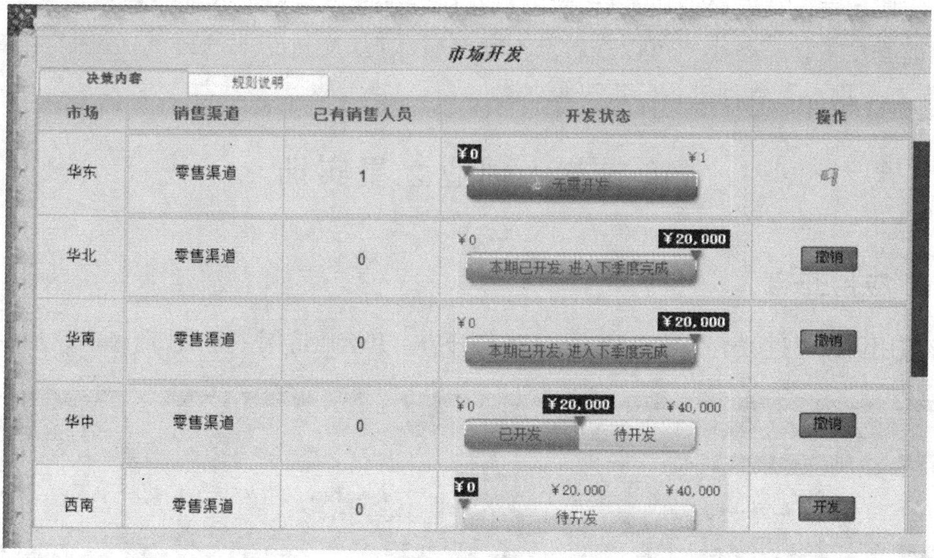

图 6－25

广告宣传:针对公司的每一个产品制订本季度的广告宣传计划。

（六）销售部

销售部负责公司产品的对外销售工作。销售部要负责销售人员的岗位安排,以及针对每一个市场的不同情况,制订产品在不同市场上的报价策略,如图 6－26 所示。

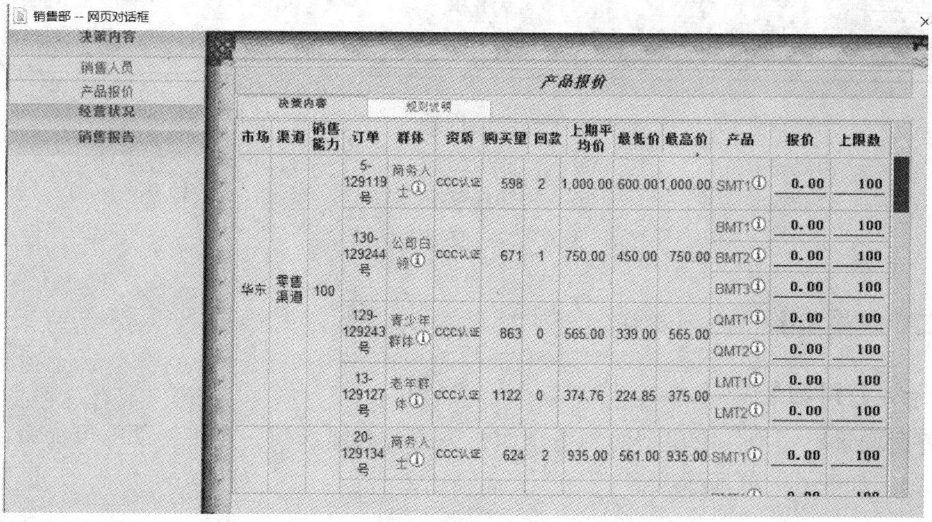

图 6－26

（七）财务部

财务部门负责公司资金筹划管理，为公司日常生产经营的正常进行提供资金支持。

银行借款：进入创业银行，点击"信贷业务"窗口，根据提示申请借款。

现金预算：根据公司发展规划与经营目标，完成本期现金预算表。

在完成本季度所有经营决策后，教师端在任务进度控制菜单下点击进入下一季度，即完成当前季度工作。各小组可以查看上季度经营状况，交付获取的订单，收回货款，盘点库存，对本季度经营管理进行分析决策。

第三节　创业之星实训

一、应用开启

该应用可以通过教学引导的授课方式进行开启。开启后应用主场景如图6-27所示。

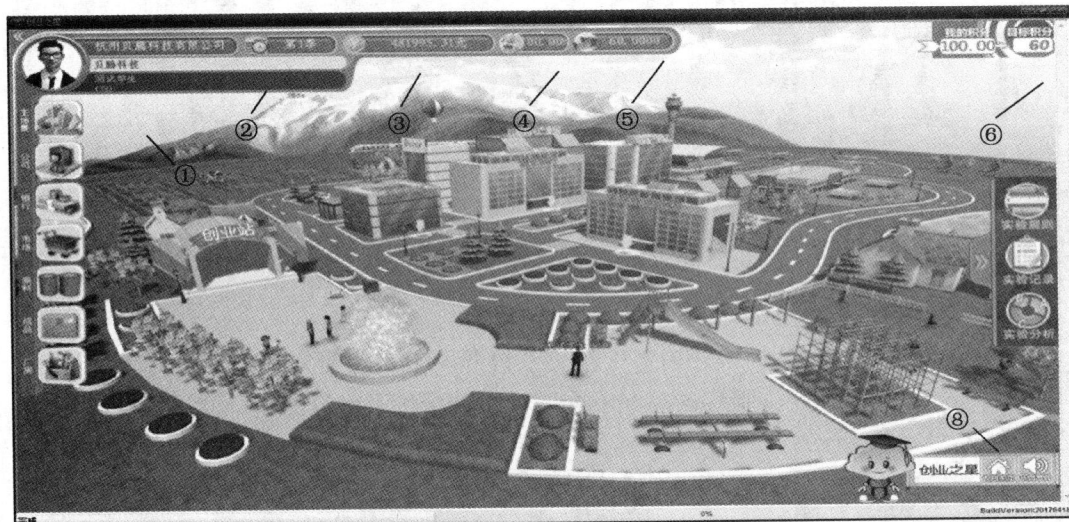

说明：① —— 角色信息　　② —— 经营周期　　③ —— 现金余额
　　　④ —— 市场占有　　⑤ —— 综合分值　　⑥ —— 积分信息
　　　⑦ —— 综合信息　　⑧ —— 退出按钮　　⑨ —— 场景导航

图 6-27　应用主场景

二、场景介绍

（一）公司场景

公司场景里模拟一家典型的制造企业相关的各职能部门。点击各部门可决策或查询实时信息，如图6-28所示。

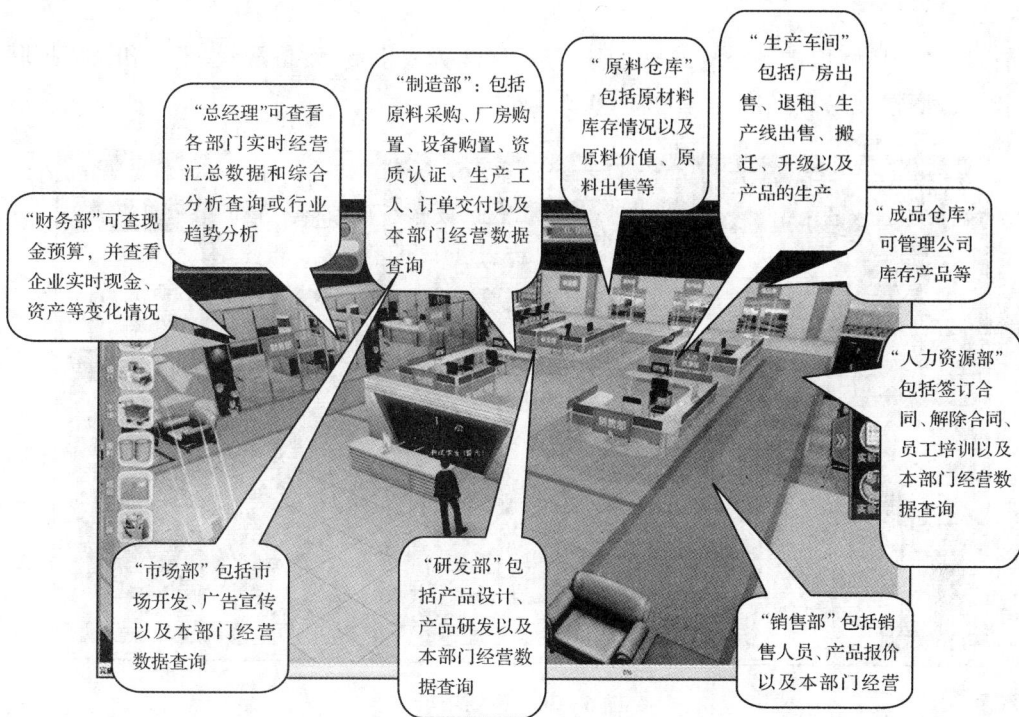

图 6‑28　公司场景

（二）银行场景

银行场景里模拟一家创业银行。点击创业银行信贷业务，可以进行贷款，如图6‑29所示。

图 6‑29　银行场景

（三）市场场景

市场场景里模拟市场交易环境，可进行厂房购买或租赁、设备购置、工人和销售招聘、原料购买、商情交易等操作，如图 6 - 30 所示。

图 6 - 30　市场场景

（四）原料场景

原料场景里模拟公司原料仓库，可查看原材料库存，如图 6 - 31 所示。

图 6 - 31　原料场景

（五）成品场景

成品场景里模拟公司成品仓库，可查看成品库存，如图6-32所示。

图6-32 成品场景

（六）厂房场景

厂房场景里模拟公司生产车间，可在厂房场景中进入生产车间，如图6-33所示。

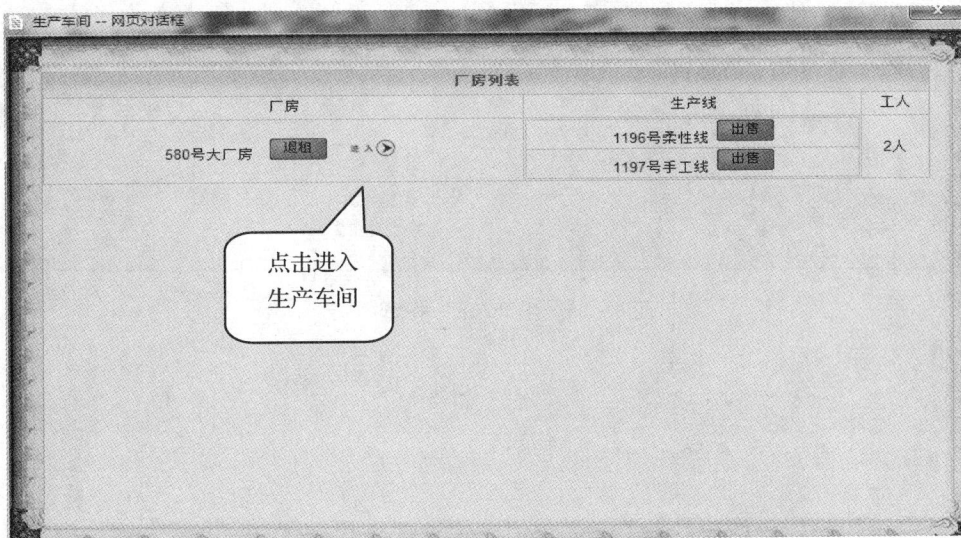

图6-33 厂房场景

（七）生产车间

可在公司场景或厂房场景进入生产车间,可查看已购买设备详情,点击设备可进行生产操作,进行产品生产,如图 6 - 34、图 6 - 35 所示。

图 6 - 34　生产车间

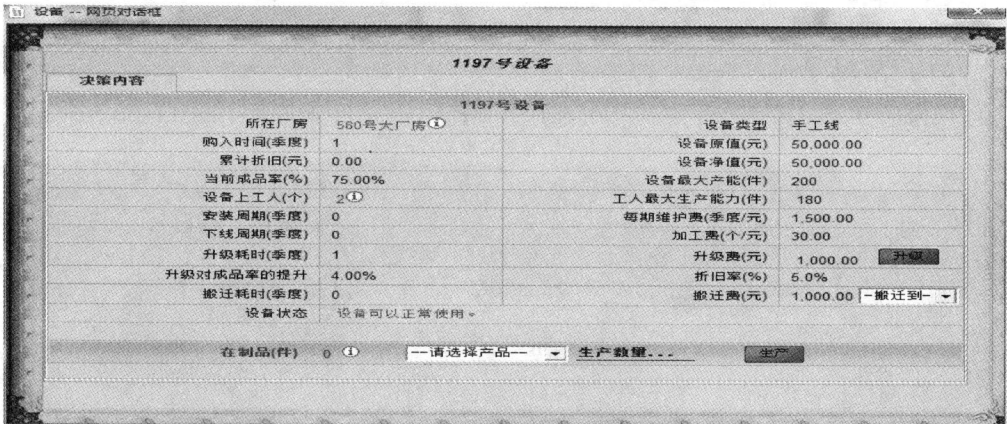

图 6 - 35　生产车间—投料生产

三、功能详解

(一) 银行贷款

可在银行场景和财务部中,进行贷款操作,如图 6 - 36、图 6 - 37 所示。

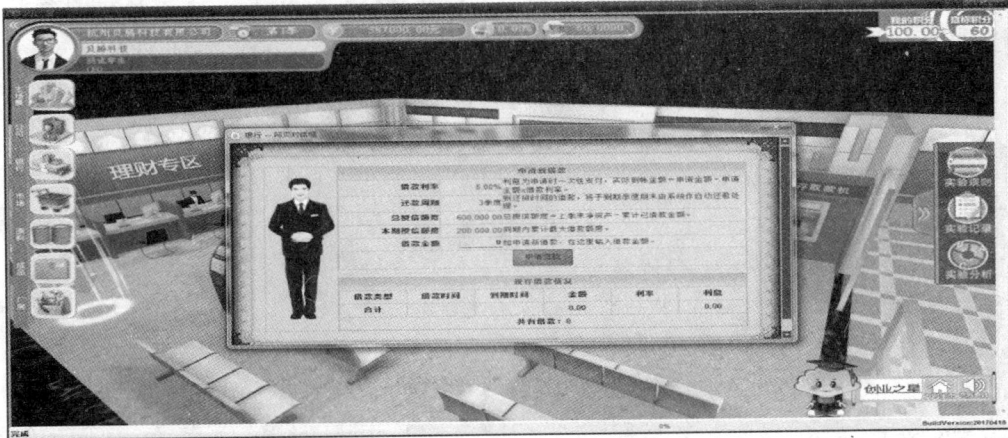

图 6 - 36　银行场景—银行贷款

图 6 - 37　财务部—银行贷款

(二) 市场开发

可在市场部中进行市场开发。当季度开发的市场可撤销开发,市场开发需分季度投入开发,完全开发后,才可在该市场进行报价销售产品,如图 6 - 38 所示。

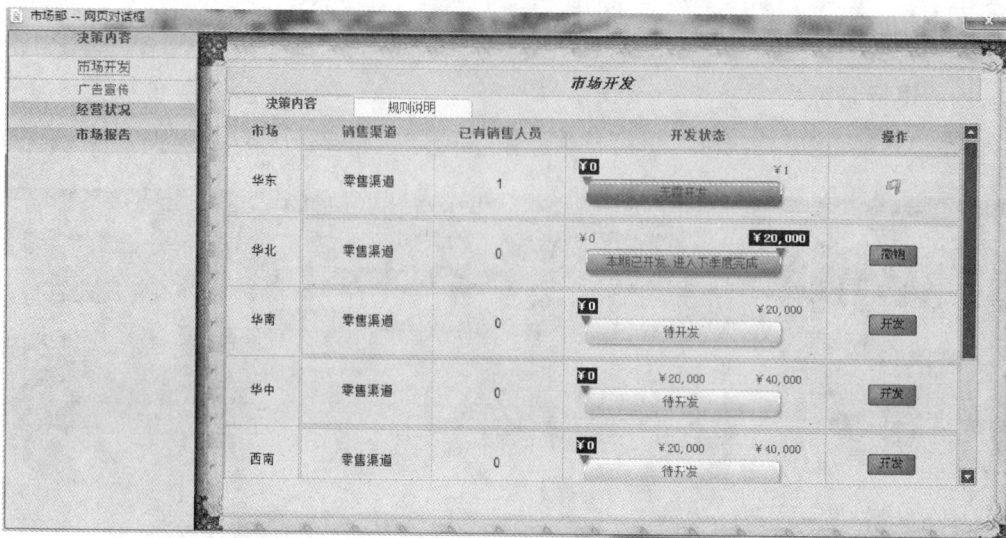

图 6-38　市场部—市场开发

（三）产品设计

可在研发部进行产品设计，若所设计产品需研发，则需研发才可进行生产，如图 6-39 所示。

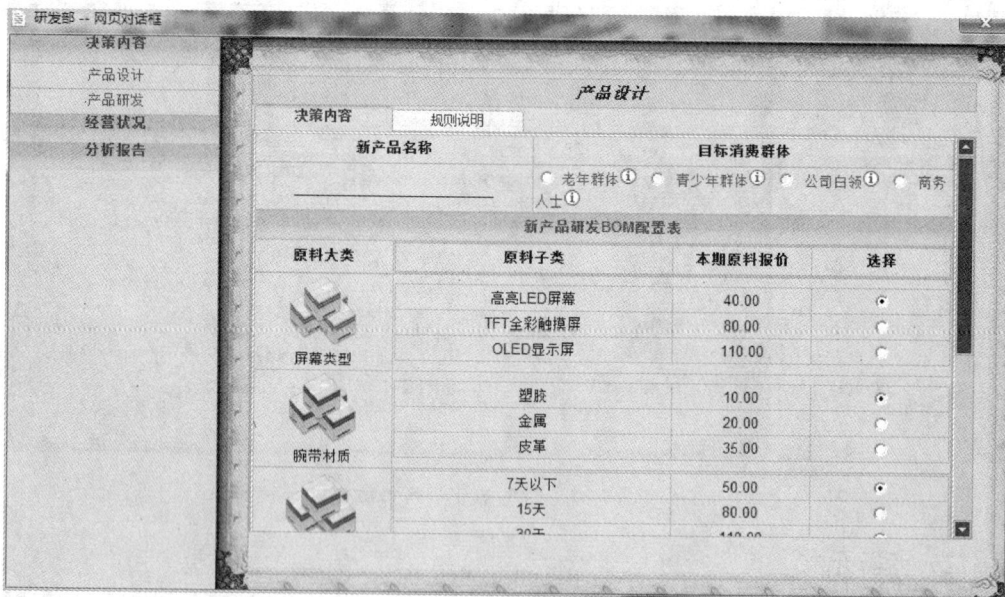

图 6-39　产品设计

（四）产品研发

需要研发的产品可在研发部进行产品研发操作，如图 6 - 40 所示。

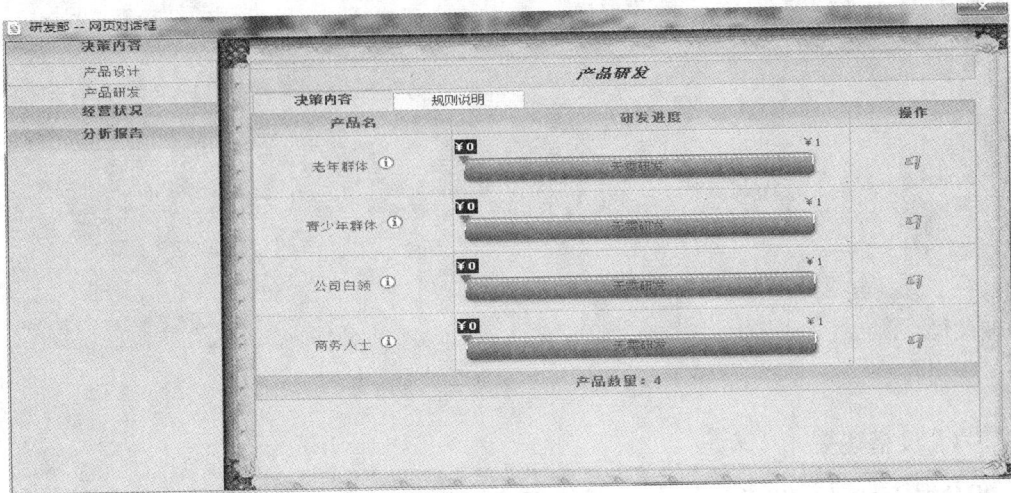

图 6 - 40　产品研发

（五）厂房购置

可在制造部或市场场景中，进行厂房购买或租赁，没有厂房或厂房已满的情况下无法购买设备，如图 6 - 41、图 6 - 42 所示。若厂房里无设备，则当季购买、租赁的厂房可以撤销。

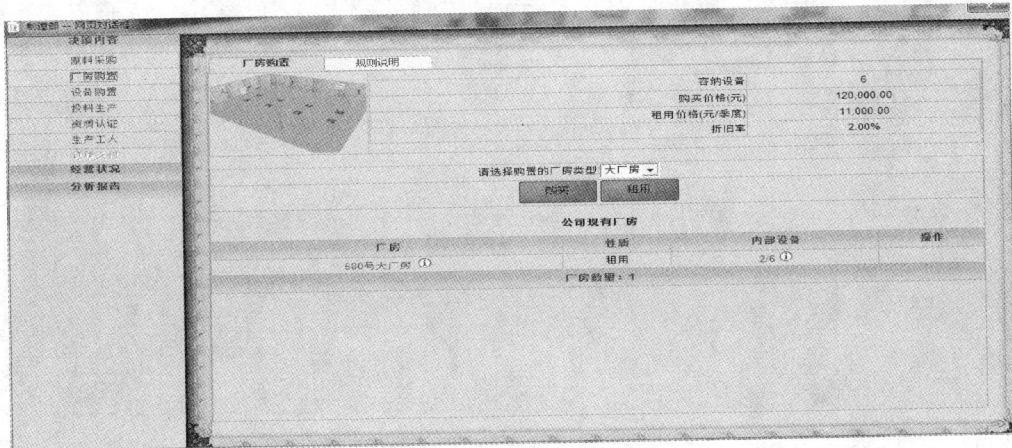

图 6 - 41　制造部—厂房购置

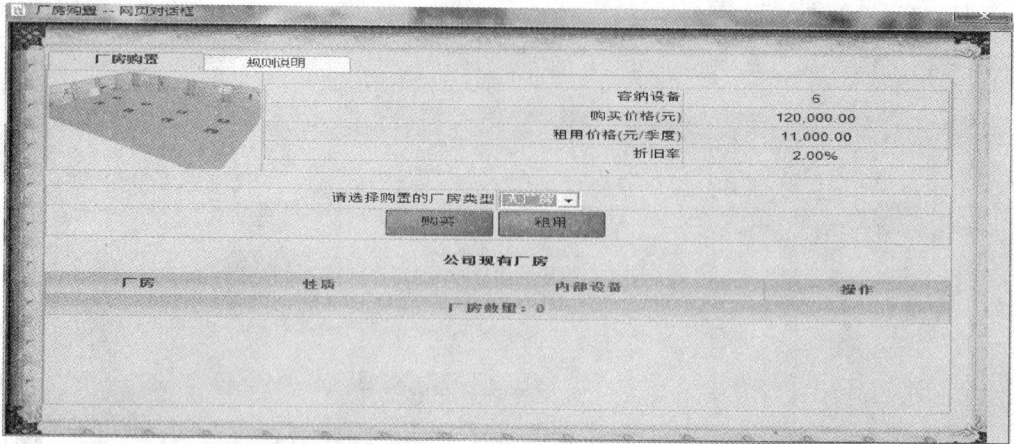

图 6－42　市场场景—厂房购置

（六）设备购置

可在制造部或者市场场景中，进行设备购买，没有设备、设备达到工人上限或设备正在安装中的情况下无法招聘工人，如图 6－43、图 6－44 所示。若设备里无工人，则当季购买的设备可以撤销。

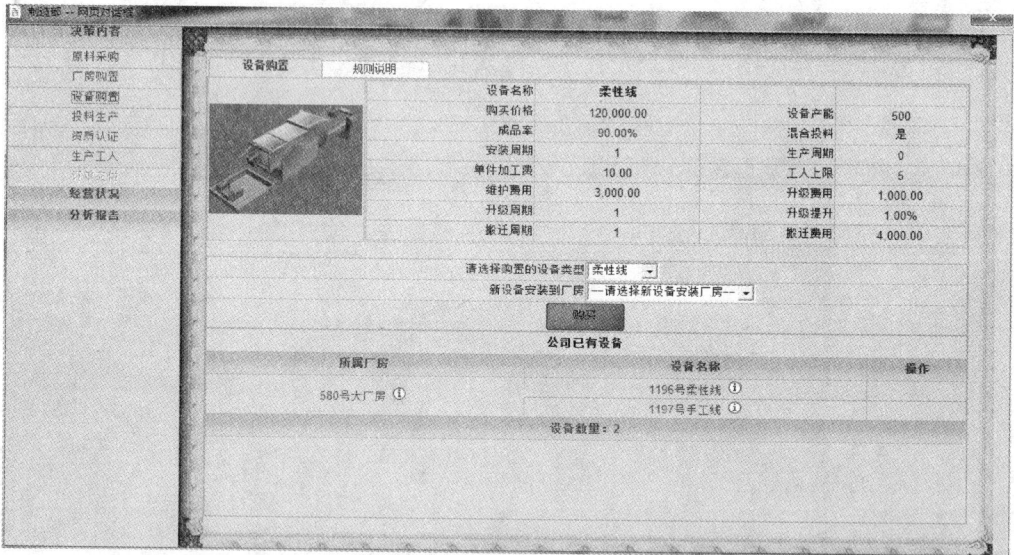

图 6－43　制造部—设备购置

图 6 - 44　市场场景—设备购置

（七）工人招聘

可在人力资源部或者市场场景中，进行工人招聘，没有工人或工人达到生产能力上限的情况下无法在设备上进行产品生产，如图 6 - 45、图 6 - 46 所示。若工人没有生产产品且没签合同，则当季招聘的工人可以撤销。

图 6 - 45　人力资源部—工人招聘

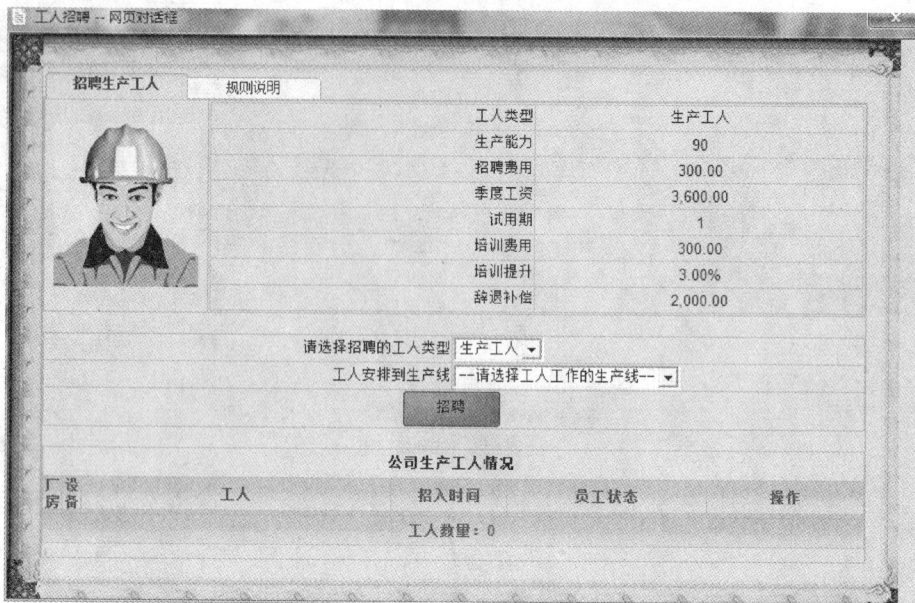

图 6‑46　市场场景—工人招聘

（八）销售招聘

可在人力资源部或者市场场景中，进行销售招聘，没有销售或销售达到销售能力上限的情况下无法进行产品报价，如图 6‑47、图 6‑48 所示。若产品没有报价且没有签合同，则当季招聘的销售人员可以撤销。

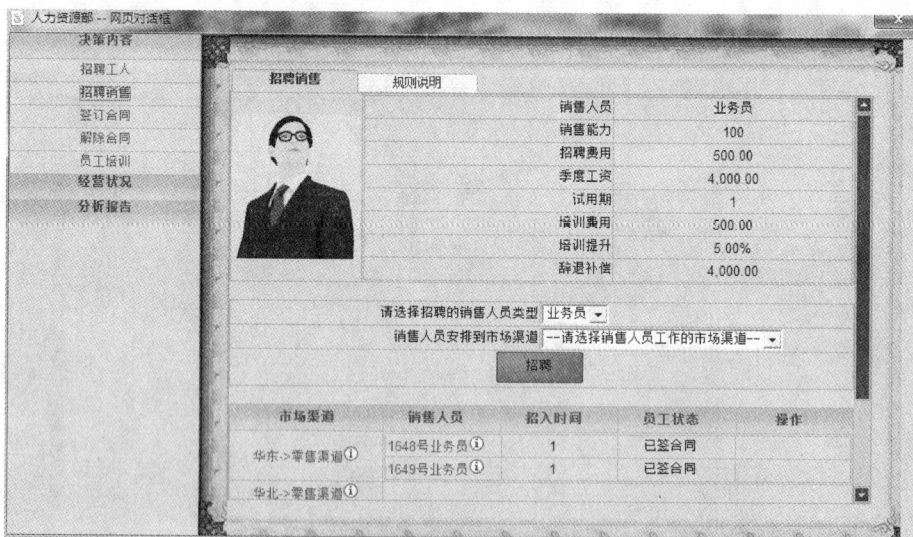

图 6‑47　人力资源部—销售招聘

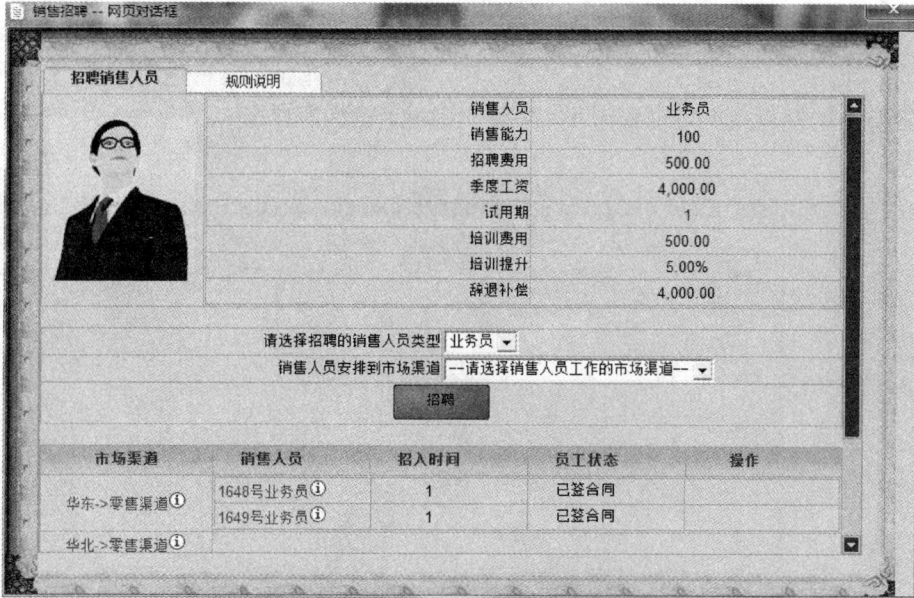

图 6‑48　市场场景—销售招聘

（九）签订合同

可在人力资源部中，进行合同签订，没有签订合同的工人、销售、管理人员可进行合同签订，签订合同后不可撤销，只能查看合同，如图 6‑49 所示。没有签订合同的会在当季结束时需缴纳未签合同罚金。

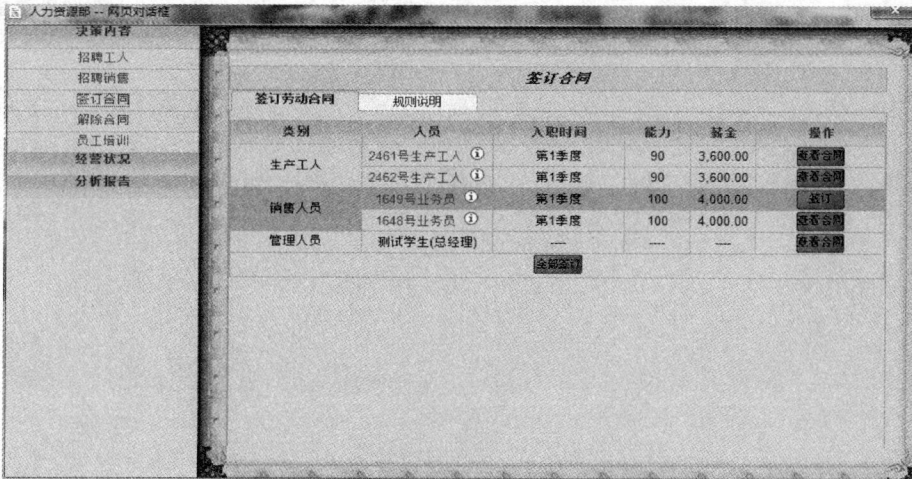

图 6‑49　人力资源部—签订合同

（十）原料购置

可在制造部或者市场场景中,进行原料采购,没有原料或原料不足的情况下无法进行产品生产,如图6-50、图6-51所示。若当季购买原材料且还没有进行过生产,则可以撤销;若已经经过投料生产,则判定原料已被使用过,无法撤销。

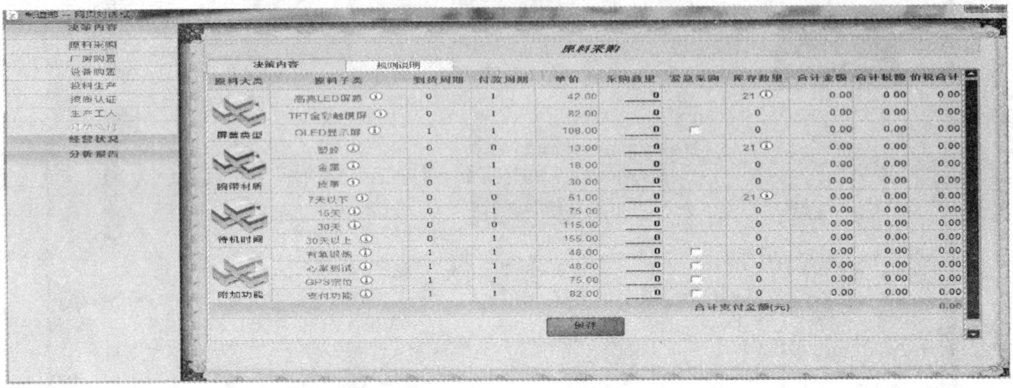

图 6-50　制造部—原料采购

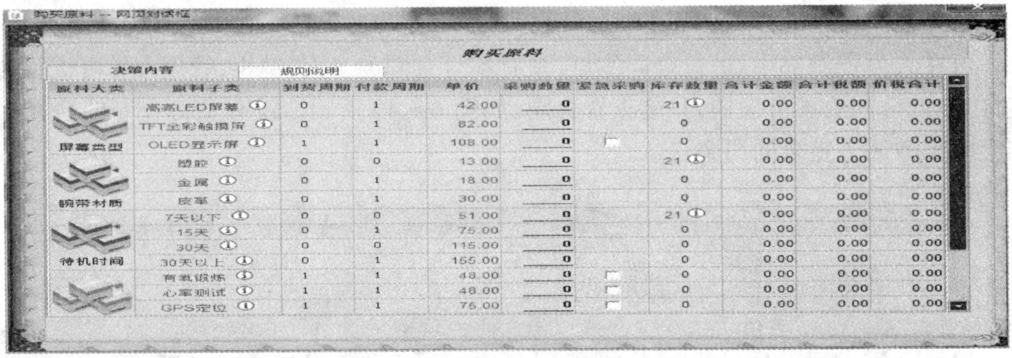

图 6-51　市场场景—原料采购

（十一）投料生产

可在制造部或者生产车间的设备中，进行产品投料生产，如图 6‑52、图 6‑53 所示。已经生产的产品当季可以撤销。

图 6‑52　制造部—投料生产

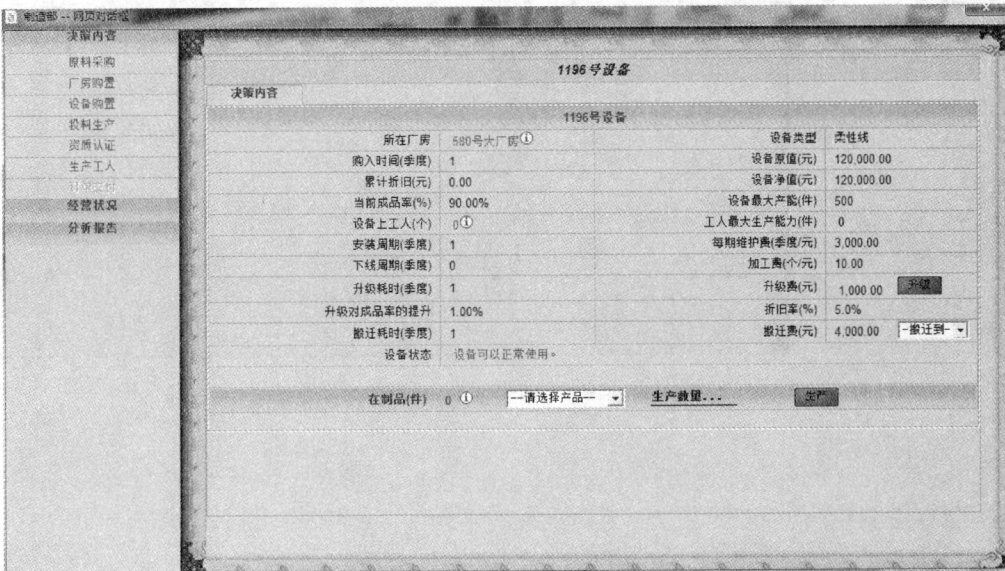

图 6‑53　制造部—投料生产

（十二）广告宣传

可在市场部中,进行产品的广告宣传,不能投料生产的产品无法进行广告宣传,如图 6 - 54 所示。当季可以不限次数更改广告数额,默认最少投入 1 000。

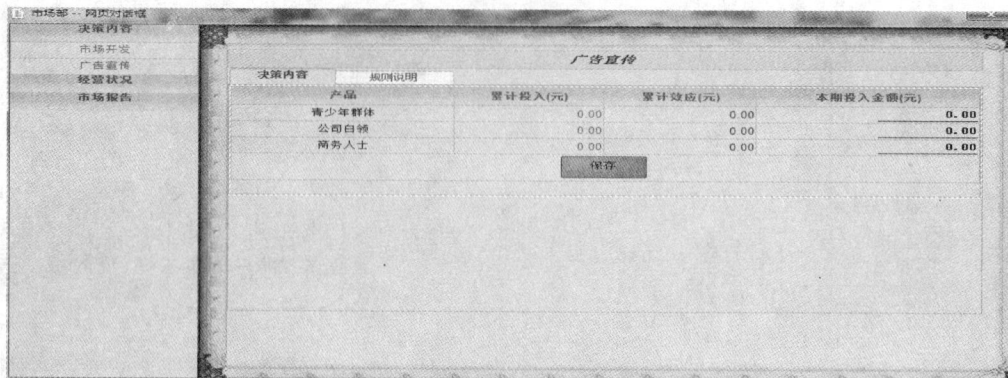

图 6 - 54　市场部—广告宣传

（十三）广告宣传

可在销售部中,进行产品的报价和设置上限数,没有销售或者没有销售资格的市场无法报价,如图 6 - 55 所示。当季可以无线次数修改报价和上限数。

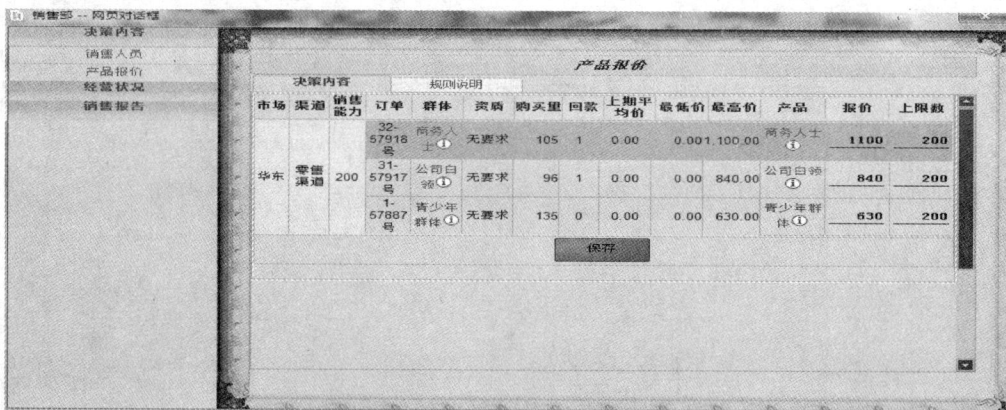

图 6 - 55　销售部—产品报价

（十四）订单交付

当季结束后，进入订单交付环节，可在制造部中，进行产品订单交付，无法交付的订单需要进行违约金赔付（违约金＝违约数量×最大上限价×30%），如图 6 – 56 所示。

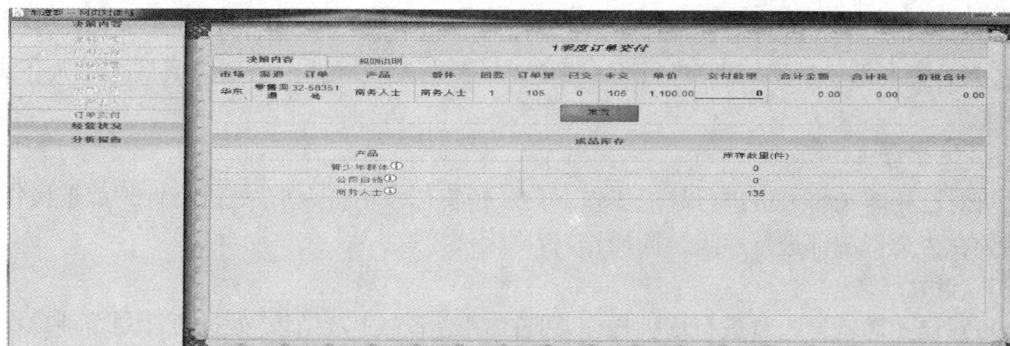

图 6 – 56　制造部—订单交付

（十五）账款贴现

可在财务部对一期回款、二期回款、三期回款等账款进行贴现，贴现需要扣除对应的利息，如图 6 – 57 所示。已经贴现的款项无法撤销。

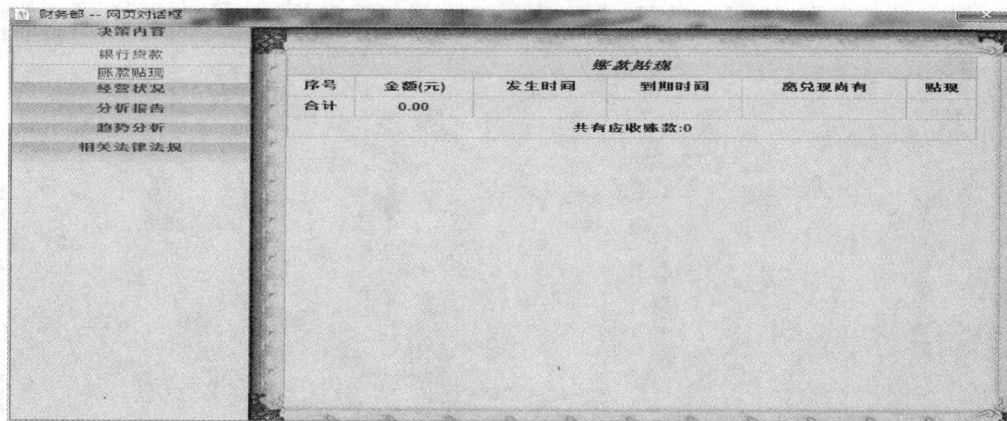

图 6 – 57　财务部—账款贴现

（十六）其他功能

1. 厂房出售

可对已购买厂房进行出售、退租操作，如果厂房内有设备存在，则无法进行出售、退租操作。

2. 设备出售

可对已购买设备进行出售操作，如果设备内工人存在，则无法进行出售操作。

3. 设备升级

可对已经安装完毕的设备进行设备升级操作，可提高设备成品率。

4. 工人辞退

可对已招聘工人进行辞退操作,可在"制造部—生产工人"处进行计划辞退操作,之后须在人力资源部进行解除合同操作,否则无法辞退。

5. 工人培训

可对已招聘工人进行培训操作,可在"制造部—生产工人"处进行计划培训操作,之后须在"人力资源部—员工培训"进行下一步操作,否则无法培训。培训完成后可增加工人生产能力。

6. 销售辞退

可对已招聘销售人员进行辞退操作,可在"销售部—销售人员"处进行计划辞退操作,之后须在人力资源部进行解除合同操作,否则无法辞退。

7. 销售培训

可对已招聘销售人员进行培训操作,可在"制造部—生产销售"处进行计划培训操作,之后须在"人力资源部—员工培训"进行下一步操作,否则无法培训。培训完成后可增加销售人员销售能力。

四、实验规则

实验规则,如图 6-58 所示。

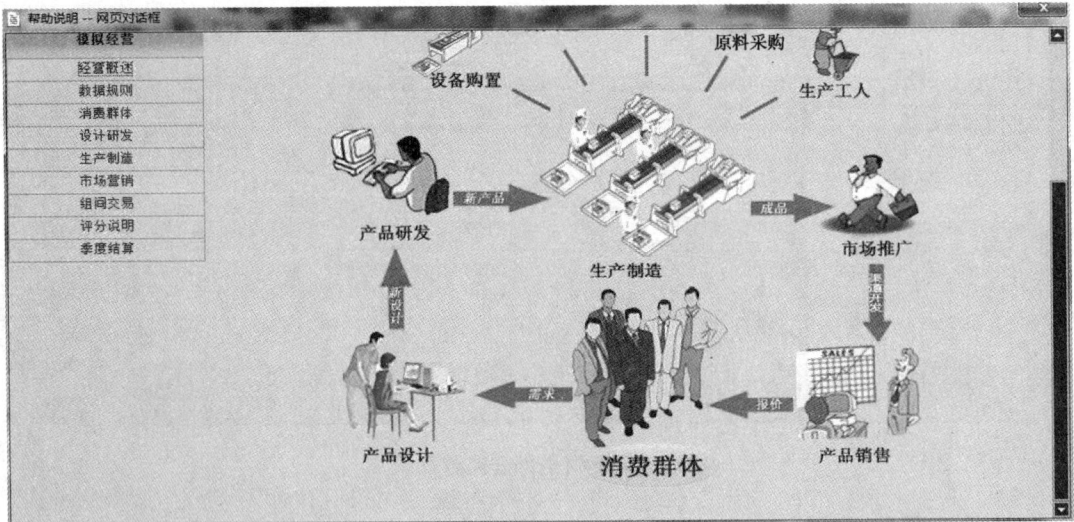

图 6-58　实验规则

五、实验记录

实验记录,如图 6-59 所示。

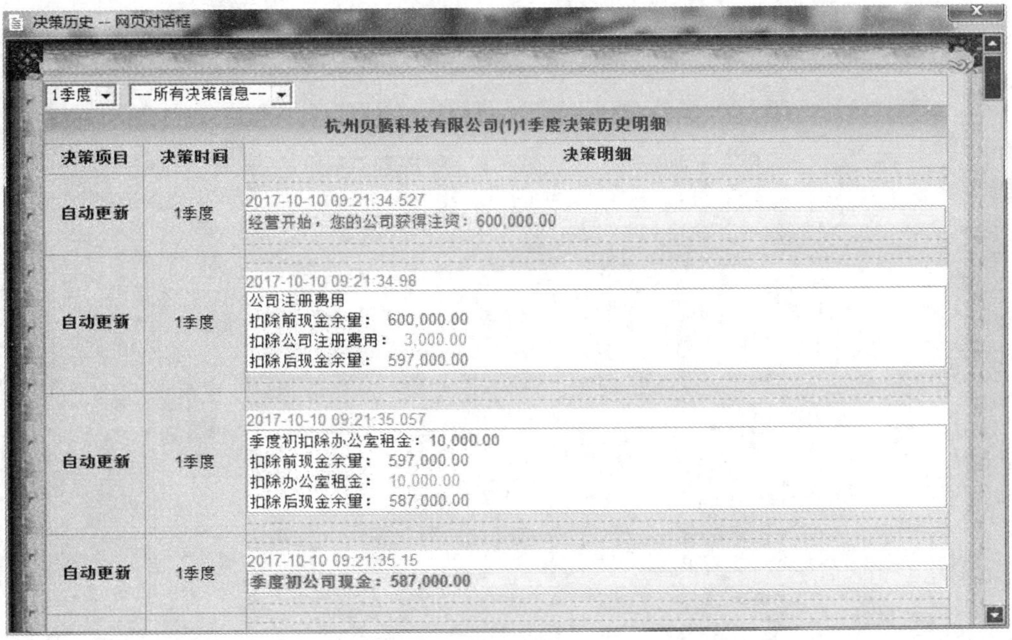

图 6-59　实验记录

六、实验分析

实验分析，如图 6-60 所示。

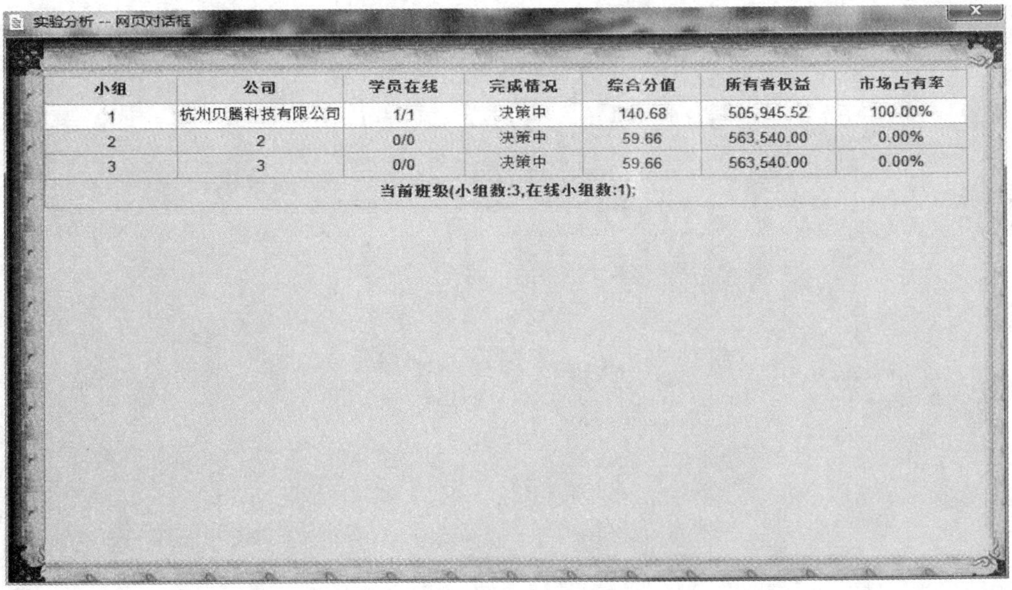

图 6-60　实验分析

附 录

一、有限公司章程

第一章 总 则

第一条 为规范公司的组织和行为,维护公司、股东和债权人的合法权益,根据《中华人民共和国公司法》(以下简称《公司法》)和有关法律、法规规定,结合公司的实际情况,特制定本章程。

第二条 公司名称:_____有限公司。

第三条 公司住所:_____。

第四条 公司在_____登记注册,公司经营期限为_____年。

第五条 公司为有限责任公司。实行独立核算、自主经营、自负盈亏。股东以其认缴的出资额为限对公司承担责任,公司以其全部资产对公司的债务承担责任。

第六条 公司坚决遵守国家法律、法规及本章程规定,维护国家利益和社会公共利益,接受政府有关部门监督。

第七条 本公司章程对公司、股东、执行董事、监事、高级管理人员均具有约束力。

第八条 本章程由全体股东共同订立,在公司注册后生效。

第二章 公司的经营范围

第九条 本公司经营范围为:以公司登记机关核定的经营范围为准。

第三章 公司注册资本

第十条 本公司注册资本为_____万元。本公司注册资本实行一次性出资。

第四章 股东的名称(姓名)、出资方式及出资额和出资时间

第十一条 公司由_____个股东组成:

股东一:_____

家庭住址:_____

身份证号码:_____

方式出资_____万元,占注册资本的_____%,在_____年_____月_____日前一次足额缴纳。

股东二:_____

家庭住址:_____

身份证号码:_____

方式出资_____万元,占注册资本的_____%,在_____年_____月_____日前一次足额缴纳。

股东三：_____

家庭住址：_____

身份证号码：_____

方式出资_____万元，占注册资本的_____％，在_____年_____月_____日前一次足额缴纳。

股东四：_____

家庭住址：_____

身份证号码：_____

方式出资_____万元，占注册资本的_____％，在_____年_____月_____日前一次足额缴纳。

股东五：_____

家庭住址：_____

身份证号码：_____

方式出资_____万元，占注册资本的_____％，在_____年_____月_____日前一次足额缴纳。

股东六：

家庭住址：_____

身份证号码：_____

方式出资_____万元，占注册资本的_____％，在_____年_____月_____日前一次足额缴纳。

第五章　公司的机构及其产生办法、职权、议事规则

第十二条　公司股东会由全体股东组成，股东会是公司的权力机构，依法行使《公司法》。

第十三条　股东会的议事方式：

股东会以召开股东会会议的方式议事，法人股东由法定代表人参加，自然人股东由本人参加，因事不能参加可以书面委托他人参加。

股东会会议分为定期会议和临时会议两种。

1. 定期会议

定期会议一年召开_____次，时间为每_____年召开。

2. 临时会议

代表_____以上表决权的股东，执行董事，监事提议召开临时会议的，应当召开临时会议。

第十四条　股东会的表决程序：

1. 会议通知

召开股东会会议，应当于会议召开十五日以前通知全体股东。

2. 会议主持

股东会会议由执行董事召集和主持,执行董事不能履行或者不履行召集股东会会议职责的,由监事召集和主持,监事不召集和主持的,代表以上表决权的股东可以召集和主持。股东会的首次会议由出资最多的股东召集和主持,依照《公司法》规定行使职权。

3. 会议表决

股东会会议由股东按出资比例行使表决权,股东会每项决议需代表多少表决权的股东通过规定如下:

(1) 股东会对公司增加或减少注册资本、分立、合并、解散或变更公司形式做出决议,必须经代表三分之二以上表决权的股东通过。

(2) 公司可以修改章程,修改公司章程的决议必须经代表三分之二以上表决权的股东通过。

(3) 股东会对公司为公司股东或者实际控制人提供担保做出决议,必须经出席会议的除上述股东或受实际控制人支配的股东以外的其他股东所持表决权的过半数通过。

(4) 股东会的其他决议必须经代表二分之一以上表决权的股东通过。

4. 会议记录

召开股东会会议,应详细做好会议记录,出席会议的股东必须在会议记录上签名。

第十五条　公司不设董事会,设执行董事一人,由股东会选举产生。

第十六条　执行董事对股东会负责,依法行使《公司法》第四十七条规定的第 1 至第 10 项职权。

第十七条　执行董事每届任期_____年,执行董事任期届满,连选(派)可以连任。执行董事任期届满未及时更换或者执行董事在任期内辞职的,在更换后的新执行董事就任前,原执行董事仍应当依照法律、行政法规和公司章程的规定,履行执行董事职务。

第十八条　公司设经理,由执行董事聘任或者解聘。经理对执行董事负责,依法行使《公司法》第五十条规定的职权。

第十九条　公司不设监事会,设监事_____人,由非职工代表担任,经股东会选举产生。

第二十条　监事任期每届三年,监事任期届满,连选可以连任。监事任期届满未及时改选,或者监事在任期内辞职的,在改选出的监事就任前,原监事仍应当依照法律、行政法规和公司章程的规定,履行监事职务。

执行董事、高级管理人员不得兼任监事。

第二十一条　监事对股东会负责,依法行使《公司法》第五十四条规定的第 1 至第 6 项职权。

监事可以列席股东会会议,监事发现公司经营情况异常,可以进行调查;必要时,可以聘请会计师事务所等协助其工作,费用由公司承担。

第六章　公司的股权转让

第二十二条　公司的股东之间可以相互转让其全部或者部分股权。

第二十三条　股东向股东以外的人转让股权,应当经其他股东过半数同意。股东应就其股权转让事项书面通知其他股东征求同意,其他股东自接到书面通知之日起满三十日未答复的,视为同意转让。其他股东半数以上不同意转让的,不同意的股东应当购买该转让的股权;不购买的,视为同意转让。

经股东同意转让的股权,在同等条件下,其他股东有优先购买权。两个以上股东主张行使优先购买权的,协商确定各自的购买比例;协商不成的,按照转让时各自的出资比例行使优先购买权。

第二十四条　本公司股东转让股权,不需要召开股东会。股东转让股权按本章程第二十二条、第二十三条的规定执行。

第二十五条　公司股权转让的其他事项按《公司法》第七十三条至第七十六条规定执行。

第七章　公司的法定代表人

第二十六条　公司的法定代表人由＿＿＿＿＿＿担任。

第八章　附　则

第二十七条　本章程原件一式份,其中每个股东各持一份,送公司登记机关一份,验资机构一份,公司留存一份。

＿＿＿＿＿＿有限公司全体股东

自然人股东签字:

　　　　　　　　　　　　　　　　日期:＿＿＿＿＿年＿＿＿＿＿月＿＿＿＿＿日

二、商业计划样本示例

（本示例仅供参考）

这是你商业计划的内页封面,有必要将你的有关信息在此标明。你需要再加上一个封面,封面用纸的纸质要坚硬耐磨,可以使用彩色纸张,这样可以使你的文件外观更具吸引力,但颜色不要过于耀眼。你还可以使用透明胶片作封面。

[你公司或项目名称]

商业计划

[出版时间: 年   月]

[指定联系人]

[职务]

[电话号码]

[电子邮件]

[地址]

[国家、城市]

[邮政编码]

[网址]

保密须知

本商业计划书属商业机密,所有权属于[公司或项目名称]。其所涉及的内容和资料只限于已签署投资意向的投资者使用。收到本计划书后,收件人应即刻确认,并遵守以下的规定:① 若收件人不希望涉足本计划书所述项目,请按上述地址尽快将本计划书完整退回;② 在没有取得[公司或项目名]的书面同意前,收件人不得将本计划书全部和/或部分地予以复制、传递给他人、影印、泄露或散布给他人;③ 应该像对待贵公司的机密资料一样的态度对待本计划书所提供的所有机密资料。

本商业计划书不可用作销售报价使用,也不可用作购买时的报价使用。

商业计划编号: 授方:

签字:

公司:

日期:

目 录

以下是本样本目录表。注意，当你做好你的商业计划书后，要编排页码。有关图表信息请参阅本样本第九章。

第一章　摘　要

如果没有好的摘要,你的商业计划就不可能卖给投资者。建议首先编制一个摘要,用它来作为你的全部计划的基本框架。它的基本功能是用来吸引投资者的注意力,所以摘要不要过长,不超过两页的篇幅,越短越好。

宗旨及商业模式

本公司的宗旨是[此处插入宗旨说明。在商品经济社会中,任何商业机构都要有其宗旨或任务,没有宗旨就等于不知道该做什么事情。你必须先明确贵公司或你想设立的公司的宗旨是什么]。

本公司是一家[处于创始阶段/处于高赢利发展阶段/商品增值转卖]的公司。[你公司名称]的法定经营形式是[独资/合伙或有限合伙/专业公司/直属分社/专业分公司/有限责任公司],法定地址:[标明主要营业地址]。

最近大部分时间[指出具体时间段],我公司在[具体的商品或服务名称]销售方面取得了成就,具体表现为[利润/损失/收支平衡/市场扩大/销售量提高]。从预期财政分析来看,我公司可望在[××××]年销售收入达到[×]元,税前利润为[×]元,[××××+1]年销售收入为[×]元,税前利润为[×]元。我们之所以能够达到这个目标是因为我们的资金主要用于[叙述资金用途,比如:① 为新产品打开市场;② 建设或扩建厂房与设施以适应增长的市场需求;③ 增设零售网点或其他销售措施;④ 为新产品增设科研开发题目,或研究改善现有产品]。

本公司生产下列商品[按生产线以最畅销或最有前景的顺序列出产品名称,简单一些]:

简单对以下几个问题进行说明,比如公司的现况(指出贵公司在工业行业或技术方面的竞争情况和竞争对手,等等),市场机遇(××××年预计市场总收入可达到×××元,由于市场需求增长加之企业改善,××××+n年可增至×××元,200×年可增至×××元)。

现在[你公司名称]处在需要[有何需求,或下步打算]的状态下。为实施我们的计划,我们需要[总金额为×××元的贷款或投资],用于下列目的:

说清楚,你为什么需要这笔资金?

为了建设发展设施或生产设施,增加生产,扩大仓储能力以适应顾客的需求。

增加销售量以促进和改善我们的产品或服务。

为了增加分销渠道/零售网点/区域销售/销售办事处/或生产电子产品/直接邮递业

务,等等。

由于新订单的大量涌入和会计覆盖面的扩大,需要改善客户的支持与服务系统,以适应增长的需要。

在新的市场规划形势下,新增的雇员需要努力适应不断发展的形势。

增强科研开发强劲性,以便生产适销对路的产品,同时也为了提高我们的竞争优势。

我们的产品和服务:

用普通人可以理解的简单用语介绍一下你们的产品及服务情况。你们目前急需解决的问题是什么? 问题的原因何在? 你们将怎样解决这些问题? 赚钱的关键是什么? 为什么你(或者你的领导层)的公司是解决这些问题最适当的选择?

[你公司名称]目前提供[具体数量]种产品:[列出产品名称和资源名称]。

我们的主导产品包括[上述列出产品的编号]。总体说来,我们现在的生产线处于[起步/发展/成熟]阶段。

我们产品所使用的技术包括[外部提供的其他技术]正在[说明具体行业或企业名称]中广泛使用。

目前,我们的[产品/服务名称]处于[起步、发展、成熟]阶段。我们计划按着这种[产品/服务名称]继续扩大我们的生产线,发展项目包括:[请列出扩展的项目]。

在[产品生产过程中,或延伸服务范围过程]中,主要的关键因素是[列出主要因素]。

我们的[产品或服务名称]是独一无二的,理由是[列出理由],另外,我们有市场优势,原因是我们拥有[专利技术,快速进入市场,名牌产品,等等]。

市场定位(目标市场):

我们把我们的市场定位在[生产和销售书写及绘图仪器,低脂肪奶酪等产品,请界定你的市场导向]。根据市场资源,根据[资料来源]的调查显示,[最近的日期]这个市场的[批发额或零售额]大约为[×]万元;根据[资料来源]的推测显示,该市场到[××××]年将发展到[×]万元。

在这里,你要说明,你有哪些顾客? ……现在的及将来的有多少(顾客)? 这些顾客都分布在什么地方? 你是如何接近他们的? 他们的购买标准是什么? 他们是否持续购买你的产品或服务? 你是如何引导顾客你的产品或服务的? 他们为什么对你的产品感兴趣? 为什么看中你的产品? 你是如何渗透到这个市场中并赚钱的?

竞争:

我们直接与[竞争者名称]展开竞争。[或者,我们没有竞争对手],但是我们的[产品或服务]在市场上是有选择性的。我们的[产品或服务]是一流的,因为[写明原因],同时,我们的确具有竞争优势,这是因为我们的产品[进入市场的速度快,形成了名牌产品,生产成本低,等等]。

管理:

我们的管理层有下列人员可保证实现我们的计划:

[姓名],[男/女],[具体职位]。[他/她]具有[具体年数]年的工作经验,有[具体年数]年的市场经验,有[具体年数]年的产品开发经验,有[具体年数]年的[其他训练科目]的经验。

[姓名],[男/女],[具体职位]。[他/她]具有[具体年数]年的工作经验,有[具体年数]年的市场经验,有[具体年数]年的产品开发经验,有[具体年数]年的[其他训练科目]的经验。

......

资金需求:

我们正在寻求[资金的具体数量]万元的[分期贷款、权益或其他融资方法]资金支持,这笔资金用于[详述资金用途以及为何本项目能赚钱]。我们采用[利润分红、二次融资、出卖公司或者公开上市]等方法,在[y]年之内偿还这笔贷款或投资。

资金筹措方法:

关于资金筹措方法,必须能让投资者清醒地了解站在你的立场上的想法,尤其是目前国内企业或企业家不了解国际融资方法,这点特别重要。假如你把他(或她)弄得很尴尬,或使用难以操作的方法,你将走入死胡同。你必须提供一个快速敏捷高效的融资环境。

销售汇总:

财务历史数据:

	前四年	前三年	前 年	去 年	今 年
销售额					
毛 利					
税前利润					

财务预计:

	明 年	后 年	第三年	第四年	第五年
销售额					
毛 利					
税前利润					

资产负债汇总表

在[n]年内我们将偿还资金,方法是[将公司卖给一个竞争对手,公司支付,公开上市,利润分配,等等]。或者其他方式[另外的偿还方法]。我们希望能在[×年×月]实现这一计划。

第二章 公司介绍

除了那些亲手将公司领向成功的企业家之外,没人能清晰地了解一个成功公司的任务。

一、宗旨(任务)

我们的目标是将公司变成[请阐述你的最终目标,或插入你的任务说明,例如:互联网络路由设备的主导制造商以及将我们的品牌发展成为市场著名品牌]。

我们立志于在开发与销售领域刻守信誉、提高声望[具体的方式,如快速、价格合理、适销对路的产品来丰富市场需求,以及其他方式]。为达到此目标,我们采取[缩短新产品的开发周期,密切注视市场趋势和需求,开发具有创意性和获利性产品,并在包装上创新,等等]等方式来实现。

为贯彻我们的目标和即定方针,我们决心以[阐述你公司希望达到的声誉]的态度对待资金监护人、顾客及社会其他团体。这些单位都会相信我们的公司,因为[阐述你公司与有关的各集团相互之间都是互利互助的]。

为实现我们的目标,[你公司名称]需要[资金、管理技术等,列出你行需要的一切]。

二、公司简介

[你公司名称]成立于[×年×月],其业务范围包括[介绍贵公司商业活动,如儿童商品制造、医用产品提供者等]。商业法定名称是[公司全称],法定地址是[公司注册地址]。

本公司是一个[指出公司性质,如分公司、合作公司、合伙人、专有独资公司、股份公司等]。我们的主要办事机构位于[列出主要地址以及其他有关场所]。我们的办公楼大约面积为[具体数值]平方米,工厂或仓库面积大约[具体数值]平方米。我们目前的月生产能力为[具体数值,要包括计量单位]。如果我们每月扩大[具体数值]能力,我们还需另增面积[具体数值]平方米。有了资金后,我们可望在[两年内/一年内/一周内]能使该设施足以满足公司的需要。

法规与特需权[若没有可以省略]:

[你公司的名称]现正生产[有毒废物品、武器和军需品、遗传工程品、爆炸品等],或者利用[禁控物资在生产线上加工或销售,或此类服务活动],而且脱离了[政府有关机构名称]的管辖。

在此要列出所需要的许可证和法规文件。说明一下你公司与政府有关权威机构的关系,以及这些机构是如何规定贵公司的商业活动的。

三、公司战略

探讨一下你公司所面临的主要机遇,这些机遇促使你为之融资。目前情况下,产品生产线和技术能力会发挥有效作用吗? 大约投入成本是多少? 时间进度如何划定? 风险程度如何? 销售状况的变换或技术许可的发布以及市场品牌的下落,等等因素。

[具体的市场名称]市场形式十分复杂,我们的[具体产品名称]产品在上述[各个市场]未来两年内的状况是[在此详述]。

或者,新技术的全面应用将使我们的[具体产品名称]产品扭转[具体的市场]市场局面。所以,我们的产品有在当今[具体的市场名称]市场上继续占领的机会。

[你公司或项目名称]的市场战略是将本公司(或项目)变成[具体商品名称]的主导生产与供应商,配合[具体的工具或手段],可使我们的[顾客/用户][做什么? 结果如何? 带来何种益处?][你公司或项目名称]将在[何种工业领域、市场、专业市场、适当的范围内]以它的[核心技术,知识和专门技术]去支配[具体的市场名称]市场,包括[说明在哪些方

面][详见图1:市场,图2:扩大市场,图3:组成]。目前[有多少]具有战略性的生产线被认为有能力占领目标市场[或适当的地位]。全部生产线以[按照生产层次、包装形式和销售渠道,其核心技术和生产商]的方式构成了全部股份。

以下利用一段文字阐述各自的目标或目的。使用图解方式说明(详见第九章样本格式例子)。要知道,一份图表有时胜过上千个文字叙述,它可帮助你全面思考。并使你做出最终结论,以施展你的战略部署。

1. 产品及服务1

[产品或服务1]代表着新 [何种市场?]市场的一个侧面,该市场可以[解决何种问题?],并且可以广泛地反映出全部[目标客户]对服务需求。

探讨一下营销状况及目标市场的规模。

2. 产品及服务2(等等)

[产品或服务2]体现了[某种项目或事物]可以附加在[某种项目或系统]中。[你公司或项目名称]将[首先]结合[具体产品/服务]进入市场,并被工业专家评为"最佳产品"。依上述方式予以叙述。

3. 客户合同的开发、培训及咨询等业务

[你公司或项目名称]目前正同[某公司]讨论具体的[购买合同和委托]。这项工程将给[你公司或项目名称]带来可观的效益,将帮助[你公司或项目名称]与[某公司]建立正常的相互关系,以保证[你公司或项目名称]的产品技术和服务得以实施。[你公司或项目名称]希望这条生产线能够得以实施。[你公司或项目名称]希望这条生产线能够表示出[你公司或项目名称]的产值的[降/升]曲线。

四、技术

1. 专利技术

我们的产品属于[阐述专利技术],并对下列范围的权益加以保护[列出有关专利技术、版权、商标等],同时实行规范的技术转让方针。

2. 相关技术的使用情况(技术间的关系)

我们 [具体产品名称] 的[技术/能力],我们已经[说明一下专利许可证或专利计划]与[具体产品名称]技术有如下应用范围:[指出协议书的大致条款]。

[你公司或项目名称]已经与其他影响力较大的科研中心,包括[科学院、基金会、组织]建立了关系,本公司同时还是[公司或项目名下]的大学认证项目的参与者,拥有[具体产品名称]的原始编码专利。"大学认证项目"首先给[你公司或项目名称]提供任何衍生项目的工业化生产的权利。

我们的技术开发包括[产品和公司]项目。这些工作包括[公司]和项目参与者的努力。公司有权利将[具体技术名称]用于工业化扩大发展。

[你公司或项目名称]目前正致力于[界定一下环境或有潜力的技术,或者生产线]的研究工作,这项工作将对扩大生产提供条件。

五、价值评估

阐述一下向顾客提供的产品为客户带来的利益,要有具体数值:

增加收入额

增加毛利额

提高生产效率

降低信息技术成本

减少库存

降低员工数

……

请与从前的统计结果（公司及竞争对手）加以对比量化，并说明不同点及改善情况。

六、公司管理

1. 管理队伍状况

"投资是一项经营人才的业务"，请一定要牢记这句话，越来越多的事实证明商业竞争的实质就是人才的竞争，谁能让人才留驻并善用他们，谁就能在商业竞争中获胜。你不仅要向投资者介绍你经理队伍的概况，而且要介绍他们是如何形成一个整体团队进行工作的。

［你公司或项目名称］拥有一支世界级水平的管理队伍，他们在［工业生产、市场营销、专业市场、资讯收集、公共关系、人事关系、各种有影响的岗位］上具有直接的技术与丰富的经验。主要体现在：

（1）业务负责人和关键雇员：

坦率地说，如果你以最少的人数担任公司各类职务，你将很幸运。你要告诉投资者，你公司都设了哪些岗位。请将你公司主要岗位负责人的简单职责介绍一下。

在此你要将你公司或项目的主要人员列表进行说明，主要人员包括：总经理（或首席执行官）、负责市场营销的副总经理、负责销售的副总经理、负责财务的副总经理、负责研发的副总经理、负责生产的副总经理、财务总监、法律顾问、公共关系顾问等。每个职位都要包括：姓名、职位、性别、年龄、所持有你公司的股份或选择权、个人经历、教育程度、专业水平、毕业院校等。另外，你最好能提供几位可作为公司重要岗位候补的人员介绍，以及公司发起人的数量、所处职位和介绍。

（2）股份分配：

本公司已发行了［具体数量］普通股，还有［具体数量］普通股尚未发行。下列人员或组织是公司的重要股东：

在这里你要列表说明重要股东的名称、持股量、股份单价、占总股份的比例等资料。

2. 外部支持

我们目前已与下列外部顾问机构发展了业务关系：

［具体名称］会计师事务所

［具体名称］律师事务所

［具体名称］［各种形式的］顾问或咨询公司。

3. 董事会

我们公司的董事会由称职的商业及工业专业人士和专家组成。这个董事会协助我们的管理层制定切实可行的决策,执行最有效率的任务。但是,董事会对管理的决策不负任何责任。

利用本页篇幅简略概括一下你的董事会的背景。将董事会成员的简历一一写在计划书的附录条中。

七、组织、协作及对外关系

阐述你公司的内部组织结构,管理程序。此项内容可以写在这里,也可以放在"支持文件"栏目中。组织机构包括管理层次图表,说明相互业务关系、功能作用等。

你要阐述你公司所存在的各种关系的影响力,它可以吸引投资者的兴趣。请说明一下你是怎样开展工作(或计划开展工作)的,以及如何协同另一方改善你的工作质量。要清楚地说明它们是怎样被选用的,以及到目前为止它们是否为公司赚了钱。切莫忘记在你所从事的领域当中还有全球分销计划。

[你公司的名称]已经同[行业名称]行业中的主要公司发展了重要的利益关系。以下列出这些关系之范围。

联合营销协议:

相互关系的作用和影响可以吸引投资者的兴趣。请说明你是如何同其他部门合作以改善你的工作业绩的。

本公司在下列大型的巩固的业务方面建立了重要的互惠协作战略伙伴关系[请逐一介绍每个公司,他们在市场中的地位,具体协作内容,以及在协作中涉及的风险等均应加以说明]。比如,我们已同[具体公司或组织的名称]建立了营销协议,这位[公司或组织的业务性质,如计算机软件批发商]的业务使我们有机会销售我们的[具体产品名称]。

第三方协议:

我们同为数众多的供应商建立了战略伙伴关系。填补了采购方面的委托空白,以便购买[列出提供你公司各种原料80%以上供应商所提供的原料名称],他们同意在[这里写出协议的中心意图,如:至少六个月内不向市场投放任何商品,或者他们向我们提供优惠的价格]。

合作开发:

本公司与[具体公司名称]公司的合资经营是我们建立的另一类战略伙伴关系。我们绝不会对他们新的[具体列出不会进行的工作,如高帮运动鞋]投入研究开发基金。由于我们的参与,使他们已经研发了一段时间的[具体列出将进行的工作,如低帮运动鞋]的研发时间缩短了一半。通过利用他们的[具体设备或人员](实际上这些人员并未充分利用),我们有能力避免支出[工资以外的主要费用]。由于他们对该商品研发是否取得的成功起过重要作用,我们同意支付[具体数额]的权利费。

委托加工关系(OEM关系):

本公司与许多客户建立了具有战略意义的委托加工(OEM)关系。这一关系使我们得以大量稳定地销售[具体产品名称,如箔金包装料],销售对象是[具体用户名称和用途,如××能源公司,他们用箔金制成造太阳能光能极]。这一关系使我们许多生产线的产品走入了市场。不过它给我们带来的收益并不太大,也没给我们扩大我们品牌的影响力。

八、知识产权策略

本公司对我们的核心专利技术[详述于此]实行严格的保护措施。这项工作需要依靠有关法律的帮助,如版权法、商标法、商业机密保护法规等。同时还需要有对有关商品制定的合同限制条款,以便保护我们的知识产权。本公司目前拥有[或设有]这些技术的专利[但很可能在将来选择申请专利归档]。以下说明一下任何可能发生的法律上的,或者技术上的和竞争上的冲突。

九、场地与设施

详细说明扩建需要的设施和成本,包括租赁合约等。

我们的[公司总部/制造厂址/销售网点]位于[具体省份、城市、街道]。

这个场地为[原始或当前]的生产和扩建提供必要的空间,它可以满足未来[大致时间范围]年的发展需要。我们目前的生产能力(包括内部和外部生产)是[具体按日/周/月/年等单位列出生产能力]。

如果我们能将生产能力提高到[具体按日/周/月/年等单位列出希望达到的生产能力]的话,还需要[到何时]增加设备。在选择未来场地时,需要考虑以下几个问题:

在此说明需要考虑和解决的问题。

十、风险

需要评估一下你业务的主要风险(包括管理问题、市场状况、技术状态和财政状况)。这些风险包括以下方面:有限的操作经验,有限的技术力量,员工熟练程度,资源数量,有限的管理经验,市场的某些不确定因素,生产上的某些不确定因素,来自竞争对手的威胁,防止假冒伪劣商品问题,对关键管理方式的独立性问题,等等。

[你公司名称]的业务取决于对[明确可能产生的风险]的防范。这主要取决于卖主,因此,须向[具体买主的名称][说明需要做的工作,如定期发布内部规范与标准以及进行二次试验等,这些工作均需在总体发货前进行]。本公司相信自己有能力适应[技术进步及生产稳定性发展]的步伐,[依靠先进的联络手段,如国际互联网和其他在线服务方式,本公司有能力支持这种产品的生产]。未来的产品计划不依赖于[阐述于此],技术障碍已经清除。

本公司的主要发展目标是生产[具体商品的名称]。成功地生产出这些代表我们企业水平的商品,并为市场所接受,就是[你公司或项目名称]的生命线,即企业成功的重要条件。最近第一个月[具体商品的名称]的销售额达到了[具体金额]百万元,这表明市场接受[具体商品的名称]的程度是广泛的,而且还在发展着。[具体生产装置]将会成为200×年公司的主要收入来源。199×年×月份[资料来源机构名称]的研究机构报导称,[具体生产装置]的增长率由199×年的××%增长到199×年××%(仅在[具体市场名称,如:操作系统]市场上的统计)。[具体研究机构名称]公司预测,[具体生产装置]的订货量将由199×年××0 000提高到200×年超过××0 000,比199×年的订货量翻了一番。目前的销售量和市场预测可以大大降低本项目的投资风险。

第三章 市场分析

这一章是编写商业计划书最重要也是最困难的一章,如果你不重视对这一章的编写,你的计划就会成为最糟糕的计划。这也是大多数糟糕的商业计划编写得最糟糕的章节。

在这一章中,你要指出你在哪个工业领域、市场领域、岗位功能方面展开竞争?市场特点与性质怎样?你是如何划分市场格局的?这些市场格局与营销研究中心的分析或与投资分析有何不同?以上问题你要具体说明。如果市场属于新开发的,那么,你如何建立你的预测来证明你的正确性。例如,假如你现在正在 NT 环境下开发一个的高性能 C++语言的应用工具,就不能将你所面对的市场销售总额定在所有软件应用工具市场销售额 300 亿美元上。因为,你是为特定市场生产一种 C++工具,它不是一个多语言交换系统或多用户工具,请问:你去年卖出多少套 C++工具?而且,这些工具中有多少是"真正的"开发工具?有多少是你的目标市场?同你的竞争对手分享后,又有多少剩下的是属于你的市场?在你目标市场之外还有没有其他市场/分销商/委托加工工厂?

在编制本章之前,请参阅第九章关于市场和市场格局的介绍、格式和编排方法。

一、市场介绍

我们在[具体的工业领域]的[具体的方面][希望参与竞争,正在展开竞争]。根据[具体的资料来源],该市场[前一段有效时间][批发或另售]额大约为[具体金额]万元。我们相信,这个领域未来主要趋势是向着生产[具体预测发展方向,如环保方面、小型化方面、高品质方向、增值方向]的产品发展。

根据[具体的研究机构名称]研究结果显示,到 200×年,该市场将会[发展或紧缩]到[具体金额]万元。我们希望在此期间市场中的竞争局面应是[维持发展、收缩、原地不动]。影响这种变革的主要力量来自[具体原因,如计算机成本下降,以家庭为基础的生意的扩大,儿童用品开发商的用户——孩子数量在减少以及带之而来的他们所喜爱的宠物在减少]。在这个领域中,发展前景最广泛的区域是[具体产品名称]。

我们的市场定位是发展[具体面向市场的产品类型,如学校、家庭、办公室用品,书写和制图仪器,制鞋工业中的儿童(10 至 19 岁孩子)用鞋]。在过去的几年中,这个市场已经处于[发展或稳定状态当中]。[具体行业名称,如机械]工业专家[需要具体指出姓名]预测,该领域未来几年的产值为[具体金额]万元。

最有发展前景的区域是[具体市场名称,如儿童用品]市场的[具体产品名称,如童装]产品。

注明此信息的来源,发布时间,以及这个信息是怎样编制的。如果你的观点与分析家的观点不同,请加以解释。希望你花钱购买这些信息,以防投资者在项目失败追究资料真实性时,你提不出你合法使用这些信息的证据。哪怕你只花 1 元钱购买信息,都可能使你日后免除法律责任。

[你公司或项目名称]由于所处位置得天独厚,最有能力使[商人类别,如分销商、零售商等]与[你公司的产品或服务]相互合作共同打入现有的加工行业中。这种合作具有[评

述市场定位的优势]。目前,在该领域的[商人类别]面对着挑战,比如[具体的情况,如:受到缩短进入市场的时间压力,劳动力成本的增加,等等]。

对不同类型的买方市场说明如下。

二、目标市场

主要参与者是如何分配市场的? 具体份额和收益是如何? 请你对这种情况和隐含的机遇加以解释。请确认一下你的市场定位,并对能左右你行动的因素加以定义。

我们的市场定位确定为[具体产品名称,可多写几种]。目前,市场份额由[具体写出前三位市场最大占有者的名称]占领。

当前我们产品的典型客户是为了[具体目的]正使用[其他产品或服务]的人。我们可以激发他们购买我们产品的激情,原因是[产品的价格、产品的品质以及产品的适用性等因素]。这些信息是我们从[客户的反映、贸易展览、广告调查等渠道]了解到的。同时我们还感受到,我们的顾客发现我们的产品[价格合理,质量稳步提升,品味高雅,任何一种明显的特性都使你的产品立于不败之地]。

根据你个人的看法或最近获得的信息,对现在的业务状况加以评价:销售历史;市场份额及地位;生产趋势;利润;营销方法等。

工业发展的预言家们对未来两年有何预测? 可用多种方式协助你分析你的具体情况。

主要市场定位包括:

[定位 1]

[定位 2]

按一般习惯的分类法,列出你基本可以接近的客户类型(如零售商、电气产品订货商、从商品目录上订货的购买者、其他等类型),请参阅第九章。

[具体产品名称]的市场定位是根据[请列出产品所属类型]的零售价￥[X]元到[Y]元的范围来划分的。这类商品的大部分销售业务由[具体的授权机构,如 OEMs、转包商、生产厂家的代表等]授理的,而一少部分则使用[具体确定价格方法,如招标]的方式进行。

本公司当前或未来的产品处于[具体种类,如未能大量上市,没有成品,库存不足]的不利状态,造成这种不利局面是[具体状况,如专利未登记,产能不足],原因是[请解释]。到 200×年我们有能力扭转[具体能够实现的事件,如专利登记,扩大生产线产能]形势,此后,各种劣势会大大降低。

目前来讲,公司的劣势只限于[具体种类]方面,现在我们采取以下步骤来缓解这些问题[请说明缓解办法]。

环境方面的威胁[如市场萎缩/贸易壁垒/消费者的倾向/变幻莫测的经济形势]等外部因素对我们的影响都体现在[具体体现的地方,如价格/市场占有率/批发零售数量/进出口量等]方面。

另外还包括人所共知的[具体因素,如法律体系不建全/政府政策不透明/外汇管制没有标准等公认的影响因素]等因素。

三、顾客的购买准则

请界定一下顾客的类型和其购买的标准。你可以利用小包装试用品来了解顾客的购买情况,这种方法容易实施,足以向顾客提供新的知识,使购买者更有兴趣反复购买你的产品。

目前购买本公司产品最典型的顾客是在[具体领域]中为了[说明应用或目的,如:办公自动化,减少员工数量]正在使用[具体产品]产品的人。

是什么力量激发人们去购买你的产品?真实而又感人的反映是什么?为什么出自你的产品、服务及你的公司?

请解释你的市场拓展方法——主要针对的客户群、各种卡片上的宣传、广告宣传等。你是如何发现你的竞争对手的?你的顾客是如何发现你的公司及其产品的?他们是如何发现和接受你的新产品,换言之,他们通过什么渠道购买你的产品(通过企业许可证、电信方式,或通过结合其他什么商品的方式而发现的)?他们对不同的差价反映如何?

四、销售策略

你要从[你公司的名称]的销售部门计划通过不同的渠道销售我们的[产品或服务名称]。这些渠道都很有作用,因为:

(1)客户分布面;
(2)地域关系;
(3)季节性变化;
(4)有效的资金量,以及可以利用的市场现有的类似产品的渠道。

我们的竞争对手也使用同样的[具体销售方法]销售渠道。不过,相比之下,我们的销售策略更有效,使我们得以[阐述一下你胜过竞争对手的优越条件]。

[你公司]的部分主要客户名单如下:

请列出前5~10家客户的商号(如果客户一览表占据篇幅很大,请放在附录中)。

[你公司或项目名称]的产品采取积极灵活的定价方式,并通过多种渠道进行销售。这些渠道包括直销、通过电话推销及建立分销系统等,所有这些销售方式都是世界范围的。[你公司或项目名称]在[具体地区,如北美和欧洲]建立一个直销场所,在[具体地区,如亚太和世界]其他地区,[公司或项目]则利用专门的分销体系进行销售。[公司或项目]的分销渠道包括与 OEM 厂商有关系的系统销售商,独立软件销售商(ISV)和独立服务商(ISP)。我们已同[具体公司]签订了专门的销售协议书。其他[具体行业,如计算机行业]的公司,如[具体公司],将我们的专利[技术或产品]融入到[他们的产品中]了,这就使我们的利益受到长期保护。

五、市场渗透和销售量

深入到你的市场的各个层面,你是怎样接近你的顾客(购买者)的?这里,可以利用矩阵方式按年划分你的市场层面,按年度制订接触顾客的计划,并说明所假定的年度销售量。对于每一种销售渠道,均应制订五年期的目标销售和假定销售量。每种销售渠道的假定销售量举例如下：

　　直接(或间接)销售计划——五年计划；

　　广告宣传/出版物上宣传的目标数量；

　　有效销售率(%)；

　　实际完成率(%)；

　　市场份额(%)；

　　潜在的购买者/用户(每年数量)；

　　每个购买者的购买量；

　　总销售量；

　　平均购买价格。

第四章　竞争性分析

一、竞争者

　　请告诉投资者你在产品、价格、市场份额、地理位置、推广方式、管理、个性化、融资能力等方面的主要竞争对手。错误或者不完整的信息可以理解为你的玩忽职守和对投资者与银行的不诚实。

　　切莫在你的竞争对手眼皮底下欺骗你自己(或你的投资者)。许多企业家认为他们没有"真正的"竞争对手，但事实上他们犯了严重的错误，从市场经济的观点看，任何商业活动都存在着竞争对手，只是你或你的竞争对手还没有发现对方罢了。

　　你可以查一下 Datapro，Computer Select，Nexus/Lexus 的报道，以及你当地图书馆中的工业企业名录，可以透过互联网查询在线数据库，它们都可以向你提供其他公司的竞争信息；也可以阅读有关工业方面的杂志，寻找有关广告；也可打电话或访问顾客了解竞争者。请千万记住，有人站在外边(静静地，或者虎视眈眈地)做着你正在做的事情。

　　[你公司]在[具体背景，如：市场激烈竞争]形势下提供[具体产品名称]产品。

　　在这个市场中，与我们竞争的公司有：[竞争者 1]、[竞争者 2]和[竞争者 3]。

　　对每一类竞争者请提供例据说明。比如：Acme Inc 公司是在 C++ 环境下应用开发高性能工具的具有 300 万美元销售能力的开发商和销售商。Acme Inc 公司是 Acme Corp. 公司的分公司，总公司是一个上市公司。销售额为 8 亿美元。分公司销售成熟产品、测试产品和其他品质优良的工具。这个分公司近来的趋势大不如前，因为母公司一直没有拨给用来引进新的工作平台和语言的资金。Acme Inc 公司由一个副总裁管理，他在那里工作已经 6 个月了。前任经理在那里工作了 11 个月。你要像这样描述你的每一个竞争对手。

　　竞争者[同我公司一样，在同样的贸易刊物上使用同样的方法][登过，没登过][广告]。如果这类广告是合法登出的，它很可能起作用了！

　　我们的[产品/服务]是独一无二的，因为[具体理由]，或者说，我们具有竞争优势，因为我们[进入市场的速度快，形成了名牌产品效应和低生产成本的态势等]。

在该行业中,供货商和销售商(分销商)的关系是[请阐述关于你公司产品的供货商和分销商和分销商的工作效力]。当前,竞争威胁来自[其他公司/其他工业厂家/新技术或侵权技术/国外/策略关系方面]。

[你公司]的产品几乎在[特点、利润或顾客期待的那样]等各个方面都有良好的表现。而[具体产品]的竞争产品在[具体哪些环节]上体现不出同样的效用。

[具体竞争者]在[公开发表刊物名称,可多列几个]刊物上登广告。

探讨一下结果,如果竞争者经常地和定期地在那些刊物上登广告,它很可能起作用。

[具体竞争者]的产品只适用于[具体指出在哪些有限的范围]的范围,或用另一种描述。

该市场份额没有同任何竞争者分享。竞争是存在的,但它只存在于[具体行业的一个方面或国家]。在这些领域中的竞争对手是[具体列出几个竞争对手]。

二、竞争策略或消除壁垒

讨论一下你会在目标市场中所遇到的壁垒,并形容一下这些壁垒的特性,讨论一下可能涉及的各种重要的理论上的关系、习惯势力、国际大财团、战略伙伴或合资公司等,正面或负面的东西均要加以阐述。

竞争者[A,B 等]:

与[其他产品,销售过程,销售环境]同时销售最基本的[具体产品/服务][并不]是困难的。因为,[请说明理由]。由于[你的产品或服务]的可行性,[你公司或项目]将处于[请阐述你的有前途的事业]的前景。

要想在[具体产品]上消除壁垒,主要工作是及时开发[专有技术、专利等],迅速生产出新产品,快速进入市场。有了时间因素就能使[你公司产品]尽快进入市场。据估计,本公司将提前 15 个月领先于所有竞争对手。

第二个壁垒是[产生和保持这类技术的困难性]。请解释这种壁垒的基本理论根据。

第五章　产品与服务

请解释你的产品是怎样打入市场的,或者说你采取了什么样的服务手段。你的产品能在市场上火起来都需要哪些条件或需求?你的产品都有哪些附加价值?你最好能在这章提供你产品的图片,使你的产品能真实地展现在读者面前。

我们对产品定位有丰富的经验。请浏览网址:http:// personal. gz168. net/jyj/。

[你公司]生产下列产品:[请将产品名称列此处,按产品生产线最畅销或最有意义的产品顺序列出]。一定要让读者参考你的产品图片、图表、样品,以及任何其他具有说明效果的材料。

或者,你可以用另一种方式描述。

[你公司]提供以下方面的服务:[将服务种类简单列出,按产品生产线最畅销或最有意义的产品顺序列出]。

一定要让读者参考你的产品宣传册及任何能够说明你的服务的材料。

目前,我们的[产品/服务]正处在[写明产品所处时期,如初期、发展、成熟完备]阶段。199×年我们首次开发了[产品/服务],此后我们进行了[具体技术,如3.0动画]改良和二次设计。这里要提供产品开发历史、产品介绍,发展到今天这种形势的改革过程等事实。用图表形式说明也许更为适合。

一、产品品种规划

你用什么样的质量使你的产品或服务驰名? 结果如何? 你让投资者相信,为什么你会对高于竞争对手的客户购买准则感到满意?

在目前的生产基地生产你的商品是否会提高交易?

许多市场中存在的因素都有助于我们提出基本相似的[产品/服务]标准。但是,我们在市场营销方法上与竞争者不同,理由是[具体的原因]。

我们已经对[具体产品][申请了][授于][获许可]专利权,内容简介刊在附录[具体附录编号]中。我们已将这些文件资料汇集在我们的程序库中,这些资料别人是无法复制的。我们的主导产品[具体产品]反映了顾客的[具体需求]需要,同时也给顾客带来了[哪方面]的利益。

请向投资者介绍一下你的产品品种或工艺方法,提供何种独一无二的具有附加价值特性的产品给顾客? 这些特点是怎样转化为你公司的竞争优势的。

使你产品利润提高的方法,最好有两种以上,强化了[你公司]品种产品组合的利润。

二、研究与开发

我们的研究与开发业务是在[某某人或承包商]的领导下进行的。其主要目的是通过市场来实现[开发新产品,解决开发过程中的问题,或者向顾客提供最高收益]。前[一段时期],我们的研发部门开发出下列产品并进行下列方面的技术改造[请列产品名称和技改项目]。在过去的一年中,[你公司]在研究开发业务上投入了[产值的%,或绝对值多少元],计划下[一段时间内]投入[%或元]搞科研开发。

例证应包括以下内容:相对低投资需求,投资净回报,同当前策略的配合程度,开发与生产的可行性(计划),相对低风险形势,了解意向性结果的时间,共同买主的情况等。请解释你公司是如何和怎样对产品开发进行决策的。你的目标市场中的顾客也参与这一制定过程吗?

我们的研发项目所涉及的课题有时并不是从顾客或市场中寻找的。因此,我们选择产品的准则是:[相对低投资需求,投资净回报,适应当前战略,开发与生产的可行性,相对低风险,及时了解(掌握)意向性结果,广大的购买者等等]。将来,我们的研发业务需要增加力度时,这些工作都需要[人,基本建设开支]来[加速开发过程,使试验结果更有效]。

三、未来产品和服务规划

为适应市场需求,我们计划扩大[具体产品/服务]生产,内容包括[具体的工作步骤]。

此外还[设想/计划]开发[下一代]产品,包括[具体产品或技术]。

可就你下一代产品的计划展开讨论,包括对未来顾客需求售后服务等观念。

我们已确定更新换代的产品包括[具体产品名单],这些产品正是适应[主要贸易展览、工业发展趋势等前提]才相应提出的。此外,我们计划推出下列产品[具体产品名单]以满足换季需要。

四、生产与储运

请介绍可能建立组织机构的地点,建设情况,许可证决策部门,设施,以及后勤保障部门的情况,比如资金使用、劳动力、材料资源、开发过程、客户关系、经验及销售要求。说明中还应包括原始产量和扩建要求,同时还须介绍产品或者关系的复杂性、独立性及成本问题。如果你已经有了或者计划建立软件库用以使你的加工工艺自动化或改善状况,亦请在此阐述方针策略。

我们的产品生产手段是[描述具体手段]。[开发/生产/储运服务]过程中主要因素在于[具体影响生产和储运的因素]。

生产中所需要的[原料/预制/工艺包软件/硬件][材料/部件]是[列出具体名称表]。

请说明并列出基建设备、材料和劳动力的数量。以上所说的项目,目前有现成的吗?你是否有多种供应源头(渠道)?请列出质量和技术标准规范。列出库存需求。说明安全条例、危险材料或其他重要的安全因素。有没有其他可供选择的资源或材料?若有,请说明。

本公司[建设/安装/承包]过下列[软件/主要部件/另部件/分装件]:

请列出组装件等名称,包括客户的情况、主导生产线和成本等情况。

五、包装

包装工作对最终用户来说尤为重要。包装工作需要使仓储方和最终买方都相信你的产品会安全离开货架。请说明为什么你的商品包装是独特的,怎样保装?

我们的产品出厂包装原则是[请解释你的方针策略]。我们的竞争者也使用[具体包装方式],但是我们的产品有别于他们[请说明显明特点,包括"展览品"章节中的照片]。包装工作是制造过程中的最后一道工序[如何包装/谁来做此工作],也是非常关键的一环,它可在顾客的心目中建立十分理想的形象。

六、实施阶段

请阐明你公司现在是怎么做的?将来要发展到哪一步?为什么?解释一下顺利实现这一过程,当前和未来的计划是什么?

产品的问世是达到顾客满意的一个重要组成部分。[你公司]利用[外部支持者的名称,如某大集团/外部渠道]来监控和管理产品的储运,制定单证,日常养护和保险,这样可令顾客满意,实现销售的持久性。

我们的实施方案可以[满足/未能满足]未来的需求,原因在于[解释原则和证明未来计划]。

七、服务与支持

对顾客的服务：

我们的顾客都认为服务与技术支持是他们最关心的事情。他们常常对我们所提供的服务与技术支持发表意见。我们建立了[维修/支持]程序,向全体顾客提供热线服务。(请说明你的服务类型和现状)。

反馈与调节政策：

[你公司或项目]提供全面的售前和售后技术支持与服务。售前活动主要由位于现场的系统工程师来做。售后活动主要是通过设在[具体地点][你公司或项目]的热线来完成的。有了这两种服务体系保证了我们的技术可以成功应用,并使顾客满意。这些机构提供对我们全线产品的技术支持,可以保证技术的成功使用和快速解答顾客问题。[你公司或项目名称]主要采用电子方式进行服务与支持的,这样可以有效地节约时间,降低日常开支。这些服务包括：使用电子邮件,传真反馈和电子邮递技术服务,还包括产品更新或改革方面的自动电子邮件确认服务。

你可以进一步描述你即将举办的一个活动,如你正在计划一项技术/开发/国际厂商联谊活动。它的目的是提供一个自由的环境,我们的[产品/服务]使人们有更深刻的认识。你公司还将提供一个面向开发人员的技术支持奖金,该奖金可让你从研发人员的视角来观察你公司的产品。在商品正式投放市场前,就产品的特性/优点/公众印象度加以评价。研发人员也可以通过你合伙人的邮件影响和参与你公司的研发设计决定。

第六章　市场与销售

一、市场计划

你想构筑的业务类型;你想达到的市场层面;到达市场层面所利用的分销渠道:零售、批发、OEM、电子媒体等;你希望占有的市场份额,等等。

我公司的产品的市场总计划是以下列因素为基础的：

本公司将综合考虑直销、电话销售、建立分销渠道等方式来促进销售。与此同时,我们将致力于建立全球化的销售网络。投资于[具体的销售方式,如全球直销方式]的销售组织将对[什么样的]市场产生积极影响[说明有何影响因素,为什么]。[公司或项目]已开始建设一个[具体销售形式,如电话]组织,以支持[产品/服务]的实施战略。

[具体销售方式,如直接销售方式]已委托出去了,原因是[说明你为什么将权利转移出去,你可以说:销售方面的技术问题,我公司产品的高价位,在某种景气程度下的购买者影响量,某些组织对我产品存在长期禁锢,或者,对具有某种特点的产品没有其他的销售渠道]。在[具体国家],[你公司或项目]没有雇用当地的销售人员。目前,[你公司或项目]在[具体国]正在当地开设了销售机构。

二、销售策略

1. 实时销售方法

请介绍用什么样的销售策略销售你的产品。如何促销？（通过打电话直接进行、广告宣传、邮件、广播、电视等渠道）。请在服务支持文件全章节中提供各类样品的说明文字、广告语、声明或其他促销刊物。在销售预测中要详细说明销售过程中要保持的安全库存。

[具体商品名称]应视为一种[长期/短期]销售的商品。

2. 产品定位

相对竞争对手而言，顾客是如何评价你的产品和你的公司？

你可以设计一套销售步骤来检验是否能实现你的销售目标，这种方法十分有效。

顾客对我们[具体产品]的评论是[请说明]。我们产品的[具体产品的独特性，如技术上/质量上/性能上的]优点吸引了顾客，得到消费者[具体评价，如：物美价廉]很高评价。

就市场定位而言，我们能利用[广大的消费者/生产目标]来满足不同顾客的要求。

多层次的销售策略：

我们的销售步骤分[具体分几步，如二、三、四方面]，首先是市场渗透。

第二步是注意[具体的销售渠道]。传统客户是我们产品的主要目标。[你公司或项目]目前正同[具体公司]商谈以 OEM 方式进行销售的可能性。

第三是注意发展合作伙伴关系，如[请说明合作特点]。[你公司或项目]目前正同[具体公司]开展传统意义上的合作，以便[请明确合作目的]。[你公司或项目]正与[具体产品生产商]合作，将我们产品的试用包装随他们的商品销售送到用户手中，以宣传我们产品的[具体性能，如硬件质量、软件易于使用]。

三、销售渠道与伙伴

我们的销售渠道包括以下几种：

分销商：

确定分销商是我们市场计划中的重要环节。我们将首先选择那些从前就已经建立起来的销售渠道，这些销售渠道相对来说人员专业性强、队伍稳定、热情高。

直接销售：

（你是否计划或已经形成了一个有力的直销体系？请说明一下这支队伍的运行机制及将来的计划。如果实际的合同金额低，直接销售就不会赚钱。一定要使你的直接销售利润率达到或超过生产率及销售率）。

零售商：

交易商想从制造商那里得到什么？

价格观念：有吸引力，合理。

盈利：强调营销价值。

技术支持：需要准确而迅速的反馈。

设计、制造与包装。

广告宣传与公共关系：需要最大程度地提高顾客的理解度和需求。

有效的销售(宣传)资料可使销售过程加快和简易化。

竞争优势:具有特点而有效益。

储运:当需要产品时可立刻发货。

市场稳定性:保持利润和市场的占有位置。

制造商的代表:

由于制造商的代表掌握着与我们的产品相兼容的其他品种的产品,所以我们相信,最好是选择拥有[产品1]和[产品2]互补性和兼容性的人士作为我们制造商代表[比如,某个垂直市场(即制造工业)销售代表与商业专家制定出年销售固定收入5 000万元人民币以上互补产品]。

行政/法人销售:

请阐述主要的或效益较好的直接销售额。

要把生产OEM:

有了OEM这样的条件,我们就可以将我们的[具体产品]纳入他们的产品生产线中[请加以说明,你是如何将你的产品融于他们的产品中]。

国际市场:

一开始你就应该考虑国际化的问题,这一点十分重要。请按优先权顺序列出目标销售国家:按比例份额划分,按语言划分,按产品用途划分,按兑换率划分,按专业性需要划分,千万别忘记为你设计一个撤退计划,毕竟不是事事顺利的。

电子化市场:

请看看互联网,那里有商业邮件目录或电话目录。有些电子化服务也处理咨询问题及其他提供"800"服务项目。还要研究竞争对手的做法。

邮购:

我们将在[具体时期]内对邮购的利润增长进行调查。由于我们加强了处理邮购业务的力度,所以预计会增加利润。我们能够科学地达到这一步,是因为我们改善了我们客户的需求标准。我们建议向[具体计划],如邮购两组5万件运动服,每组寄出前先用5 000件做测试]。[具体购买群]确定目标。

销售方法:

你的产品是怎样分销的(或者使用什么方法使你的产品销售出去)? 请制作一张图表来显示产品是怎样到达最终用户手中的。

下列单位或组织与[你公司或项目]有销售关系,他们强化了现有的分销关系,是增强分销增值能力的主要对象。

[A公司]:[A公司]是[具体产品或技术]的主要供货商,与[你公司或项目]签有分销协议,此协议即可向[A公司]提供单独的产品,还可以结合[A公司的其他有关产品]集中统一销售,并将各种品牌产品混合统一处理。这是一种[有限的,不付专利费]的协议,用来支持[你公司或项目]的[培育、研究和开发]工作。

[B公司]:它是由[组建人名单]组建的,是[具体产品]的重要供应商。在[你公司或项目]与[B公司]共同努力合作开发下,于19××年签署了共同使用[按优先权名义]许可的协议书。这种[非独家的]协议向[你公司或项目]提供了充分的权利,协议规定,在不

支持专利费的前提下,在[具体应用方面]可以利用[原码]进行生产。

请说明这些渠道的作用、功能和优点,包括产品/服务在销售渠道方面的广告宣传、促销活动中的参考资料等。

四、销售周期

将市场进行区块划分,并根据每个区块中买主的教育水平,实施业务的复杂性,或其他在时间上和推广应用上的影响因素,说明一下销售周期的平均长度。为避免销售周期的长度引起乐观的误解,因此你应提出关键证据、参考性实例等。请问你所做的所有准备工作是否能增强你的可信度?

五、定价策略

你如何设定价格标准?有政策依据吗?你的价格有没有竞争性?你定价格是根据成本还是市场增长额来确定的?价格高于或低于竞争对手的原因是什么?这些产品的市场弹性强度如何(对产品需求的定价效应)?买方如何使效用弹性变得更具优势?

你是否存在一种固有的高价值观念,认为高价格是天经地义的(成本越高产品越好)?你能否利用定价原则作为一种战略性竞争武器迅速获得市场份额?

我们的定价策略是[请说明你的政策,或至少应该有个原则]。这种定价原则是依据[具体依据,如成本核算的?毛利目的是什么?市场何在?]。

我们最终定价原则是根据[成本、毛利目标、市场价格形势、公认性价格]。

我们按[月、季度、年度]来审查价格,以保证基本利润不受损失。顾客对我们的产品和服务愿意支付的价格高至[具体价格],原因是[请解释]。

我们感到顾客愿意花[具体金额]购买,原因是[请解释他们的购买原则]。我们计划每[具体的时间段,如三个月]审查我们的定价情况和产品库存或短缺的情况。

你是否应该对一项新的价格政策进行调查?以免损失最基本的利润。你有时间来研究这类问题吗?

1. 产品/服务 A

我们的[产品/服务名称]定价策略是一种排他策略从而实现市场渗透。我们相信[具体产品/服务][在企业中或桌面上](同其他竞争产品相比较)还不是一种特价的商品。[你公司或项目]的产品当前的价格范围大约在[XX~YY,高于或低于]竞争对手的水平,这其中的原因在于[请解释与该产品的比较,你的产品市场定位]。比如,我们[具体产品系列]价格范围从 XXX 元到 YYY 元,而竞争对手照常将他们的销售价定在 YYY 到 ZZZ 元。

[你公司或项目]目前从要总产值的××%中拿出[专利费]费用。[你公司或项目计划拿出多少(费用)用于你们的产品开发上]。为了克服小型顾客市场的对抗情绪,或限制社会上的开发商,我们将拨出一定数量的款项作为[优惠定价/竞争费用]来平衡公司间的规模差距,当高于[具体数量]时就应协商解决。

2. 产品/服务 B

当需要在短期内建立最大限度的分期付款销售基地时,[你公司或项目]实行一种市渗透策略。这种策略的定价范围是对[具体产品]从免费培育计划到[具体产品]的×××

元控制价开始。

六、市场联络

当你的产品已经上市了，并且表现极佳时，你的目标应该是加强、促进、支持，使这种情况持久。请记住，拥有资源丰富的企业家会发现不同的宣传方式，使用各种各样的方法来获取免费的广告宣传和促销效果。

本公司知道走向胜利的关键是什么，此时需要扩大促销力度。为达到此目的，必须采取[进攻性/主动性][广泛扩大选择性销售]的范围。为了达到我们的销售目标，我们需要一个[特别有能力的/专业化程度高的顾问、广告代理商，或者公共关系公司]。本公司[计划]在主要贸易杂志上，如[具体杂志名称]上发布[广告/现已发布]。资金落实后，就可选择代理商，在代理商的协助下，综合性广告宣传内容和促销计划就可以制定出来。我们以两种方式发广告，一种是由我们自己发布，第二是联合与我们有[市场/销售]关系的分销商、OEM 商、零售商及其他公司共同发布。

由于我们在公共关系上的努力，使我们在[具体行业或市场区域]中提供的产品具有领先地位。我们的极高声誉和[名牌产品]，以及在[管理人员/买方/顾客]的心目中不断提高，对公司的[前景/工业发展/市场繁荣]起到举足轻重的作用。

我们将按正常的方式广泛地联系下列各部门：主要贸易刊物的编辑部门，商务和地方出版机构，现有顾客所在公司的主要管理人员，雇员组织，用户集团，顾客，竞争对手，销售代表，等等。

1. 贸易展销会

展销会的目标观众是谁？展销会能给目标市场带来某种信息吗？

地区展销：目的在于将[具体国家]的各类展销有机地结合在一起，以便进入[何种市场区域]。

时间框架：每[月、年]展销次数/学术讨论会次数最好不多于[具体次数]。

过去的经验（如果有的话）。是否在别人的展销会上设过摊位？

本公司参加过[三]种类型的展销会[具体类型]。

200×年，本公司将致力于开发和生产[产品 1]从而取代[产品 2]。在确定我们的贸展时，我们考虑以下几个因素：[具体列表说明]。

根据以上的考虑，这些展销活动被选定在 200×年进行。

本公司将参加各类活动计划来促进公司和产品的知名度，这些活动包括：[具体列表说明]。

2. 广告宣传

[你公司或项目]正在开展印刷品广告宣传活动，主要发表在杂志上，配有突出重点的论述宣传，同时还设计出宣传手册，增加宣传效果。目前涉及的杂志主要有[请列出贸易杂志名称]。[宣传手册的名称]出版日期号[时间期限]，其发行量达到[具体发行量]，发行对象主要是目标顾客。宣传手册还包括对于[具体产品名称]的整页广告宣传。

3. 新闻发布会

[你公司或项目]的情况一直由媒体进行采访报导、新闻介绍和举办新闻发布会。(参阅附录 G 有关采访报卡与新闻发布之介绍)。[你公司或项目]计划聘请一位全日制的公共关系经理来继续从事这一有效的工作。

4. 年度会议/学术讨论会

[你公司或项目]目前已参加了几个主要工业项目的学术会议,包括在[具体国家]的[具体项目]。[你公司或项目]还成功地与市场伙伴合作,无需购买展销摊位就增加了我们的知名度。这其中的因素就包含着对[年会、展销会、学术会的]参与行为。

5. 国际互联网促销

根据最近的新闻或特别报导,[你公司或项目]的互联网站每天上网率为[具体数量]。我们的国内信息已成为行业内可靠的、及时的、对分销及顾客有影响的、对行业景气情况进行预测的重要来源。

6. 其他促销因素

[你公司或项目]正在寻求更多的机遇[举例说明]与[具体公司或其产品]共同拓展市场。

7. 贸易刊物、文章报导

[你公司或项目]的负责人[举出姓名]经常作为[具体行业]的专业人士参与许多有关本行业的讨论,经常就有关产品和市场问题发表意见。[具体的人]还在[具体杂志]就[具体讨论题目]发表过专题报导。

8. 直接邮寄

[你公司或项目]还进行商业信函和邮购活动。该活动在一定范围内[或列出订阅者名单,或者以用户为基础对象]发布一定数量的信息,旨在获得迅速的客户反应和寻求销售机遇。

除上述之外,[你公司或项目]还拥有专业性的附加资料,包括产品数据表、白皮书和背景资料等。

七、社会认证

社会上对你的技术,产品的实效性,新闻发布的策略,对你的计划等的评论是一种重要的销售工具,它可以增进你的认可度,缩短销售周期。要找一些工业领袖、分析家、主要顾客或大学,作为你的产品与服务的评论者。这些人士必须在他们的领域内愿意公开发表他们的支持意见。请阐述你的社会认证计划。

第七章　财务计划

你想编制一个世界级的财务计划吗?精英杰公司将创办一个培训计划,它的服务对象是帮助中小型企业或创业人员建立一个完整的财务计划或商业流程。这种服务在互联网上开通,大约在 199×年 5 月份开始。

一、财务汇总

五年的损益表包括以下的内容,它反映了第三年的投资回报率为××％。可以假定早在199×年为×０００ ０００元,而在第一年中它的回报率是负数。公司可望在200×年达到现金流平衡。(原始股公开上市)是本项目最理想的出口策略。

二、财务年度报表

以下是从199×年起五年期的年度产品收入汇总表。此计划系根据目前[你公司或项目]的[自筹资金计划,无其他外部投入][第一/第二轮基金——此处请予以解释]而制定的。此外,产品产值假定是在200×年—200×年,这些假定值支持着那段时期的产值计划。

三、资金需求

不言而喻,这是一个很重要的话题。请说明你的资金需求包括哪些。风险投资网站中的栏目可助你查找投资者的信息。

我们正在寻找[具体金额]元的商业贷款[分期贷款或长期贷款]主要用于未来[2年,1年,1个月,1天,任何时限的]本公司的发展。到那时,我们还需要增加[具体金额]元的资金使我们超过现金平衡关。

初期投资将用于[完成开发项目,购买设备,引进新的/下一条产品生产线,流动资金的投入,寻找竞争对手]。资金使用明细如下:

完成开发项目:[具体金额]元

购买设备:[具体金额]元

引进新的/下一条产品生产线:[具体金额]元

流动资金的投入:[具体金额]元

资金使用计划:

请说明如何使用贷款/或投资资金。

[贷款/法人投资]的资金将用于[购买/建设/开发/获得/寻求/融资]在[设备/设施/流动资金]方面。

回报/偿还计划:

需要确定,多长时间你能偿还贷款,或者投资者可将投资收回。换句话说,什么时候可以达到回报的目标。还要告诉投资者,偿还的措施是什么? 或者说明转变投资者的地位,从而收回投资的方法[比如出售普通股、出卖商业设施等方法]。你的财务估算应包括贷款/投资资金所产生的利润和所需偿还的资金。请探讨一下那些可作为直接结果的融资所产生的、任何有意义的利润增长因素、资金流动因素,以及这些增长因素是如何帮助你偿还资金的。

我们可以通过[剩余利润分红,资本重组出卖公司,或者公开发盘方式],在[×]年之内偿还[贷款/投资]。

通过[a]方式产生的增长利润可在[年/月]之内提供偿还贷款资金。

结论：

这里不必做出结论。但需要同金融家进行讨论一下，请不必为此而感到茫然。

根据我们的预计，我们认为[投资于,贷款给]我们公司,是一件非常理想的投资活动。为使本项目能够贯彻实施,我们需要[具体时间][具体金额]元[投资/贷款]。

四、预计收入报表

这部分计划不应提供给不想向你投资的投资者。你可使用以下文字进行说明：该版本的[你公司或项目]的商业计划的空白部分是有意留下的。关于详细的财务计划和所需要的具体财务信息,请与[你公司或项目]接洽。

假设条件：

告诉投资者,你是怎样制定财务假设条件的（指的是商业假设,不是记入财务记录单的数字）。

如果你需要寻找有关会计师或律师的信息。

财务预算的依据是假设条件,比如[在某某时间内]新增[设备/设施/生产线]将可增加利润[具体数值]%或[具体金额]元。

新设备可降低成本[Z]元,因此可增加利润[a]%。

利用总量折扣的优势,售出贷物成本可降低[b]%。

我们计划在[具体时间]实行一种新工作方式。产品的现场试验在[具体时间]开始,[具体时间]结束。初期市场渗透可望达到[具体金额]元,盈余[X]%,第一年年底可增长[Y]元,第五年年底可增长[Z]元。

通常的假定条件往往是成本（包括劳动力）随着总通货膨胀率而增长。但是,希望成本也随着总量折扣和与供货商成功的谈判而降低。不管成本显示出什么样的水平,增长还是降低,应对其事实情况加以评说,并注明其理由。

通货膨胀率假定每年为[Z]%。

财务报告：

应记住这一事实,预算报告不是孤立的。任何一个审查你的财务报告的人都希望读到一些支持你所做的有关预算的探讨性说明（有关你对市场的研究,对竞争对手的研究等）。

应该简单地讨论一下商业计划中每份财务报告所叙述的汇总分析结果。还应讨论一下销售增长率和各种大宗消费项目。销售经济学问题也应加以解释。总量调整测定法有助于投资者增加对讨论课题的准确把握。这些内容包括作为销售收入百分比量的累计数、库存量、应收账款、当日应付账款平衡量、投资回报率等。

应向你自己提出的基本问题是：当我考虑将我自己的钱拿去投资之前,我应该具备哪些知识去评估一个商业建议书？如果你作为一个投资者所提出的全部问题都得到解答,你可能就可以准备对外投资或成为贷款人了。

收入报告：

请对各类大型收入项目或各种较大的变动做出评论,比如研发活动或市场消费等。这些事项往往在运作的头几个月显示出较大的不平衡性,特别是以销售百分比的方法审视时,更是如此。不过这种现象过一段时间就会逐渐消失。

要考虑建立两种收入报表:第一种报表按月反映出第一年的收入;第二种报表应反映出五年中的逐年收入。

五、资产负债预计表

对资产负债表中任何一个较大的或不正常的项目进行评估,比如现有其他资产、其他应付账款或逐渐递增的负债等。

应考虑建立两种资产负债表:第一种是按月反映出第一年的负债情况;第二种是反映五年中逐年年度负债情况。

收支平衡分析：

我们可以在[具体的月份]月份达到收支平衡。届时我们的销售额可望达到[具体金额]元。

六、现金流量表

在财务计划中应考虑建立两种财务状况变化报表——现金流量表:一种是反映每一年状况的逐月报表;第二种是反映五年中资金流动情况的逐年年度报表。

第八章　附　录

陈列展览：

造成一个计划主体内容混乱的原因是由于有过多的详细说明与解释,因此,就需要有陈列展览加以形象化。陈列展览可使投资者能够透过数字背后的实物更清楚地了解你公司。陈列展览应包括以下内容:

产品样本与说明书;

销售报单;

顾客清单;

新闻报导与采访媒体;

工业出版物的剪辑材料;

专利证明;

市场调研数据;

以往的广告活动;

实用的设施、仓库等的图片。

附录的内容如下:

一、[你公司或项目]的背景与机构设置

这方面的介绍是有必要的,它可以使人们了解你公司的历史与发展。

[你公司或项目]的全称或曾用名称[全称/原名称],创建于[具体年份]。我们现在的名称是从[解释一下有关你所使用的名称意义]沿袭而来的。199X 年,本公司推出了[具体产品名称],它是一种[说明产品特性]。199Y 年,我们在[具体投资领域]进行了投资,成立了[分公司/部门名称]。199Z 年,[分公司/部门名称]从本公司被分离出来,成为一家独立的法人机构。

你在此还要说明,其他一些分离机构,兼并单位的形成历史,预期亏损措施/税费庇护带来的好处,资产负债的优点/缺点,资本结构,股票交换,资产保值,国外/政府的反常行为,法人债务的转换,董事会关系,所有权或其他基本投资者应知的其他事项。

二、市场背景

这里需要说明一下你所服务的市场长期以来正在发生或已经发生的事件,如零乱琐事、集会、关于新产品的影响、发挥作用的技术问题、全球范围的联系、国际与国内互联网等。市场区域的成熟情况,新建或兼并标准等,以及对你的市场冲击情况。

三、管理层人员简历

在此你要叙述高级管理人员和主要技术人员的简历。

四、董事会

包括全体董事会成员的姓名、地址和联系方式等信息。如果可能,附以简历。若不可能,也必须提供其经历和职能的汇总材料。

王积力先生,男,43 岁,XYZ 公司董事长兼总执行官;

曹童博士,男,37 岁,现任 XYZ 公司副总裁,负责产品研发工作,还兼任 ABC 公司董事长及 NMP 公司董事等职务。曹童博士是英国伦敦大学的毕业生,取得生物工程学硕士学位,并曾在乌克兰基辅大学和俄罗斯莫斯科国家科学院作访问学者,在基辅大学取得哲学博士学位。在 XYZ 公司成立之前,曹童博士曾是 OPP 公司的生物实验室和产品开发部任负责人。曹童博士现为奥地利公民,长期驻在中国北京。

五、行业关系

[你公司或项目]组建了一个专业协作系统,用以支持[你公司或项目]的董事会和管理层的工作。具体如下:

会计师事务所:

法律事务所:

管理顾问:

技术支持:

六、竞争对手的文件资料

在此你要描述有关竞争对手的公司名称和产品系列,包括竞争对手的实用参考性资料。

七、公司现状

在此你要将资本结构、净资产、年报(如果是上市公司的话)或其他有助于投资者认识你公司的有关参考资料附上。如果是私营公司(不是处于创始阶段),还应提供前几年的经过审计的财务报告。如果未经审计,请注明;如果已经审计过,请注明会计公司名称。

八、顾客名单

请提供一份完整的顾客清单,如有可能,请按市场区域、行业编码规范整理。内容应包括各类主要顾客的资料,顾客对你公司提供产品和服务的满意度调查结果,潜在购买群,用户会议和产品目录等。

九、新闻剪报与发行物

包括全部有关你公司和产品/服务的主要新闻介绍情况和过去一年或以前的新闻报导资料。

十、市场营销

包括公司最新出版的公司介绍资料、说明书及任何促销性资料,如录象带,出版物,调查材料,教育、培训及学术会议汇编,或其他与公司有关的展示材料。

十一、专门术语

包括各种专门用语。应尽量使你的计划阅读起来不感到费劲,尽量使人感到其直观性强。有许多投资者,尤其是那种个人或家族投资者——"天使",他们有对你有利的投资模式和资金,想参与投资,但一般对你所在行业的技术用语缺乏了解。所以,不要假设他们懂得你的商业规则。举例如下:

DLL:动态链接数据库
DOS:磁盘操作系统
GUI:图型用户接口
ISVS:独立软件销售商

第九章　图　表

以下是样本实例,它可增强说明力,否则用文字说明要费许多的笔墨。应考虑,在可能插入这些图表的地方均可采取这种形式。

市场区域分析表：

市场区域	预计渗透率%	增长率%
区域 1	75%	53%
区域 2	37%	19%
区域 3	63%	80%
其他市场 1	31%	41%
其他市场 2	60%	46%

购买者类型分析表：

购买者类型	预计数量(或)今年／××××年	市场比率或市场增长率
1 级	125 000	23%
2 级	150 000	27%
3 级	280 000	50%
……		
合　计	555 000	100%

产品或服务客户使用情况调查：

产品或服务类型	被调查用户的使用比率
型号 1	100%
型号 2	100%
型号 3	40%
型号 4	12%
其他	57%

产品性能分析表：

性　能	你的产品	竞争产品 1	竞争产品 2	竞争产品 3
一般特性				
高品质的图形界面	✓		✓	
易于使用	✓		✓	
低支出	✓		✓	
快速反应	✓		✓	✓
完全支持 XYZ 环境	✓			✓

性 能	你的产品	竞争产品1	竞争产品2	竞争产品3
特殊性				
连续工作性能稳定性	✓		✓	
完整更新情况	✓			部分
第三方文件还原性	✓	部分		
性能1	✓	✓		
性能2	✓		✓	
性能3	✓			部分
功能				
功能1	✓	✓		✓
功能2	第二版	✓		✓
功能3	✓		✓	
功能4	第二版			
其他				

产品概况：

项 目	产品型号	特 性	未来发展	现 状
生产线1	全部型号的产品		有—说明情况	正常生产
生产线2	全部型号的产品		无—说明情况	第一期测试
生产线3	部分型号的产品		有—全部型号	第二期测试

产品市场：

范 围	竞争者1	竞争者2	竞争者3
医疗信息系统			
决策支持系统			
电子数据交换			
医疗采购和销售管理			
门诊医疗数据			
其他			

注：M＝市场区域小，A＝市场活跃，K＝关键的市场区域

产品与市场区域：

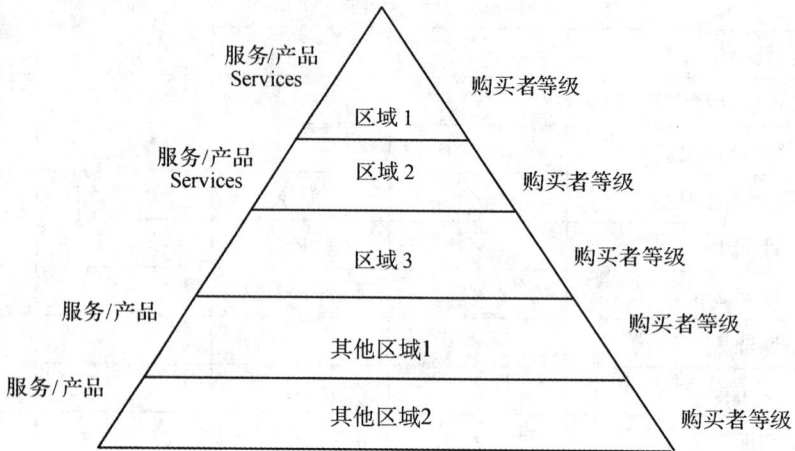

财务计划表：

单位:亿元	1999	2000	2001	2002	2003
产值	￥2.6	￥9.1	￥13.9	￥18.7	￥25.9
生产费用	￥0.4	￥1.1	￥1.6	￥2.1	￥2.8
管理费用	￥1.5	￥3.3	￥5.2	￥7.1	￥10.3
毛利	￥0.7	￥4.8	￥7.1	￥9.5	￥12.8
净收入	￥0.4	￥2.9	￥4.3	￥5.8	￥7.7

注:净收入是指提取折旧和扣除税金后的收入。

资产负债表：

单位:亿元	1999	2000	2001	2002	2003
资产	￥1.1	￥5.4	￥7.8	￥10.6	￥14.2
负债	￥0.5	￥1.5	￥2.4	￥3.2	￥4.5
所有者权益	￥0.6	￥3.9	￥5.4	￥7.4	￥9.7

产值预测图：
略

参考文献

[1] 陈飞. 管理决策模拟实验[M]. 沈阳：东北财经大学出版社，2008.

[2] 周柏翔. 企业管理决策模拟[M]. 北京：化学工业出版社，2012.

[3] 陈飞. 管理决策模拟实验[M]. 沈阳：东北财经大学出版社，2010.

[4] 赵昶. 运作管理模拟决策实验教程[M]. 杭州：浙江大学出版社，2013.

[5] 蒋定福. 企业管理决策运营沙盘模拟教程[M]. 北京：首都经济贸易大学出版社，2014.

[6] 赵树. 工商管理模拟[M]. 上海：上海财经大学出版社，2005.

[7] 孟添. 全球化的挑战——商业决策与模拟[M]. 上海：上海交通大学出版社，2014.

[8] 〔英〕斯蒂文·库克(Steve Cooke)，〔英〕尼葛尔·斯莱克(Nigel Slack). 制定管理决策教程[M]. 邱东辉等译. 北京：华夏出版社，2000.

[9] 施锡铨，范正绮. 决策与模型[M]. 上海：上海财经大学出版社，2003.

[10] 蔡美德，徐剑虹. 管理决策分析[M]. 广州：华南工学院出版社，1986.

[11] 张华歆. 预测与决策理论及应用[M]. 上海：上海交通大学出版社，2014.

图书在版编目(CIP)数据

管理决策模拟综合教程 / 饶超主编. —南京:南京大学出版社,2019.1

ISBN 978-7-305-21105-8

Ⅰ. ①管… Ⅱ. ①饶… Ⅲ. ①管理决策—教材 Ⅳ. ①C934

中国版本图书馆 CIP 数据核字(2018)第 242728 号

出版发行 南京大学出版社
社　　址 南京市汉口路 22 号　　　　邮　　编　210093
出 版 人 金鑫荣

书　　名 **管理决策模拟综合教程**
主　　编 饶　超
责任编辑 代伟兵　武　坦　　　　编辑热线　025-83592315
照　　排 南京理工大学资产经营有限公司
印　　刷 丹阳市兴华印刷厂
开　　本 787×1092　1/16　印张 14　字数 353 千
版　　次 2019 年 1 月第 1 版　2019 年 1 月第 1 次印刷
ISBN 978-7-305-21105-8
定　　价 37.00 元

网　　址:http://www.njupco.com
官方微博:http://weibo.com/njupco
官方微信号:njuyuexue
销售咨询热线:(025)83594756